[오늘 내가 만난 하나님]
Knowing God Better

정 재 천 목사
Jason Jae-Chon Jung, Ph.D.

[오늘 내가 만난 하나님]
Knowing God Better
Copyright © January 7, 2022 by [Jason] Jae-Cheon Jung

All rights reserved. No part of this publication may be reproduced, stored in a retrieval system, or transmitted in any form or by any means—electronic, photocopy, recording, or any other—except for brief quotations in printed reviews, without the prior written permission of the author.

ISBN-13: 978-1-7780502-0-6

Published by IngramSpark, La Vergne, TN
Printed best in the United States of America

이 책을 사랑하는 딸 정예은에게 헌정합니다

사랑하는 쩡예은, 안녕!
누구보다 아빠의 사역에 가장 많은 관심을 갖고
세상에서 아빠를 가장 많은 닮은 아빠의 붕어빵, 쩡예은
언제쯤 아빠의 책에 우리 예은이 이름이 나올까 항상 궁금했지?

오래 기다렸어.
기다린 보람이 있도록 아빠 책 중에서 가장 좋은 책을 너에게 바친다.
네가 좋아하는 재미있는 이야기 유익한 이야기 많이 담았어.

우리 예은이 이름이 닮긴 책이니까
앞으로 평생 살아가면서 성경과 함께 자주 읽기를 바래.
그리고 우리 이 묵상처럼 항상 당연하게 여긴 것에 감사하고
그것을 깊이 묵상하고 더욱더 주님을 사랑하는 아빠와 딸이 되자.
할 수 있지? 우리 딸, 사랑해. 고마워. 축복해요.

2022 년 1 월 7 일
해밀턴 서재에서
아빠가

선교동역 및 간중안내

지금 여러분이 해주실 수 있는 최고의 동역은
본서 [오늘 내가 만난 하나님]을 주변분에게 선물해 주시는 겁니다.
사랑하는 사람, 함께 신앙하는 사람, 심지어 주님을 만나지 못한 분에게
사랑의 메시지와 함께 이 책을 선물로 보내주시기 바랍니다.
그렇게 지식선교 사역을 통해 저의 귀한 동역자가 되실 수 있습니다.

사랑합니다. 축복합니다. 그리고 고맙습니다.
그리고 저자에게 메시지나 간중을 전하시고 싶으시면,
jasonepeniel@gmail.com

목차

1. 떠나라 2
2. 온전한 방향 일관된 행위 4
3. 순종과 불순종 6
4. 사마리아로 가야할 때 8
5. 불후의 명설교 10
6. 명령처럼 들린 약속 12
7. 근심과 방심 14
8. 성탄과 사명 16
9. 설마, 그게 당신의 꿈은 아니죠 18
10. 가까이 하기엔 먼 주님 20
11. 갚을 수 없는 채무관계 26
12. 전화위복 28
13. EYE OF THE TIGER 30
14. 유일한 목격자의 증언 32
15. 피할 수 없는 전쟁 34
16. 다윗을 넘어뜨린 골리앗 36
17. 나를 향한 하나님의 생각 38
18. 낭비된 은혜 40
19. 바울의 자랑 42
20. 4 차원의 영적세계 44
21. 신앙독립만세 50
22. 바울 대 소크라테스 52
23. 실패하는 훈련, 훈련없는 성공 54
24. 편안함과 평안함 56
25. 신앙의 원칙과 변칙 58
26. 목숨을 다해 지킬 생명 60
27. 차별과 구별 62
28. 가장 빨리 불행해지는 법 64
29. 믿음의 반대는 불신이 아닙니다 66
30. 후회가 되는 회개 68
31. 소수를 위한 다수결 원칙 72
32. 나의 벗 나의 힘 74
33. 생각이 필요없으신 분의 생각 76
34. 눈감고 선물 고르는 법 78
35. 위기를 진짜 기회로 만드는 법 80

36. 나의 꿈 하나님의 꿈 82
37. 배와 방주 84
38. 내 속에서 잃어버린 보물 86
39. 순종은 의무가 아니라 특권 88
40. 2 미터 90
41. 기도로 쌓은 위대한 유산 94
42. 거룩한 돌싱 96
43. 기대해야 얻는 기댈 곳 98
44. 자랑과 간증 100
45. 한국인이 꼽은 말씀의 반전 102
46. 연애편지 104
47. 요한병법 예수계시록 106
48. 단거리선수가 장거리 달리는 법 108
49. 성경과 설교 110
50. 죽기전에 죽도록 후회하는 다섯가지 112
51. 생존을 넘어 사명으로 118
52. 무관심과 의구심 120
53. 불순종 할 수 밖에 없는 이유 122
54. 나의 확신 하나님의 확신 124
55. 나그네 전상서 126
56. 하나님의 유리병 128
57. 언약과 언약궤 130
58. 사단의 간절한 신앙 132
59. 돈(MONEY) 134
60. 우연한 기적 136
61. 실제 어린아이의 신앙 140
62. 이름없는 부자 이름있는 부자 142
63. 무능력의 놀라운 능력 144
64. 먼저 위의 것을 찾으라 146
65. 오직 위의 것을 찾으라 148
66. 신앙 컨닝 150
67. 굿 윌 헌팅 152
68. 믿음을 믿지않는 믿음 154
69. 의도보다 의중 156
70. 갈등보다 깊은감동 158
71. 눈에는 눈 164
72. 세 가지 불가능 166

73. 설상가상 마태복음 168
74. 거지와 맹인 170
75. 포로에서 해방된 주일 172
76. 시간을 견뎌내는 믿음 174
77. 성공으로 실패하기 176
78. 판도라의 상자 178
79. 가장 높은 낮아짐 180
80. 우리 안의 일그러진 영웅 182
81. 마라나타 어린 양 188
82. FATHER'S HEART 190
83. 바다와 믹돌 사이 192
84. 바울이 가장 바울 다울 때 194
85. 세상에서 가장 이기적인 나의 신앙 196
86. 아는 만큼 사용하시는 주님 198
87. 미래 현재 과거 200
88. 즐겁지 않은 기쁜 소식 202
89. 아무나 받을 수 없는 초대 204
90. 왜 화목제물인가 206
91. 아홉 명은 상상도 못한 반전 212
92. 아간의 최종 선택 214
93. 마르고 비틀어진 소망 216
94. 발락의 발람 나귀의 반란 218
95. 둘 중에 누가 더 맹인인가 220
96. 너무 감동받아 죽어버린 신앙 224
97. 예배가 힘이요 부르심이 능력이라 226
98. 이젠 울지 말라 230
99. 결국은 호세아의 사랑 234
100. 성탄과 성삼위일체 238

얼마가 걸려도 괜찮습니다.
100 편의 묵상을 지나는 동안 깨닫게 되는
주님의 모습을 조금씩이라도 기록해보시기 바랍니다.
광대하신 하나님을 다 알 수 없으며
100 편의 묵상 속에서 그 사랑을 다 깨달을 수 없어도
당신의 신앙은 전엔 없던 새 힘으로 날아오르게 될 겁니다.

본서는 토론토 중앙일보에 2019년 말부터 2022년 1월 현재까지 매주 연재된 정재천 목사의 [달콤한 묵상] 중에서 100편을 엄선, 편집하여 책으로 엮은 것입니다. 공교롭게도 이 기간은 COVID19 이라는 바이러스가 팬데믹으로 온 세상을 여전히 움켜쥐고있는 인류 역사에 있어서 매우 고통스럽고 아픈 시기와 일치합니다.

저자는 메이플한인교회라는 개척교회의 담임목사로서, 토론토에 위치한 신학교의 교수로서, 그리고 하베스트커넥션 선교회의 선교사로서 성도/신학생/동역자에게 지금 우리가 겪고 있는 일들을 성경적으로 설명해 줄 의무와 동시에 그들이 하나님이 주시는 말씀의 지혜와 기쁨 안에서 위로받고 용기를 얻을 수 있도록 돕는 의무가 있다는 것을 인식하며 이 시기를 보냈습니다.

본서 [오늘 내가 만난 하나님]은 주님이 저자를 먼저 위로하고 격려해주신 감동이며 많은 분들에게 위로를 준 감동으로써 이제 독자들에게 그 위로의 축복이 이어지길 소망합니다.

성탄절 출판에 즈음하여...성탄의 성경적 의미

여러분은 상상이 되시나요? 어느날 밤, 한 처녀에게 천사가 나타나 "은혜를 받은 자여 평안할 지어다 주께서 너와 함께 하신다"고 했다면 그 처녀의 마음이 어떠했을지 상상이 되시나요? 이 일은 실제로 2천년 전 갈릴리라는 작은 마을에서 있었던 일입니다. 가브리엘이라는 천사가 마리아라는 한 처녀에게 나타나 하나님의 말씀을 대언한 내용입니다. 놀라움도 잠시, 가브리엘은 마리아에게 다음과 같이 말을 잇습니다: "보라! 네가 잉태하여 아들을 낳으리니 그 이름을 예수라 하리라. 그가 큰 자가 되고 지극히 높으신 이의 아들이라 일컬어질 것이요, 주 하나님께서 그 조상 다윗의 왕위를 그에게 주시리라" (누가복음 1장 31-32절). 이처럼 성경은 하나님의 아들이 처녀의 몸에 성령의 능력으로 잉태되었다고 합니다. 불가능이 없으신 하나님을 상상한다면 그리 어려운 일은 아닙니다. 하지만 반면 여전히 이해하기가 쉽지 않은 부분이 있습니다. 그것은 "하나님이 왜 그렇게까지 하셨는가?" 라는 질문입니다. 그리고 그 질문의 해답 속에 성탄의 놀라운 비밀이 담겨져 있습니다.

사실 성경 전체에 그 해답이 흐르지만 그 중에서도 히브리서라는 성경의 첫번째 문장을 보면 잘 요약이 되어 있습니다: "옛적에 선지자들을 통하여 여러 부분과 여러 모양으로 말씀해오신 하나님이 이 모든 날 마지막에는 그의 아들을 통하여 우리에게 말씀하시니..." 좀 더 이해하기 쉬운 말로 하면 어린 아이는 아무리 불은 만지면 정말 뜨거우니 절대 가까이 가지 말라고 아무리 말을 해도 알아듣지 못한다는 말입니다. 어린 아이는 성인의 언어를 이해하지 못하기 때문입니다. 그런것처럼 하나님은 수 천년 이라는 시간동안 이 모양 저 모양으로 우리에게 말씀해 오셨습니다. 하지만 우리 인간은 하나님의 언어를 이해하지 못했습니다. 아니 이해하려고 하지 않았는지도 모릅니다. 그래서 결국 하나님은 이제 마지막으로 우리 인간이 이해할 수 있는 인간의 언어로 당신의 사랑의 메시지를 보내시기로 결단하신 겁니다. 요한복음의 첫 장에 나와있는 것처럼 자신의 아들을 이 세상에 인간의 모습으로 보내주신 겁니다. 요한은 이 믿기 어려운 하나님의 계획을 이렇게 고백합니다: "말씀이 육신이 되어 우리 가운데 거하시매 우리가 그의 영광을 보니 아버지의 독생자의 영광이요 은혜와 진리라 충만하더라."

그런데 이 사실이 실제 우리 마음에 와닿지 않을 수도 있습니다. 반면 좀더 와닿을 만한 사실이 있습니다. 그것은 우리 주변에서 흔히 볼 수 있는 지명에서 발견할 수 있습니다. 이 세상에 존재하는 지명 중에서 가장 많이 사용된 이름이 바로 산호세 San Jose 라는 이름입니다. 이 지명은 마리아의 정혼한 남편인 요셉을 일컫는 스패니쉬 표현입니다. 그렇다면 왜 이토록 산호세가 많을까요? 당시 갈릴리 사람이었던 마리아와 요셉은 가이사 아구스도가 모든 식민지 백성에게 내린 명령을 따라 호적을 하기위해 베들레헴이라 하는 다윗의 동네로 올라가게 됩니다. 그런데 그때 갑자기 마리아가 해산할 때가 가까워진 겁니다. 요셉이 급히 묵을 여관을 찾았으나 어디서도 빈 여관을 찾을 수가 없었습니다. 이 세상을 구원하실 하나님의 아들이 세상에 오시는데 변변찮은 여관하나 찾을 수가 없었던 요셉의 마음이 어떠했을지 여러분은 상상이 되시나요? 요셉은 어쩔 도리없이 목동들이 양을 치고 먹이는 들판의 한쪽 구석에 있는 구유에 잉태한 아기 예수를 강보에 싸서 뉘이게 됩니다. 아버지 요셉에게는 말할 수 없이 가슴 아픈 일이었습니다. 산호세라는 지명은 그 요셉의 아픈 마음을 기억하기위해 과거 교회가 앞다투어 붙이기 시작한 지명입니다. 심지어 그때 구할 수 없었던 여관을 안타까워하듯 그의 이름을 담아 아름답고 화려한 교회들이 지어졌으며 그 중에서도 현존하는 가장 큰 산호세교회 (돔의 크기로만하면 로마 St. Peter's Bascillica 다음으로 큰 곳)가 우리가 사는 캐나다 몬트리얼의 St. Joseph Oratory 입니다.

오늘날 몬트리얼의 그 웅장한 교회를 들어가보면 장엄하고 엄숙하면서도 고요한 감동을 느낄 수 있습니다. 하지만 실제 세상의 구원자이시며 인류의 구세주이신 주님 예수가 아기로 이 세상에 오신 그 때의 상황은 그렇게 평안하지 못했습니다. 온 인류를 위해 오신 하나님의 아들을 영접하기는 커녕 이 세상은 아기 예수를 죽이려고 했습니다. "빛이 어둠에 비치되 어둠이 깨닫지 못하더라" (요한복음 1 장 5 절) 라는 말씀처럼 말입니다. 마리아의 남편 요셉은 헤롯이 예수를 찾아 죽이려 한다는 그 소문을 듣게 됩니다. 마치 구세주의 운명이 자신에게 달린 것처럼 요셉은 쉴 틈도 없이 밤중에 일어나 아내 마리아와 아기 예수를 앉고 애굽으로 급히 도망을 칩니다 (마태복음 2 장 14 절). 우리는 "설마 하나님의 아들인데 무슨 일이 있겠어? 하나님이 알아서 하시겠지!"라고 생각할 지 모르겠습니다. 하지만 하나님이 자신의 아들을 세상에 보내셨을 때에는 완전하신 인간의 모습으로 보내신 것입니다. 하나님의 연약한 아기 예수의 운명을 갈릴리의 한 평범한 목수 요셉에게 의탁하셨던 것입니다.

이사야 선지자는 이러한 예수님의 탄생을 미리 바라보면서 다음과 같이 위대한 예언을 남겼습니다: "그가 찔림은 우리의 허물 때문이요 그가 상함은 우리의 죄악 때문이라 그가 징계를 받으므로 우리는 평화를 누리고 그가 채찍에 맞으므로 우리는 나음을 받았도다. 우리는 다 양 같아서 그릇 행하여 각기 제 길로 갔거늘 여호와께서는 우리 모두의 죄악을 그에게 담당시키셨도다" (이사야서 53 장 5-6 절). 하지만 주님이 오시는 것을 기다리며 바라본 것은 구약의 이사야같은 선지자들 만이 아니었습니다. 자신의 평생을 오직 이 세상에 오실 구원자 예수를 바라보기 위해 간절히 기다려온 시므온이라는 사람이 있었습니다. 성경은 그를 "의롭고 경건하여 이스라엘의 위로를 기다리는 자" (누가복음 2 장 25 절)라고 부릅니다. 그는 자신이 죽기 전에는 반드시 주님을 보리라는 열망을 가지고 살아왔습니다. 그런데 그가 어느날 성전으로 향하는 요셉과 마리아의 팔에 안겨있는 아기 예수를 발견합니다. 그 아기 예수를 보며 시므온은 고백합니다: "내 눈이 주의 구원을 보았사오니 이는 만민 앞에 예비하신 것이요 이방을 비추는 빛이요 주의 백성 이스라엘의 영광이니이다." 하나님의 예비하심, 이방의 빛, 주의 백성의 영광,... 사랑하는 성도 여러분, 이것이 바로 성경적인 성탄의 의미입니다. 성탄의 의미는 이처럼 경이로운 것입니다.

성탄은 이 세상 천지만물과 자신의 형상을 쫓아 가장 아름답게 창조하신 인간에게 생명과 희망을 주시기 위한 하나님의 놀라운 계획이며 예수를 통해 우리가 이 세상의 모든 어려움과 아픔에 싸워 승리함을 알리기 시작하는 영광입니다. 성탄절을 맞이하여 우리는 이 영광스러운 하나님의 사랑을 새롭게 조명할 필요가 있습니다. 우리는 흔히 익숙한 것들의 형식은 지키면서 그 의미는 잃어버리는 경향이 있습니다. 어릴 때는 아이가 생일 때마다 자신의 부모에게 선물을 사달라고 조르다가도 철이 들면 자신의 생일에 낳아주신 부모에게 감사의 선물을 드려야 하는 것처럼 성탄절은 단순히 연말에 가족이 나들이를 떠나고 즐겁게 외식을 하고서 돌아오는 길에 케익을 사들고와 파티하는 그런 시간이 아닙니다. 이 날은 온 인류가 처한 어떠한 큰 아픔에도 불구하고 영원한 희망과, 영원한 기쁨, 영원한 생명을 주신 하나님의 가장 위대한 선물에 기뻐하는 날입니다. 그 선물이 가장 초라하고 가장 연약하고 가장 고독하게 탄생한 날을 감사하는 날입니다. 이 날은 모든 인류가 자신의 종교와 배경을 떠나 한 마음으로 하나님께 "참 반가운 성도여 다 이리와서 베들레헴 성안에 가 봅시다"하며 찬양을 드리는 날입니다. 지난 2020년을 돌아보면 온 인류가 이 전에는 경험해보지 못한 팬데믹이라는 충격적인 아픔에 빠졌습니다. 하지만 이런 현실이 우리에게 성탄의 의미가 더욱 간절하게 다가오는 이유입니다. 이 책을 읽고 감동을 나누는 가정마다 이런 성탄의 축복이 충만하기를 주님의 이름으로 기도합니다.

추천사

토론토의 대표 일간지 토론토 중앙일보 종교 칼럼으로 매주 기재되는 메이플한인교회 정재천 담임목사님의 원고를 그동안 검토하면서 이런 좋은 글들이 언젠가 책으로 만들어져 모든 사람들 곁에 있다면 참 유익하겠다 생각하던 적이 여러차례 있었다. 그런데 지난 2년여간 매주 빠지지 않고 기재해온 목사님의 글들을 애독해온 분들이 컬럼이 책으로 발간되기를 원한다는 요청이 잇따른다는 소식을 듣고는 나의 느낌이 틀리지 않았다는 생각에 덩달아 기뻤다.

정재천 목사님의 글에는 유쾌함이 있고 뜨거움이 있다. 그의 원고를 읽다 보면 가끔 감탄사가 절로 나온다. 성경을 모르는 사람에게는 어쩌면 길고 지루할 수도 있는 성경 이야기를 깊은 연구와 통찰력 그리고 경쾌한 논리 전개로 어떠한 독자라도 금방 그의 글에 매료되어 때로는 감동으로 눈물을 흘리고 때론 웃음으로 피로를 날려버리게 된다. 또한 정 목사의 글은 자칫 비현실적으로 받아들여지기 쉬운 신앙 이야기를 누가 읽어도 쉽고 재미있게 풀어놓아 그 안에서 기독교 신앙인은 위로를 받고 그렇지 않은 사람들도 하나님의 은혜라는 것을 간접적으로 경험하게 된다고 한다.

최근 코로나 팬데믹 이후로 크고 작은 예배가 온라인으로 전향되면서 신앙인들의 믿음이 흔들릴 수도 있는 상황을 맞고 있다. 교회 예배가 축소되고 집회와 모임이 연기 또는 폐쇄되는 등 목회자들도 어려움이 많을 것이다. 그러나 정재천 목사의 글을 읽다 보면 어둠 속에서도 빛을 발견할 수 있으며 숨 막히는 코로나의 어려운 싸움 속에서도 신앙인으로서 승리의 기쁨을 함께 나눌 수 있다는 그의 확신을 느낄 수 있다. 앞을 알 수 없는 지금과 같이 암울한 시기에 이 책처럼 남녀노소 누가 읽어도 쉽고 명쾌하게 써 내려간 성경 속의 빛을 보여주는 이런 특별한 묵상집은 앞으로도 찾기 쉽지 않을 것 같다.

정 목사의 글에는 희노애락이 있으며 단 350자의 매우 짧은 글이지만 그 속에 강한 파워가 있다. 하나님께 순종하는 삶을 살아가는 목회자로서 자신의 신앙을 넘어 하나님의 말씀을 나누고 동일하게 우리에게도 감동을 주는 것은 쉽지 않은 일이다. 하지만 이 책의 발간이 증명하듯 그는 지난 2년 동안 그 일을 자신의 성도들과 중앙일보 애독자들을 위해 성공적으로 해왔으며 이 책은 그 열매를 나누는 행위이다.

기독교 교리에 대해서도 세부적인 지식이 없던 우리에게 정재천 목사는 쉽고 이해할 수 있고 삶에 적용이 가능한 은혜로운 책을 우리에게 선사했다. 뜨거운 기도로 만들어진 이 책에서 독자들 모두 하나님의 끝없는 사랑을 보고 배울 수 있기만을 이제 기대한다. 그리고 이 책을 통해 우리 모두의 삶과 신앙의 모습을 성경에 비춰 해석하고 그가 제시한 우리가 앞으로 가야 할 길을 발견하기를 바란다. 이 책에 나온 좋은 교리와 말씀은 우리 삶을 변화하게 하는 원동력이 될 것이라 믿기에 모든 한인동포들에게 기쁜 마음으로 필독할 것을 추천한다.

마지막으로 이 책의 제목 [오늘 내가 만난 하나님]이 참 마음에 든다. 이 책을 통해 더 많은 성도들이 일어나 코로나로 인해 지친 이민 사회와 영혼들에게 사랑과 믿음을 온전하게 나누게 될 것 같다. 믿는 사람은 신앙이 더욱 견고해지고 믿지 않는 사람들은 [오늘 내가 만난 하나님]을 통해 믿음의 길을 갈 수 있는 축복의 책이 되기를 바란다. 마지막으로 책을 저술한 저자에게 편집장으로서, 한 명의 독자로서 깊은 고마움을 전한다.

2022 년 1 월 7 일
토론토 중앙일보
편집장 김형준

오늘 만날 나의 하나님을 위해...

아무리 신실한 성도라도 신앙이 타성에 젖게 되는 시기가 찾아올 수 있습니다. 한 때 그토록 간절하게 회개하며 부르짖었던 주님의 이름을 더이상 그때의 간절함으로 부르지 않을 때도 있습니다. 은혜를 사모하는 마음도 줄어들고 뜨거운 감동에 대해서도 기대가 사라지고 무엇보다 신앙이 신이 나던 시절이 어디론가 감추어 버린 것을 깨닫게 될 수도 있습니다. 하지만 성경 속의 사도와 제자들의 모습은 그와 사뭇 다른 모습입니다.

성경적인 신앙은 당연한 것을 매일 새롭게 묵상하는 것에서 시작해야 합니다. 아무리 좋은 것도 공짜로 받은 것에 대한 가치를 영원히 감사를 고백하며 기뻐하는 것은 어렵습니다. 하나님의 은혜 안에 믿음만으로 얻은 영생이지만 사실 그 영생은 지금 우리가 살아가는 날 동안 주님과의 동행을 위해 주신 놀라운 특권입니다. 이제 [오늘 만난 나의 하나님]을 통해 그 놀라운 신앙의 참 기쁨을 발견하시기 바랍니다.

2022 년 1 월 7 일
정 재 천

[오늘 내가 만난 하나님]

이름:
출발한 날짜:

1 떠나라

창세기 12 장 아브람의 이야기는 용기를 가지고 주님을 향해 떠난 성도들에게 특별한 위로와 희망을 안겨줍니다. 아브람을 부르신 하나님은 1 절에서 "너는 너의 고향과 친척과 아버지의 집을 떠나 내가 네게 보여줄 땅으로 가라"고 명령하십니다. 실제로 수 많은 성도들이 감수한 희생이 자신의 본토인 한국과 자신의 친척, 심지어 부모를 떠나온 타지에서 생활하는 경우도 다수입니다. 이런 현실을 감안하면 성도들이 1 절에 이어 곧바로 2 절에 이어지는 하나님의 축복에 기대감을 가지는 것은 자연스러운 현상입니다. 하나님 말씀에 순종하여 떠나온 이들에게 아브람과 같이 "큰 민족을 이루고 복을 주어 이름을 창대하게 하리니 너는 복이 되리라"라는 축복만큼 감동적인 축복의 언약은 성경 어디에서도 찾아보기 어렵기 때문입니다.

하지만 반면 성도들의 현실을 살펴 보면 그리 많은 사람들이 이러한 놀라운 복을 누리고 사는 것처럼 보이지 않습니다. 실제로 어떤 사람들은 오히려 과거 자신의 고향, 자신의 친척과 부모 옆에서 살았던 때보다 훨씬 못한 삶을 살 때도 종종 보입니다. 시간이 지나면서 적응이 되며 상황이 나아지는 경우도 있지만 그렇지 못한 경우도 많습니다. 그렇다면 도대체 이 아브람의 축복은 그저 문자적이고 역사적으로만 남아있는 과거의 기록에 불과한 것일까요? 하나님은 어제나 오늘이나 내일이나 동일하시며 하나님의 말씀은 변함없이 살아서 역사하신다고 했는데 그렇다면 오늘날 고향, 친척, 부모를 떠나온 성도의 삶은 언제쯤 큰 민족을 이루고 이들의 이름은 언제쯤 창대하게 하시며 하나님의 복이 되는 놀라운 역사는 언제 이루어 질까요?

우리의 하나님의 실수하지 않으시는 분이시며 당신의 언약은 자신의 독생자를 주시면서까지 지키시는 분입니다. 이런 하나님을 기억하면서 우리가 오늘 창세기 12 장의 말씀을 좀더 온전하게 이해하여 그대로 믿고 실행한다면 분명히 그 놀라운 축복이 실제로 우리의 것이 될 수 있다고 확신합니다.

사실 창세기 12 장 1 절에서 하나님이 아브람에게 강조하신 것은 그가 단순히 "이 땅을 떠나 저 땅으로 가라"는 명령이 아닙니다. 하나님이 아브람에게 명하신 것을 좀더 원문의 의도대로 배경에 맞춰 명확하게 바라본다면 다음과 같은 의역을 얻을 수 있습니다: "너는 너의 고향과 너의 친척과 너의 아버지의 집 등 너의 모든 것들을 다 떠나 이제 내가 너에게 보여 줄 나의 땅으로 가라." 즉, 하나님 명령의 강조점은 우리가 단순히 친인척과 삶의 터전을 옮기는 것을 행하면 복을 주신다는 것이 아니었습니다. 처음부터 하나님의 명령과 축복은 무엇이든지 지금 아브람이(우리가) 의지하고 있는 모든 것들을 다 뒤로 하고 오직 만군의 여호와 하나님 한 분 만을 의지하여 하나님이 보여주실 곳으로 한 걸음씩 나아가라는 것 이었습니다.

사랑하는 성도 여러분, 창세기 1 장부터 시작된 새로운 창조의 역사는 언제나 "분리"를 통해 이루어 졌습니다. 하나님의 "떠나라"는 명령 속에도 그러한 분리의 복이 담겨 있는 것입니다. 이처럼 하나님은 아브람의 떠남(분리)을 통해 새 창조를 시작하시려는 것 입니다. 이제 자신의 모든 것을 비우고 떠나온 아브람에게 대신 당신의 모든 것을 채워주시기로 결정하신 것입니다. 하나님은 그 빈자리를 하나님의 은혜로 채우시길 원하십니다. 그 은혜를 본문은 "하나님의 축복"이라고 부릅니다. 자신의 것을 모두 뒤로 하고 하나님을 따르기만 한다면 이제 하나님의 모든 것을 주시기로 작정 하신 것 입니다.

우리가 창세기 12 장의 아브람의 축복을 이제라도 받으려면 무엇을 해야 할까요? 이제 두려움을 버리고 나의 모든 것을 떠나야 합니다. 오직 그 빈자리를 하나님이 채우실 은혜를 기대하고 사모하며 신실하게 나아가야 합니다. 저는 믿습니다. 우리가 창세기 12 장 아브람의 축복을 다시 한번 새롭게 붙잡기만 한다면 하나님은 우리가 오늘 어디에 있던 우리로 하여금 큰 민족을 이루고 우리의 이름을 창대하게 하시고 우리가 하나님의 복이라 세상에 불리우게 되리라는 것을 확신합니다.

[오늘 내가 만난 하나님]
(예제) 그동안 내가 만난 하나님은 어쩌면 성경 속의 진정한 하나님, 살아있는 말씀으로 거하시는 능력있는 하나님이 아니라 내 상상력으로 만들어낸 하나님인지도 모르겠다는 생각을 해본다. 성경 말씀을 책상 앞에 적어두고 내 마음의 감동으로 받으면 그 말씀의 축복이 무조건 내것이 될 것이라는 욕심을 내며 살아온 것 같기도 하다. 하지만 오늘 묵상을 통해 처음으로 하나님이 나를 축복하시는 방법이 나의 생각이나 욕심과 다르다는 것을 느끼게 된다. 내 생각, 내 상황, 내 욕심은 내가 떠나왔기 때문에 무조건 받을 수 있는 것이라 생각했는데 우리의 하나님은 무조건 떠나는 것을 원하신게 아니라 나의 모든 것을 내려놓고 오직 당신만을 의지하기를 원하시는 하나님이심을 오늘 묵상을 통해 깨닫게 된다. 창세기 12 장의 말씀을 전혀 새롭게 다시 한번 읽어보게 된다. 정말 하나님의 축복을 받으려면 하나님의 방법대로 내가 나아가야 할텐데... 이제 나의 믿음의 아부지 아브라함에게 주신 축복을 나도 받기 위해 나의 것을 모두 내려놓고 오직 하나님과 하나님의 것에 의지하는 연습을 시작해 봐야겠다. 나의 본토- , 나의 친척- , 나의 아비의 집- 을 떠나기 위해 나는 하나님의 것들을 붙잡기 시작한다. 오늘 내가 만난 하나님은 나에게 모든 것을 주시기 위해 먼저 나의 모든 것이 되시기를 원하시는 분이시다.

2 온전한 방향 일관된 행위

교회를 다니면서 예수님을 믿지 않는다고 공공연히 말할 성도는 많지 않을 겁니다. 예수를 믿는다는 신앙의 고백은 동시에 주님의 복된 언약을 소유하는 특권을 이 세상에서부터 누릴 수 있다는 의미입니다. 이러한 특권을 잘 설명 해주는 말씀이 요한복음 14장 12절에 나옵니다: "내가 진실로 진실로 너희에게 이르노니 나를 믿는 자는 내가 하는 일을 그도 할 것이요 또한 그보다 더 큰 일도 하리니 이는 내가 아버지께로 감이라." 이 말씀은 우리가 이 세상을 살아가는 동안에 주님이 세상에서 하셨던 일들보다 더 큰 일도 할 수 있다고 말합니다. 그렇다면 믿기 힘든 이 말이 혹시 당시 본문의 배경에 등장하는 주님의 열두 제자들에게 국한 되었던 것은 아닐까 의심이라도 해봅니다.

안타깝게도 믿음을 갖는다는 것이 때로는 성도들에게 가만히 앉아 천국을 기다리는 것 정도로 안이하고 수동적인 태도로 인식될 때가 있습니다. 하지만 실제로 성경적으로 믿음을 소유한다는 것은 오히려 이와 정반대로 매우 역동적인 영적활동을 말합니다. 그러한 역동성이 있는 것이기에 믿음을 가진 자는 주님이 하신 일을 할 수 있으며 그보다 더 큰 일도 할 수 있다는 소망도 가질 수 있습니다. 그렇다면 이렇게 상실해버린 역동성을 어디서 되찾아 와야 할까요? "어디서"라는 질문 속에 정답이 있습니다. 바로 역동적인 믿음, 기적을 일으키는 믿음을 찾는 것은 먼저 우리 신앙의 "방향성"을 회복하는 데서 시작할 수 있습니다.

교회에 소속되어 건강하게 신앙을 해오신 분들에게 "믿음"이 그 크기보다는 방향성이 중요하다는 말을 들어보지 않은 분은 별로 없을 겁니다. 그런데도 좀처럼 이 방향성을 온전히 발견하고 걸어가는 사람은 그 수 만큼도 되지 않습니다. 영국의 대문호 G. K. 체스터튼의 말대로 정말 "모든 길은 로마로 통한다. 그래서 로마에 도달하는 사람이 극히 적다"는 위트있는 냉소적 표현처럼 우리는 답을 알면서도 외면하고 있는 것일까요? 제 경험에 의하면 성도님들 대부분은 너무나 순수하고 아름다운 성품을 소유하고 있고 주님께 순종하고 싶어합니다. 단지 누군가 그 길을 가르쳐줘야 합니다.

믿음은 결코 추상적이지 않습니다. 성경적인 믿음을 갖는다는 것은 사실 "온전한 방향성"과 "일관된 행위"를 함축적으로 담고있다고 이해하면 더 유익할 것 같습니다. 네, 온전한 방향으로 일관되게 나아가는 것이 신앙입니다. 첫째, 온전한 방향성이란 우리 삶의 포커스가 "예수 그리스도"만을 향하는 것을 의미합니다. 둘째, 일관된 행위란 "십자가의 도"에서 벗어나지않고 걸어가는 것을 말합니다. 그러다보니 믿음을 갖는다는 것은 방향성(예수 그리스도)과 행위(십자가) 둘 중 어느 것 하나라도 부족하거나 빗나가면 금방 신앙의 생명인 역동성, 즉 능력을 상실해 버리는 겁니다.

오늘날 교회에 "예수를 믿는다"라고 하는 사람은 많은데도 "예수를 닮은 사람"을 눈 씻고도 찾아보기 어려운 것도 이 둘 중에 한 가지 (혹은 둘다) 소유하지 않은 반쪽짜리 믿음을 가진 성도들이 많아지고 있기 때문입니다. 예수님을 믿는다는 그 온전한 방향성은, 내 본의와 생각, 종교관, 가치관, 심지어 경험과 체험을 통해서 믿는 것이 아니라 요한복음 1 장 14 절에 명시된 "말씀이 육신이 되어 우리 가운데 거하신다"는 진리대로 하나님의 말씀에 우리의 초점과 행위를 맞춰야 하는 것 입니다. 그 일관된 행위는 먼저 우리가 주님을 영접하기 위해 십자가의 도인 회개를 이루는 것을 들 수 있습니다. 나의 죄를 대신 지시고 돌아가신 그 주님 십자가의 길이 헛되지 않게 하는 회개가 바로 그 출발점입니다.

성도 여러분, 믿음이 뭐라구요? 믿음은 하나님의 언약을 기준으로 온전한 방향성과 일관된 행위를 갖는 것입니다 (히브리서 10:36-11:1). 즉, 오직 주님을 바라보며 우리의 십자가를 지고 주님과 함께 동행하는 삶을 살아가려는 결단이고 행동이 바로 믿음입니다. 동시에 이 길이 괴롭고 외롭고 길이 될 가봐 먼저 두려워하지 마시기 바랍니다. 주님이 "이 세상을 내가 이미 다 이기었노라" (요한복음 16:33) 하신 위로의 말씀을 붙잡고 전진하시기 바랍니다. 그러면 언젠가 우리도 그가 한 일을 할 것이고 그보다 더 큰 일도 하게 될 것 입니다.

[오늘 내가 만난 하나님]

3 순종과 불순종

구약 서른아홉권의 책 중에서 선지서는 총 열일곱권입니다. 그 중 대선지서는 이사야, 예레미야 (애가), 에스겔과 다니엘서 다섯권입니다. 나머지 열두권 소선지서 중에서도 비교적 짧게 구성되어있는 요나서가 있습니다. 하지만 요나서는 크지않은 분량에도 불구하고 성도들에게 큰 사랑받는 책입니다. 그 사랑에 부응하듯 요나서는 몇 가지 특별한 매력들을 가지고 있습니다. 첫째, 일반적으로 선지서의 목적이 하나님의 말씀을 대언하는 것인데 반해 요나서에는 하나님 말씀의 직접적인 선포가 한 말씀을 제외 하고는 거의 없습니다 (1:2, 2:3): "너는 일어나 저 큰 성읍 니느웨로 가서 그것을 향하여 외치라." 둘째, 요나서는 다른 선지서와 달리 전체가 선지자 요나 개인에게 일어난 일들을 기록한 한 편의 이야기입니다. 마지막으로 셋째, 여러가지 면으로 선지자로서는 자격미달처럼 보이는게 요나입니다. 그럼에도 불구하고 요나는 누구보다 사역에 큰 성공을 거두었으며 심지어 훗날 주님께서 말씀하시길, "요나의 기적 외에는 너희들에게 보여줄 것이 없다"라고 하실 정도로 선지자 중에서 요나의 위치는 간과할 수 없습니다.

　　이렇게 매력적인 요나서/요나의 이야기가 오늘 우리에게 전하는 가장 중요한 메시지는 "순종(불순종)"에 관한 것 입니다. 하나님의 뜻과 명령에 순종하기 위해 필요한 순종의 조건 두 가지와 반대로 불순종을 할 수 밖에 없게 되는 하나의 이유가 무엇인지 선지자 요나의 삶을 통해 살펴 보겠습니다.

　　순종을 위한 첫번째 조건은 하나님에 대한 확실한 이해에서 출발해야 합니다. 하나님의 성품에 대한 성경적인 지식이 있어야지만 순종을 "어떻게"할 수 있는지도 알 수 있습니다. (1) 요나는 하나님의 사랑이 너무 커서 이스라엘의 적이라도 회개하면 용서해 주실 긍휼하신 분이라는 사실을 너무나 잘 알고 있었습니다. 그는 4 장 2 절에 고백하기를, "주께서는 은혜로우시며 자비로우시며 노하기를 더디하시며 인애가 크시사 뜻을 돌이켜 재앙을 내리지 아니하시는 하나님이신 줄을 내가 아나이다"라고 고백한 것을 보면 알 수 있습니다. (2) 요나는 하나님이 세상 만물을 지배하시는 분이라는 사실도 이미 알고 있었습니다. 바다에 풍랑이 일어났을 때 그런 큰 풍랑을 일으키실 수 있는 분이 오직 여호와 하나님 한 분 뿐임을 요나 만이 알고 있었습니다. 심지어 뱃사람들도 몰랐던 그런 사실을 요나는 꿰뚫고 있었습니다. (3) 요나는 하나님만이 모든 인간의 생사화복을 주관하시는 분이라는 사실도 알고 있었습니다. 그가 물고기의 뱃속에 있을 때, 그는 하나님께 "살려달라"고 한번도 애원하지 않았습니다. 오히려 그 안에서 자유롭게 찬양하는 요나의 모습을 떠올려 보시기 바랍니다.

요나는 하나님의 성품 뿐 아니라 그 분의 명령까지도 완벽히 깨달은 놀라운 선지자였습니다. 실제로 요나서에서 하나님은 그에게 한번도 구체적인 설명을 하실 필요가 없으셨던 것 같습니다. 요나서 1장 2절의 명령만 봐도 그렇습니다. "향하여 외치라"라고 명령하셨지만 심지어 무엇을 언제 어떻게 외치라는 말씀도 하지 않으셨습니다. 말하지 않아도 요나는 이미 하나님의 명령을 다 이해할 수 있었기 때문입니다. 이처럼 요나는 하나님께 순종 하기 위해 꼭 필수적인 하나님의 성품에 대한 지식과 뜻에 대한 이해를 모두 갖추고 있었습니다.

그런데 정작 놀라운 것은 그가 처음부터 순종보다는 불순종을 택했으며 나중에는 온전히 기뻐하는 순종보다는 억지스러운 심부름꾼으로 전락하는 하는 모습을 볼 수 있습니다. 그렇다면 무엇이 이토록 순종의 조건들을 확실히 가진 선지자 요나로 하여금 불순종을 택하도록 이끌었을까요? 위의 놀라운 두 가지 순종의 조건에도 불구하고 한 가지 그가 불순종할 수 밖에 없었던 이유가 있었기 때문입니다. 요나는 누구보다도 하나님에 대해 잘 알았던 선지자였습니다. 하지만 그는 단 한번도 하나님에 대한 두려움을 가지지 않았습니다. 그는 불순종도, 죽음도, 심지어 하나님의 분노에도 불구하고 하나님을 두려워하지 않았습니다.

사랑하는 성도 여러분, 이처럼 우리가 하나님을 아무리 사랑하고 하나님과 친숙하다해도 만약 우리가 하나님을 두려워하는 마음이 없다면 우리는 결코 거룩한 순종을 할 수 없을지도 모릅니다. 그래서 오늘 우리가 먼저 만나야 할 하나님은 두려운 분이어야 하는 지도 모릅니다. 우리에게 필요한 것은 하나님에 대한 지식보다 이러한 경외감인지도 모릅니다. 먼저 하나님을 두려워할 수 있어야 하나님을 사랑할 수도 있다는 진리를 우리는 반드시 기억해야 합니다.

[오늘 내가 만난 하나님]

4 사마리아로 가야할 때

요한복음 4 장에 보면 공관복음(마태, 마가, 누가복음)에는 소개되지 않은 주님과 우물가의 한 여인의 일화가 소개됩니다. "우물가의 사마리아여인"으로 잘 알려진 본 일화는 지금 유대지방에서 사역을 하시던 주님께서 갑자기 "사마리아를 통과 하여야 하겠다"는 굳은 의지를 보이시면서 이야기가 전개 됩니다. 주님은 왜 사마리아로 반드시 가시고자 했을까요?

그 이유를 알 수 있는 부분이 1 절 속에 숨어있습니다: "예수께서 제자를 삼고 세례를 베푸시는 것이 요한보다 많다 하는 말을 바리새인들이 들은 줄을 주께서 아신지라." 즉, 주님이 드디어 세례 요한보다도 더 많이 세례를 베푸신다고 소문이 나기 시작한 겁니다. 그런데 이게 사실인가요? 아니요, 그 말은 전혀 사실이 아닙니다. 본문의 2 절에도 나와 있듯이 주님은 친히 세례를 베푸시지 않으셨기 때문입니다. 그 소문이 잘못된 소문이라는 것을 주님이 아셨을까요? 그럼요, 주님도 아셨습니다. 하지만 그것에 대해 변명하지 않으십니다. 대신 사마리아로 가시기로 마음을 먹으신 겁니다.

바리새인들이 그 (잘못된) 소문을 들었다는 사실을 아시고는 자신의 십자가의 때가 갑자기 빠르게 다가오고 있음을 직감하신 것입니다. 십자가 앞에서 지금 주님이 하셔야 할 급한 일은 무엇일까요? 빨리 더 많은 사람들에게 복음을 전해야 할까요? 아니면 더 많은 제자를 만들어야 할까요? 그것도 아니라면 자신의 죽음을 제자들이 대비할 수 있도록 이들을 위로해야 할까요? 아닙니다. 주님이 택하신 길은 달랐습니다. 주님의 마음은 아버지의 잃어버린 한 영혼을 향하고 계셨습니다. 주님은 아무도 거들떠 보지않고 역사적으로 배척당해 왔으며 부정한 자들이라고 무조건 버림받아온 사마리아인들, 그리고 그들 중에서도 가장 힘든 삶을 살아온 한 영혼에게 향하고 계셨습니다.

즉, 주님이 사마리아로 급히 발걸음을 옮기신 것은 자신의 죽음을 앞두고 가장 시급하게 생각하신 일이 여전히 소외된 자들을 찾아가 아버지의 사랑을 복음으로 전하는 일이었습니다. 특별히 그 소외된 자들 중에서도 사람의 눈을 피해 대낮에 우물물을 길러오는 한 여인을 만나기 위해 주님은 목이 마른 정도로 급하고 수고로운 발길을 옮기신 것입니다.

그 여인은 이러한 태초부터 계획된 하나님의 생각을 몰랐습니다. 사마리아 여인의 눈에는 우물가에서 유대인 남성을 만난 것이 신기하지만 여전히 우연처럼만 여겨졌을 것 입니다. 하지만 주님은 이 순간의 만남을 태초부터 기대하시고 지금 때가 되었을 때 그대로 실행에 옮기셨습니다. 오늘 우리의 삶이 힘들고 어렵고 심지어 소외를 당하는 처지에 놓여 있다해도 우리는 우리의 아픔을 다 아시고 우리의 곁으로 찾아오셔서 위로를 주시는 그런 놀라운 주님의 사랑과 계획을 기억해야 합니다.

[오늘 내가 만난 하나님]

5 불후의 명설교

하나님의 복음을 땅 끝까지 전해야 할 사명을 받은 제자들은 좀처럼 예루살렘을 벗어나려고 하지 않았습니다. 수 천년 동안 "하나님의 백성"으로 "하나님의 땅"에서 "하나님의 율법"을 지키던 이들에게 오직 믿음만으로 구원을 얻어 영생을 누리며 심지어 아무나 받을 수 없었던 성령을 모두에게 부어 주신다는 사실을 쉽게 받아들이기 어려웠습니다. 그런데 이 모든 것을 일순간에 바꾸어 놓는 사건이 예루살렘 교회에서 일어납니다. 교회 성도들을 돌보고 구제하는 사역을 위해 선별된 일곱 명의 집사들 중에 한 사람, 스데반이란 성도의 인생 처음이자 마지막 설교를 통해 그 놀라운 역사가 일어나게 됩니다. 오늘 이 설교가 우리의 잠자는 사명을 깨우기를 기대하며 사도행전 7장의 설교를 먼저 읽어보시기 바랍니다.

이 설교는 다섯 가지 면에서 매우 특별합니다. 첫째, 어느 한 구절도 자신을 변호하거나 변명하는 말이 없는 설교입니다. 둘째, 더군다나 스데반은 이 설교에서 자신의 믿음을 자랑하거나 강요하지도 않습니다. 셋째, 지금 스데반 집사가 생각하는 실질적인 피고는 본인 자신이 아니라 오히려 자신을 재판하고 있는 장로들과 종교지도자들이었습니다. 넷째, 그의 설교는 예수 그리스도의 십자가를 가르치는 복음설교도 아니었고 오히려 당시 모두가 익숙히 알고 있는 구약성경의 강해였습니다. 그리고 마지막으로 다섯째, 그가 이 설교의 핵심 테마로 삼은 것은 다름아닌 모든 위대한 선조들이 자신의 동족 이스라엘 백성에게 당한 리젝션 이었습니다.

이러한 다섯 가지 심금을 울리는 스데반 집사의 설교가 끝났을 때 어떠한 일이 일어났는지 우리는 기억합니다. 이 설교는 주님의 산상수훈 설교(마태복음 5장)에 버금가는 너무나 아름다운 최고의 명설교 였습니다. 하지만 언제나 그렇듯이 천국의 음성을 세상은 감당하지 못했습니다. 그의 설교를 들은 모든 이들의 마음이 찔려 이를 갈았습니다 (사도행전 7:54). 하지만 그는 오히려 "성령이 충만하여... 하나님의 영광과 및 예수께서 하나님 우편에 서신 것을 보았다"고 증언하고 있습니다. 그리고는 선포합니다: "보라 하늘이 열리고 인자가 하나님 우편에 서신 것을 내가 보노라."

오늘날 우리에게 스데반 집사와 같은 설교가 행해진다면 우리는 어떻게 반응할까요? 하나님을 믿는다고 생각했으나 돌을 집어 든 백성과 같이 반응하지는 않을까요? 아니면 비록 돌을 맞을지도 모르지만 용기를 내어 스데반 집사의 편에서 그를 보호하기위해 군중에서 멀어져 그에게도 걸음을 옮길 수 있을까요? 그것도 아니라면 비록 그때는 깨닫지 못하더라도 훗날 자신도 순교자의 길을 걸어가는 사울이라는 청년처럼 갈등하고 있을까요? 매순간, 적어도 매주 주일마다 우리는 하나님의 말씀을 들으며 사실은 세 가지 중에 한 가지 선택을 하고 있습니다. 그리고 그 선택이 우리의 다음 한 주를 좌우하고 그것이 모여 우리 인생을 좌우합니다. 무엇을 선택하든 모두에게 주어진 은혜의 때는 그리 길지 않습니다. 스데반 집사의 설교 앞에서 지금 자신의 입장을 선택하지 않는다고 해도 언젠가는 주님의 심판 앞에 서야하기 때문입니다.

[오늘 내가 만난 하나님]

6 명령처럼 들린 약속

죽음을 이기시고 부활하신 주님께서는 두려움과 불안함에 고심하고 있는 제자들에게 자신이 아버지께로 가면 자신의 이름으로 보혜사 성령을 보내겠다는 약속을 하십니다. 그리고는 승천하시죠. 하지만 주님이 남기신 사도행전 1장 8절의 말씀은 놀랍습니다. 주님이 계시지 않은 상황에서 제자들에게 이렇게 큰 것을 기대하셨다는 것이 때로는 부담스럽게 느껴질 수 있습니다. 하지만 1장 8절의 말씀은 명령이 아니라 약속입니다. 그 약속은 "오직 그 성령이 너희에게 임하시면 너희가 권능을 받고 예루살렘과 온 유대와 사마리아와 땅 끝까지 이르러 내 증인이 되리라"하는 것이었습니다.

그리고 드디어 오순절, 마가의 다락방으로 추정되는 넓은 장소에서 제자들이 기도를 하고 있을 때였습니다. 2장 2절, "홀연히 하늘로부터 급하고 강한 바람 같은 소리가 있어 . . . ," 3절에서는 "마치 불의 혀처럼 갈라지는 것들이 각 사람 위에 임하니," 그제서야 "그들이 다 성령의 충만함을 받았다"라고 합니다. 이렇게 성령의 충만함을 받은 제자들은 드디어 나가서 담대하게 복음을 전하기 시작합니다. 그들의 무능력이 성령과 함께 능력으로 변하고 복음을 전하는 것에 대한 그들의 두려움이 불과 같이 임한 혀를 통해 담대함으로 변했습니다.

그런데 왜 "혀"일까요? 어디서 갑자기 이런 능력을 나타내는 "혀"가 등장한 것일까요? 이 "혀"라고 번역된 단어는 헬라어로 "글로싸"입니다. 좀더 면밀히 말하면 혀의 복수형 "혀들"입니다. 역사 속에 이 단어가 처음 등장한 것은 창세기 11장으로 거슬러 올라갑니다. 당시 세상 모든 인간의 패역함은 하나님께 영광을 돌리기보다는 자신들의 능력으로 세상의 모든 것을 이루었다는 자만에 빠지게 되었습니다. 급기야 자신들을 위한 탑을 하늘까지 쌓으려 했습니다. 하나님께서는 "우리가 내려가 인간이 무엇을 하는지 살펴보자"하시고는 강림하시어 결국 그들의 패역함을 안타까운 마음으로 보시게 되셨고 그들의 언어를 혼잡하게 흩어 버리시는 심판을 내리십니다. 이때 흩어진 "언어"가 바로 "글로싸"라는 "혀들"입니다. 즉, 모든 인간이 하나의 언어로 서로 하나님을 찬양할 수 있었던 시대가 혀의 흩어짐으로 끝나고 만 것입니다.

하지만 하나님의 은혜는 참으로 놀랍습니다. 주님의 약속대로 오순절에 제자들에게 성령을 보내주시고 눈에 보이는 증거로 그 흩으셨던 "혀들"이 다시 성령의 능력으로 각 사람에게 임하도록 하신 겁니다. 즉, 세상이 복음으로 하나될 수 있도록 인간에게 은혜로 불과 같은 "혀들"이 임하는 역사를 일으키신 것입니다. 이제 우리가 주님의 약속을 신뢰하기만 한다면 비록 지금까지의 우리의 모습이 평범한 어부와 같고 어눌한 언어의 소유자라 해도 우리는 땅 끝까지 주님의 증인이 될 수 있습니다. 우리가 이 놀라운 오순절의 역사를 바벨탑에서부터 이어지는 하나님 은혜의 경륜 속에서 이해한다면 우리에게 주어진 성령, 그리고 그의 모든 능력과 은사의 목적이 세상을 주 안에서 하나되기 하시려는 복음의 의미임을 다시 한번 되새길 수 있습니다.

[오늘 내가 만난 하나님]

7 근심과 방심

해외 생활을 오래 해본 사람들이 공감 할 만한 말이 있습니다. 푸른 꿈을 안고 고국을 떠나 타국에 왔지만 실상 현실은 결코 생각처럼 녹록하지만은 않다는 것 입니다. 많은 분들이 생존을 위해 고국에서는 해보지도 않은 힘한 일들 속에서 하루 하루를 보내는 것을 어렵지 않게 볼 수 있습니다. 그렇게 쉴 틈없이 바쁘게 일하면서도 언어와 신분 때문에 마치 남의 집에서 신세를 지고있는 손님처럼 긴장감을 늦추지 못하고 살아가는 분도 적지 않습니다. 때로는 이런 바쁘고 긴장되는 일상이 분주한 습관으로 전락해 버리기도하고 힘과 위로가 되어 줄 신앙까지도 뒷전으로 하게 될 때도 있습니다. 즉, 처음 비행기에 올랐을 때 꿈꾸었던 생활은 온데간데 없고 매일 분주한 삶 속에서 주변환경과 상황변화에 그저 대처하며 하루 하루를 살아가고 있는 분들이 많습니다.

그래서 오늘 다윗의 분주했던 삶의 순간을 살펴보는 것이 중요합니다. 다윗은 선지자 사무엘을 통해 하나님께서 그를 이스라엘의 왕으로 부르셨다는 거룩하고 영광된 소명을 받은 사람입니다. 하지만 그의 현실은 사람들에게 왕으로 추앙을 받기는 커녕 사울왕에게 쫓기는 도망자 신세를 면하기 어려웠습니다. 자신을 추종하는 육백 명의 장수들과 함께 밤과 낮으로 이 산에서 저 산으로 자신을 죽이기 위해 군사를 이끌고 추격하는 사울을 피해 다녀야 했습니다. 그의 마음은 분주해지고 육신도 지칠 때로 지쳐버린 다윗은 한 순간 자신에게 주어진 하나님의 특별한 기름부으심과 소명을 뒤로하게 됩니다. 그리고는 사울을 피해 이스라엘의 정적인 블레셋의 영토내 가드의 방백인 아기스의 수하로 들어갑니다.

과거 빈들의 평범한 목동시절, 이스라엘 만군의 하나님의 군대를 모욕한다는 이유만으로 물 맷돌 다섯 개를 취하여 블레셋의 장수 골리앗을 단번에 쓰러프렸던 다윗을 회상하면 참으로 아쉬운 순간의 결정이었습니다. 다윗은 너무나 분주했습니다. 그의 심신이 너무나 지쳐버린 것입니다. 그의 영혼이 더 이상 주님 안에서 쉴 곳을 찾으려 하지 않았던 것입니다. 그 증거로 사무엘상 27장 1절은 이렇게 표현합니다: "다윗이 그의 마음에 생각하기를...." 언제나 하나님께 모든 것을 여쭈어 보던 다윗은 온데 간데 없어지고 이제 자신 스스로를 위로하기위한 생각을 하기 시작했습니다. 그리고 다윗의 이러한 한 순간의 방심은 훗날 자신의 두 아내와 아이들, 그리고 자신을 따르는 장수들의 가족들까지 아말렉에 끌려가는 고난과 수모를 겪는 계기가 되며 또한 그가 부재한 이스라엘의 군대는 결국 자신이 몸 담게 된 블레셋의 군대에게 패하여 사울 왕은 물론 자신의 의형제인 왕자 요나단 또한 비참한 죽음을 맞는 결과를 낳게 됩니다. 즉, 다윗의 근심은 그를 한 순간의 방심으로 이끌었고 그 방심이 낳은 결과가 이토록 참혹했던 것입니다.

감사한 것은 그렇게 잘못된 선택 속에서 다윗은 생각지 못한 고난들을 마주하게 되고 그 고난 속에서 다시 하나님을 찾기 시작합니다. 사무엘상 30 장 8 절은 다시 그가 겸손한 신앙인으로 거듭나는 위대한 모습을 보여줍니다. 그의 트레이드 마크인 "다윗이 여호와께 여쭈어 가로되..."로 시작하는 표현들이 다시 등장하기 때문입니다. 사랑하는 성도 여러분, 성도의 삶은 절대 분주해져서는 안됩니다. 집을 떠나오면 무조건 고생이라는 말이 있는 것처럼 해외 생활이라 더 특별한 어려움이 있는 것은 사실입니다. 하지만 그것이 신앙의 목표를 내려놓고 방심하게 만드는 근심이 아니고 오히려 주님께로 인도하는 등불이 되게 해야 합니다. 다윗과 같이 주님을 더욱 의지할 수 있는 기회로 삼아 그 근심의 때를 복된 순간으로 만들어야 합니다. 매일 분주한 중에 피로감을 억지로 이겨내듯 일어나는 일상이 아니라 먼저 주님께 의지하는 신앙의 습관을 통해 그가 주시는 평안과 복을 반드시 가지고 하루를 시작할 수 있어야 합니다.

[오늘 내가 만난 하나님]

8 성탄과 사명

여러분, 세상에서 사용된 지명 중에 가장 빈번한 명칭이 무엇인지 아시나요? San Jose 산호세입니다. 영어로는 Saint Joseph 이라고도 합니다. 실제로 캐나다에서 가장 큰 교회의 이름도 몬트리얼의 St. Joseph Oratory 입니다. 이 이름이 어떻게 이렇게 전 세계적으로 많이 사용되었는지 이유를 찾다 보면 흥미로운 사실을 발견하게 됩니다. 그것은 과거 교회가 마리아의 남편, 주님의 "법적인" 아버지인 요셉 Joseph 에 대해 품은 존경심에서 비롯되기 때문입니다.

반면 놀랍게도 과거와 달리 현대 대부분의 성도들이 요셉에 대해 알고 있는 것이 많지 않습니다. 더욱 안타까운 현실은 별로 관심조차 없다는 사실입니다. 그러나 하나님의 생각은 전혀 그렇지 않았습니다. 적어도 성경 전체에서 천사장 가브리엘이 세 번씩이나 그 모습을 앞에 드러낸 인물은 요셉 한 사람 외에는 없으니까요. 그리고 그 세 번의 만남이 바로 요셉을 이 세상에서 가장 중요한 아버지로 만들었고 우리가 오늘 다시 그에 대해 공부해야 하는 이유입니다.

가브리엘과의 첫번째 만남에서 요셉은 조용히 이혼하려고 했던 당시 정혼녀 마리아가 성령으로 아이를 잉태한 사실을 알게 됩니다. 그 순간 평범한 목수였던 요셉의 운명은 하나님의 아들을 이 세상에서 보호해야하는 수호자의 사명을 얻게 된 것입니다. 가브리엘과의 두번째 만남에서 그는 애굽으로 밤중에 아이와 아내를 데리고 도망을 가라는 명령을 받습니다. 하나님의 하나 뿐인 아들을 여관도 찾지못해 구유에 뉘어 세상에 맞이한 것도 기가 막힌 일이었는데 이제는 그를 죽이려는 사람들을 피해 밤중에 피난을 가야하는 운명이 된 것입니다. 요셉에게 하나님께서 당신 아들의 생명을 맡기신 것입니다. 그리고 마지막 세번째 만남에서는 다시 이스라엘로 돌아가라는 명을 받아 떨리고 두려운 마음으로 예루살렘을 향하는 요셉과 아기 예수의 모습을 볼 수 있습니다. 비록 과거 교회와 성도들이 그를 존경했던 것만큼 우리가 요셉을 알지는 못하지만 적어도 요셉은 아기 예수를 온갖 어려움에서 지켜낸 위대한 아버지의 역할을 훌륭하게 해낸 사람이었습니다.

안타깝게도 이런 위대한 아버지 요셉의 이름은 너무나 빨리 성경에서 볼 수 없게 됩니다. 그것은 그에 대한 행적이 순간 사라져버리고 어느 순간부터 성경에 등장하지 않기 때문입니다. 마지막으로 요셉이 모습을 드러낸 곳은 예루살렘 회당에서 잃어버린 줄 알았던 열두살 아이 예수를 발견했을 때입니다. 그때 예수가 요셉에게 이렇게 말을 합니다: "내가 내 아버지의 집에 있어야 할 것을 당신이 모르셨나이까?" (누가복음 2:49). 어쩌면 요셉은 이 세상의 아버지로서의 역할이 이제 끝이 났음을 그 순간 직감했는지도 모릅니다.

어떠한 사람들은 요셉을 그의 직업을 따라 아주 훌륭한 목수로 기억 할 지도 모릅니다. 어떤 사람은 요셉을 아내 마리아를 처음부터 끝까지 사랑한 한 아내의 아주 좋은 남편으로 기억 할 지도 모릅니다. 그리고 그 모두가 사실입니다. 하지만 그가 목수보다, 남편보다 더 위대했던 것은 하나님의 뜻을 따라 그에게 맡겨주신 소중한 아기 예수를 자신의 생명처럼 지켜낸 업적입니다. 그가 너무 빨리 세상을 떠난 것에 많은 사람이 안타까워하고 눈물을 흘렸을 것입니다. 하지만 그는 지금 자신의 사명을 모두 다 마친 것을 기뻐하며 하나님의 영광 중에 행복한 미소를 짓고 있을 겁니다.

그리고 놀랍게도 이러한 요셉의 헌신적인 삶은 그대로 예수 그리스도가 십자가에 자신을 드리시는 모습 속에 나타나는 것을 볼 수 있습니다. 하나님의 뜻을 성취하기 위해 자신의 모두를 바치신 그 모습 속에 바로 아버지 요셉의 모습을 찾을 수 있기 때문입니다. 매년 연말이면 12월 25일 성탄일을 맞습니다. 그때마다 우리는 이 땅에 오신 주님 그리스도 예수를 기억하고 감사해야 합니다. 하지만 동시에 또 기억해야 할 것은 아버지 요셉이 없었다면 우리는 이 성탄의 기쁨을 누리지 못했을 수도 있었을 거라는 사실입니다. 이 세상에서 우리를 부르신 하나님의 뜻은 아무리 작아 보여도 이처럼 큰 영광에 비추어 보면 위대한 역사가 될 수 있습니다. 이 세상에서 우리가 이룬 것을 아무도 기억하지 못할 수도 있습니다. 하지만 하나님을 위해 행한 위대한 사명자의 이름은 영원한 생명책에 진하게 기록될 것입니다.

[오늘 내가 만난 하나님]

9 설마, 그게 당신의 꿈은 아니죠

청년들과 마주 앉았을 때 가장 중요하게 던져야 할 질문은 그들의 꿈이 무엇인지를 묻는 것입니다: "너의 꿈이 뭐니?" 수 많은 청년들과 이런 꿈에 관한 대화를 하다 보면 통계적으로 얻어지는 대답이 있습니다. 대부분은 천편일률적으로 나중에 무엇을 하고 싶은지, 어떤 직업을 갖고 싶은지, 혹은 유명한 사람 중에 누구와 같이 되고 싶은지를 이야기합니다. 그럼 종종 저는 짓궂게 반문합니다: "아니, 그런 시시한 것들 말고 진짜 네 평생, 인생의 꿈 말이야!" 그러면 대체로 청년들은 아무런 말을 잊지 못합니다.

살아계신 창조주 하나님을 믿고 한참 패기와 꿈으로 넘쳐야 할 청년들에게 꿈이 없다는 것은 이 시대 청년 세대가 창조력을 상실해 버렸는지도 모른다는 참담한 현실을 말해 줍니다. 하지만 이런 현실이 이들 청년의 책임은 아닙니다. 우리가 바로 가르쳐주지 못한 우리의 책임입니다. 이제라도 옳게 가르쳐 줘야 합니다. 꿈은 직업도, 진로도, 누군가를 닮아가는 것도 아니라는 사실을 가르쳐 줘야 합니다. 꿈이란, 어떠한 상황이나 환경에서도 변하지 않을 내 삶의 가장 확고한 목적이며 하나님이 이 땅에 나를 보내신 원대한 비전입니다.

즉, 꿈이란 하나님이 우리를 지금 이 시대, 이 땅에 태어나게 하시어 천국에 들어가기까지 이 땅에서 성취하기 위해 달려가야 할 우리 삶의 목적이자 생명의 원동력입니다. 하지만 동시에 이 "목적"이란 것이 "목표"는 아니라는 것도 이해해야 합니다. 왜냐면 하나님의 자녀인 우리에게 "목표"란 온전한 "목적"을 깨달았을 때 자연스럽게 주어지는 매우 거룩한 인생의 타겟이기 때문입니다.

청년 다니엘의 삶을 보십시오. 다니엘은 바벨론의 포로로 잡혀갔습니다. 하지만 그의 마음에 한 가지 뜻을 정하여 어떠한 일이 있어도 자신을 이방 세계의 영으로 부터 지켜내고 하나님을 향한 순전한 믿음을 지키겠노라는 꿈을 품었습니다. 그의 이러한 꿈(삶의 목적)은 훗날 그로 하여금 바벨론 제 2의 권력자가 될 수 있는 원동력이 되었으며 심지어 하나님을 알지 못하는 바벨론의 왕에게 하나님의 복음을 전하는 삶의 목표를 성취하는 영광스러운 인생의 업적을 하늘에 기록할 수 있었습니다.

한 리서치 기관의 발표에 의하면 현존하는 직업 중 30% 가량인 7만 5천개가 10년 후에는 흔적도 없이 사라질 전망이라고 합니다. 만약 직업을 꿈이라고 착각하고 있는 청년들이 있다면 우리는 그들이 그러한 환경에 준비되어질 수 있도록 지금부터 지도하고 기도하며 진정한 꿈을 발견할 수 있도록 축복해 줘야 합니다. 우리의 청년들에게 지금의 현실을 바라보며 "성공"을 준비하도록 가르친다면 그들은 세상에서는 성공할지 몰라도 하나님 나라에서는 반드시 "실패"할 수 밖에 없습니다. 적어도 경쟁을 통해 남을 짓밟고 얻어야 하는 세상의 성공은 하나님이 그리시는 우리 청년들의 꿈이 될 수 없기 때문입니다. 하나님이 주실 꿈은 영혼을 살리는 꿈이며 내 이웃을 내 몸처럼 사랑할 수 있는 목표를 담고 있어야 하기 때문입니다. 그래서 오늘 어쩌면 청년들이 꿈을 새롭게 발견하도록 격려하기 위해 먼저 우리 자신의 꿈을 확인해야 할 필요가 있는지도 모르겠습니다.

[나의 꿈]

[오늘 내가 만난 하나님]

10 가까이 하기엔 먼 주님

만나는 성도들마다 주님은 어떠한 분이신지 질문해 봤습니다. 대부분 대답은 "우리의 죄를 위하여 십자가에 못박혀 죽으시고"로 시작하는 답변입니다. 맞는 말이지만 마치 누군가 미리 녹음해준 것을 별 감동없이 반복 재생하듯 같은 답변이 이구동성으로 여기저기서 나오는 것을 듣게 됩니다. 그러다 보면 때로는 조금 짓궂게 "그리고요?"로 반문할 때도 있습니다. 그러면 그때부터는 천차만별 대답이 나오기 시작하지만 위의 답변처럼 자신있게 나오는 대답은 찾기 어렵습니다. 솔직히 엄밀히 말하면 대부분의 성도들은 자신의 구원과 관련된 부분을 제외하곤 주님에 대해 아는 것이 별로 없습니다.

분명 하나님은 인간과의 관계를 회복하여 교제하시기 위해 자신의 독생자를 세상에 보내셨는데 인간은 교제에는 관심이 없고 오로지 지옥이라는 무서운 심판을 피하려고 다급한 형상입니다. 누군가를 믿고 따르기 위해서는 분명 그에 대해서 자세히 알려고 하는 관심이 필요할 겁니다. 더군다나 예수님을 믿고 따르기 위해서는 예수님에 대해 훨씬 더 깊은 관심과 애정이 필요합니다. 다행히 주님에 대해 알기 위해 복음서 만큼 좋은 자료는 없습니다. 그리고 신약성경 스물 일곱 권 중에는 네 권이나 되는 복음서가 있습니다. 그리고 그 네 권의 복음서에서 80% 막대한 분량을 차지하는 것이 주님에 대해 좀더 알 수 있는 주님의 공생애와 관련된 것입니다. 물론 주님과 십자가에 대한 것이 나머지 20%에 해당 합니다.

주님이 무엇을 하셨는가, 어떠한 분이신가, 그리고 우리와 어떻게 연관이 되는가를 명쾌하게 요약해서 알려주는 가장 좋은 구절은 이 네 권의 복음서 중에서도 마태복음 9장 35-38절에서 찾을 수 있습니다. 저자 마태는 이 내용을 중요하게 여겨 자신의 복음서에 세 번씩이나 비슷한 구문을 반복합니다. 그 중에도 9장의 내용은 먼저 주님이 행하신 일에 대한 요약으로 시작해서(35절), 주님이 평소 품고 계셨던 주님의 마음(36절)을 그리고 마지막으로 제자들에게 당부하시는 말씀(37-38절)으로 마무리가 됩니다.

이 중에서 35 절에 드러난 주님의 행적은 "두루 다니셨다"는 한 마디로 요약할 수 있습니다. 헬라어 원문에 35 절의 유일한 동사로 기록된 "두루 다니셨다"는 겉으로 보이는 것보다 훨씬 더 놀랍게 주님의 모든 행적을 요약하는 강력한 동사입니다. 이게 뭐 그리 대단한 것인가 생각할 수 있지만 실제로 주님은 복음을 "들고 다니신" 최초의 복음전도자 입니다. 당대 유대문화는 선민사상에 깊은 뿌리를 내리고 있었기 때문에 유대인들은 자신들 만이 하나님의 언약을 소유했고, 하나님의 구원을 얻을, 하나님의 유일한 백성이라는 흔들리지 않는 자부심을 가지고 있었습니다. 이러한 그들만의 선민사상은 자신들에게 주어진 거룩한 복음을 "들고 다니는" 행위는 상상조차 할 수 없는 것이었습니다. 그런 문화에도 아랑곳 하지않고 주님은 하나님의 뜻을 따라 복음을 들고 밖으로 밖으로, 두루 두루 다니신 겁니다. 마치 잃어버린 양이라도 애타게 찾는 목자와 같이 말입니다. 하지만 단순해보이는 주님의 습관적인 순회전도에는 35 절에 기록된 것 처럼 세 가지 목적이 있었습니다: (1) 가르치시고, (2) 전파하시며, (3) 고치시기 위해서.

첫째, 하나님은 당신의 백성이 "믿음"이 없어서 망한다고 하지 않으셨습니다. "나의 백성이 지식이 없어서 망하는도다"(호 4:6)하며 통탄하신 것을 기억하면 주님이 가장 먼저 하신 일이 "가르치시는 일"이었던 이유를 알 수 있습니다. 놀랍게도 *디다스코*라고 하는 헬라어로 "가르치다"는 동사는 헬라어 구약본에서도 168 회가 사용 되었고 신약에도 동일하게 168 회가 사용되었습니다. 이러한 반복 만으로도 "가르치는"사역이 시대를 초월하여 얼마나 성경에서 강조된 것인지 알 수 있습니다.

둘째, 많은 성도들이 명동이나 지하철역에서 흔히 접할 수 있었던 〈믿음천국 불신지옥〉이라는 피켓을 기억하실 겁니다. 한 때는 그 피켓에 적혀있는 문구만으로도 지나가던 사람이 회개를 하고 주님을 믿었던 시절이 있었습니다. 하지만 이제는 누구를 믿어야 하는지 설명해주지 않으면 안되는 시대가 도래했습니다. 주님은 "내가 너희를 위하여 십자가의 길로 행하니 너희는 나를 믿으라"라고 말하시는 십자가의 복음을 "전파"하셨습니다. 전파라는 단어는 *케루소*라는 헬라어 단어인데 놀랍게도 동일한 의미로는 구약에서는 단 한번도 사용되지 않고 신약에 와서 처음으로 138 회나 사용이 됩니다. 구약에는 메시아가 오신다는 것을 예언, 예표, 예증할 수는 있으나 실제로 확성기에 대고 소리치듯 "내가 말한 그리스도가 드디어 우리 중에 계시다"라고 전파할 것은 아무것도 없었다는 것을 이 단어의 부재가 대변하는 지도 모릅니다. 하지만 여기서 한 가지 더 중요하게 알아야 할 것이 있습니다. 한글번역 성경은 주님이 "천국복음"을 전파하신 것으로 번역했지만 주님은 우리가 죽어서 가는 천국에 대한 그런 피동적인 복음을 전하신 것이 아닙니다. *바실레이아*라는 단어는 번역본처럼 "천국"을 의미하는 것이 아니고 말 그대로 "왕국"을 의미합니다. 즉, 주님이 전하신 것은 이제 우리가 주를 영접하면 그 분이 우리의 삶의 왕으로서 통치하시고 다스리시고 무엇보다 우리를 책임져 주신다는 엄청난 약속을 하시고 계신 겁니다. 그리고 그 주님의 왕국을 이 땅에 세우는 기적같은 선교의 역사가 우리 안에서부터 시작되었다는 기쁜 소식을 전하시기 위해 그토록 두루 다니신 겁니다.

셋째, 마지막으로 주님이 다니신 목적은 "고치시기 위해서"입니다. 그런데 이 부분을 읽으면서 많은 분들이 실망하실 수 있습니다. 분명 성경은 "모든 병과 약한 것을 고치셨다"고 하셨고 또 다른 곳에서는 제자들에게 "너희가 내가 하는 일을 할 것이요 이보다 더 큰 일도 하리라"하셨는데 왜 우리는 병과 약한 것에 이토록 고생하고 연약한 것인가 하는 것입니다. 사랑하는 성도 여러분, 너무 낙심하지 않으셔도 됩니다. 사실 주님도 실제 고치신 사람보다 고치지 않은 사람이 훨씬 더 많았을 때도 있습니다. 베데스다의 연못을 기억해보세요. 또 한번은 무리들이 모인 곳에서 유일하게 고치신 혈루병 여인을 생각해보세요. 여기에 사용된 "모든"이라는 단어는 주님께는 어떠한 종류의 병과 약한 것도 고치지 못하시는 것이 없으셨다는 그 크신 능력을 드러내는 것입니다. 그렇기 때문에 우리는 우리 자신의 병과 주변의 연약한 지체들을 위해 반드시 나을 것을 믿고 사랑으로 주님께 의지하며 기도를 멈추지 않고 해야합니다.

그럼 다시 처음으로 돌아가 주님이 하신 일이 무엇인지 자신 있게 대답할 수 있는 것이 무엇인지 스스로에게 물어보시기 바랍니다. 주님의 삶에 십자가만 있는 건 아닙니다. 오늘 살펴본 주님의 공생애는 여러 면에서 정말 살아볼 만한 멋진 삶이었습니다. 여러분이 가는 곳마다 성경의 진리를 가르칠 수 있고, 주님의 복음을 전파할 수 있으며, 모든 병을 주의 권세로 떠나도록 기도할 수 있는 그런 멋진 삶을 살아보고 싶지 않으신가요? 이 세상에 우리를 보내신 목적은 이런 승리하는 멋진 삶을 살게 하시기 위함입니다. 아무리 힘들고 어려운 일들에 둘러 쌓여 있다해도 이 보다 더 큰 일을 할 수 있는 주님이 우리와 함께 하심을 기억하시고 힘내시기를 축원 드립니다.

[오늘 내가 만난 주님]

[내가 이전에 알지 못했던 하나님]

[새롭게 만난 나의 하나님을 향한 기도의 제목들]

[나의 하나님을 꼭 전하고 싶은 사랑하는 사람들]

11 갚을 수 없는 채무관계

우리는 흔히 "갚을 수 없는" 이라는 수식어를 붙여 하나님의 은혜를 표현하곤 합니다. 이러한 표현은 하나님의 은혜가 너무 커서 감히 잴 수도 없고 셀 수도 없어 그 광대함을 가늠하는 것이 불가능 하다는 감사의 간증을 의미합니다. 이런 은혜의 간증을 생각할 때마다 우리의 심령에 Amazing Grace 찬양이 울리는 것은 매우 자연스러운 일입니다. 그러한 감사와 간증에도 불구하고 갚을 수 없을 정도로 한계를 알 수 없는 하나님의 은혜"를 유한한 인간의 언어로 온전히 표현한다는 것은 불가능한지도 모르겠습니다. 하지만 만약 인간이 하나님의 은혜를 갚을 수 있다면 그 은혜를 주신 분이 하나님이 아니시거나 받은 우리가 인간이 아니라는 말이 될 테니 그것으로 위로를 삼습니다.

그런데 이렇게 깊고 높고 광대한 하나님의 은혜를 "갚을 수 없는"이라는 수식어를 항상 붙여서 마치 하나의 관용구처럼 사용하다 보니 혹시 그 진정한 의미가 상실되거나 왜곡되는 것은 아닌지 우려하는 마음이 들고는 했습니다. 심지어 어쩌면 "갚을 수 없는 은혜"가 어차피 갚지도 못할 은혜이니 "갚을 필요가 없는 은혜"로 전락해버린 것은 아닌지 마음이 아프게 느껴질 때도 있었습니다. 하지만 하나님의 은혜를 "갚을 수 없다"라고 말하는 것은 우리가 갚기 위해 아무런 노력을 하지 않아도 된다는 말이 전혀 아닙니다. 오히려 진정 성경적인 성도의 삶은 이러한 은혜에 대한 빚진 자의 마음을 가지고 살아가야 하는 것이라 생각합니다.

문제는 이 은혜를 갚아야 할 대상인 하나님이 인간에게 아무것도 받으실 것이 없는 말 그대로 하.나.님. 이라는 점입니다. 그렇다면 하나님과 같이 갚을 것이 없는 대상을 향해 진 은혜의 빚을 어디에 어떻게 갚아야 할까요? 하나님을 향해 빚진 자의 자세로 살아간다는 것은 그럼 어떠한 모습일까요? 그것은 하나님께 받은 사랑을 하나님이 사랑하시고 긍휼히 여기시는 대상에게 하나님의 마음으로 전하는 것에서 시작할 수 있습니다. 사도 바울은 로마서에 두 번씩이나 성도들에게 "사랑의 빚"을 지고 있다고 고백합니다. 실질적으로 아무런 것도 받은 것이 없고 빚을 진 것도 없는 그들에게 바울이 빚을 지고 있다고 고백한 겁니다. 즉, 눈에 보이지 않는 하나님께 갚을 수 없는 큰 은혜이지만 그 은혜에 대한 감사함을 눈에 보이는 이웃과 교회의 지체들에게 베푸는 것을 통해 하나님의 마음을 헤아린다는 것입니다. 그래서 바울은 하나님께 받은 은혜를 성도들에게 사랑으로 열심히 갚아 나간 것 입니다.

하나님의 놀라운 은혜를 갚을 수 있는 길을 새롭게 발견한 성도의 삶은 힘있는 신앙생활을 시작할 수 있습니다. 그러한 사람에게는 이 세상이 하나님의 선교를 위한 놀라운 선교지로 보이기 시작합니다. 반면에 자신의 아픔과 고통만을 돌아보면서 하나님이 주신 은혜의 크기를 외면하며 "갚을 필요가 없는" 삶으로 인식한다면 그런 사람은 어쩌면 그 괴로운 현실에서 미로와 같이 계속 헤매며 살아가게 될 지도 모릅니다. 항상 하나님의 마음으로 남의 아픔과 고통을 먼저 돌아보고 헌신하여 돌보다 보면 어느새 자신의 아픔은 또 누군가가 돌아봐 주고 주님께서 놀라운 방법으로 치유해 주시는 기적을 체험하는 것이 진정한 하나님의 성도의 간증있는 삶이기 때문입니다. 이제 그런 간증을 만들어 가는 힘있는 성도의 삶 개척해보시기를 축복합니다.

[오늘 내가 만난 하나님]

12. 전화위복

요한복음 16장은 주님이 잡히시던 날 밤에 주님과 제자들 사이의 최후의 만찬에서 이뤄진 최후의 대화를 기록하고 있습니다. 우리는 이날 밤에 주님이 붙잡혀 고초를 당하시고, 십자가에 달리시어 죽으시고, 사흘 만에 부활하게 된다는 충격적인 사실을 성경을 통해 알고 있습니다. 하지만 지금 주님과 3년간 삶을 함께 살아온 제자들에겐 아직 그 일이 현실로 일어나기 이전 입니다. 제자들은 아직 그 사실을 알지 못합니다. 주님이 그들에게 일어날 일들에 대해서 숨기셨기 때문이 아니라 수 차례 말을 해주었지만 제자들은 믿지 못하고 믿지 않았기 때문입니다. 그래서 오늘 이 밤, 주님의 마음은 무너지는 괴로움에 사로잡혀 있지만 제자들의 마음은 이처럼 평화로울 수가 없습니다. 심지어 제자들에게는 오랜만에 만끽하는 평화를 넘어 즐거움이 넘치는 만찬의 날 이었습니다. 하지만 다시 주님의 입장에서 이 날은 제자들에게 특별한 추억을 남겨 주어야만 하는 중요한 날이기도 했습니다. 주님은 자신의 허리에 수건을 꽂으시고는 제자들의 발을 한 명 한 명 씻어 주신 것입니다. 물론 제자들은 이 밤에 일어날 비극을 상상조차하지 못했습니다.

곧이어 주님은 제자들에게 다음과 같이 말씀하셨습니다: "내가 아버지에게서 나와 세상에 왔고 다시 세상을 떠나 아버지께로 가노라"(16:28). 제자들은 이제서야 주님이 비유로 말씀하지 않으시고 "밝히" 말씀하신다고 기뻐하며 고백합니다: "이로써 주께서 하나님께로부터 나오심을 우리가 믿사옵나이다." 그런데 여러분, 이렇게 주님이 잡히시는 날 밤까지도 주님께 특별한 사랑을 받고, 이제야 자신들이 주님의 말을 이해했다 고백하며 주님이 하나님으로 오신 것을 믿는다고 고백한 제자들이 그 날 밤 모두 어디로 사라진 걸까요? 주님과 함께 같이 죽자고 외치던 도마는 주님의 부활하신 후에도 모습을 보기 어려웠으며, 모두가 배반해도 자신 만은 결코 주님을 떠나지 않고 주님을 지키겠다던 베드로는 주님을 세번이나 부인했으며, 주님과 제자들의 재정을 총괄하던 가룟 유다는 주님을 팔아먹고는 결국 스스로의 죄책감을 이기지 못해 목을 매어 운명했습니다.

아니 어떻게 이럴 수 있을까 제자들의 모습을 한탄하고 탓 할 지도 모르지만 어쩌면 그들의 모습이 가장 합리적으로 생각할 수 있는 우리의 모습 이었을 지도 모릅니다. 실제로 신앙을 지키기 위해서 때로는 믿음 만으로는 부족할 때가 있습니다. 신앙생활은 "하나님이 기뻐하시는 것을 우리가 기뻐하고 하나님이 미워하시는 것을 우리도 미워한다"라고 할 수 있습니다. 정작 하나님이 기뻐하시는 것을 기뻐하고 그것만을 행하는 것도 쉽지않은 일이지만 하나님이 미워하시는 것을 나도 미워하고 그것을 멀리한다는 것은 현실적으로 생각보다 훨씬 더 어려운 일이기 때문입니다. 우리에게 믿음만 있다고 해서 현실을 외면한 행동을 일관되게 하는 것은 결코 쉽지 않습니다.

우리가 스스로 우리의 부족함을 제자들의 모습을 통해 자각할 수 있듯이 제자들이 사실 주님을 버리고 떠날 수 밖에 없었던 것도 그들에게 지금까지 제대로 자신들의 신앙을 스스로 시험하고 성령의 능력으로 견고히 할 수 있는 기회가 한 번도 없었기 때문입니다. 그 놀라운 하나님의 선물인 이 "기회"가 지금 그들에게 세상이 "위기"라고 부르는 것을 통해 찾아왔지만 그들은 준비가 되어있지 않았습니다. 하지만 비로소 그들에게 주님이 약속하신 성령이 임하신 후 그들에게 닥친 어려움들이 마치 신앙성장을 위한 기회처럼 받아들여 지기를 시작한 것입니다. 이것을 예견한 듯 발을 다 닦아 주신 주님은 16장 33절에서 이렇게 말씀을 하십니다: "담대하라! 내가 세상을 이기었노라." 우리가 주님을 알고 믿음을 갖게 된 것이 얼마인지 돌아보시기 바랍니다. 그 주님이 보내주신 성령을 통해 우리 삶 속에 놀라운 반전들이 제자들의 삶과 같이 일어나고 있는지 다시한번 생각해 보시기 바랍니다. 그렇다면 우리는 삶의 전화위복을 이루고 있는 것입니다.

[오늘 내가 만난 하나님]

13 EYE OF THE TIGER

캐나다 온타리오의 경우, 올해는 유난히 초등학교 교사들의 파업이 잦았습니다. 어떤 한 주간은 아이들이 학교를 일주일에 이틀 밖에 가지 않은 때도 있었습니다. 하지만 이런 파업으로 아이들이 집에 있는 날에도 교사들은 모두 등교해서 추운 날에도 불구하고 피켓을 들고 줄을 맞춰 행진하는 모습을 보면서 한편으로 "날도 추운데..." 하며 안쓰러웠습니다. 그런데 놀라운 것은 그들의 모습이 얼마나 평화롭고 여유가 있는지, 대부분의 교사들이 비록 한 손에는 시위하는 피켓을 들고 있었지만 다른 한 손에는 커피를 들고 웃고 이야기를 나누며 둘씩 짝을 지어 학교 주변을 걸어서 도는 것이 전부였습니다.

그런데 교사들의 시위 현장을 지나갈 때마다 인상깊게 들리는 음악 소리가 있는데 그건 누군가가 틀어놓은 스피커에서 나오는 노랫소리입니다. 영화 록키의 메인 타이틀곡인 〈Eye of the Tiger〉라는 곡입니다. 흔히 운동을 하러 체육관에 가면 들을 수 있는 앞에 긴 전주가 특징인 곡입니다. 파업을 하면서도 이 곡을 항상 틀어놓는 선생님들의 모습은 여전히 평화롭지만 그들의 각오 만큼은 확고한 신념이 있다는 것을 느끼게 해줍니다.

실제로 록키 3 영화의 유명한 한 장면에서 이 음악의 전주가 흐르면서 패배 후 낙심하고 좌절한 록키에게 그의 친구이자 전직 록키의 상대복서였던 아폴로는 다가와 이렇게 말을 합니다: "너는 네가 왜 패배자인줄 아니? 네 생각에는 네가 복싱에서 단순히 한번 졌기 때문에 패배자가 되었다고 생각할지 모르지만 그건 진짜 이유가 아니야. 지금 네가 패배자인 이유는 네가 예전에 가지고 있던 굶주린 사자의 간절한 그 눈빛을 잃어버렸기 때문이다."라고 말합니다. 그리고는 록키에게 다시 일어서기를 독려합니다. "너는 할 수 있어"라고 격려합니다. 아폴로는 록키에게 다시 승자가 되기 위해서는 그 눈빛을 되찾기만 하면 된다고 말합니다: "네가 다시 그 사자의 눈빛을 되찾기만 한다면 너는 금방 다시 챔피언이 될 거야." 그리고 그 다음 장면에 정말 우리 신앙인에게 자극이 될만한 말을 합니다: "그런데 그걸 어떻게 해야 찾을 수 있는 줄 아니? 그건 말이야 오직 처음으로 돌아가지 않으면 안돼"라고 합니다. 처음으로 돌아가는 것만이 길 인지도 모릅니다. 다시 처음 굶주린 사자의 눈빛을 회복하듯 우리가 처음 주님을 만났을 때의 간절함을 회복해야만 세상을 다 이기신 주님을 체험하며 살아갈 수 있는지도 모릅니다.

　　사랑하는 성도 여러분, 살아가면서 갖가지 환경과 상황의 변화에 낙심하고 좌절하게 되는 자신을 보면서 어쩌면 여러분의 신앙이 아무런 역할을 하지 못하고 있다고 낙심하고 좌절하며 아쉬움을 느끼게 되실 때가 있을지도 모릅니다. 하지만 여러분, 주님을 믿는 것은 이미 이 모든 것을 이기고 승리하신 승리자와 함께하는 것입니다. 그 분이 우리 삶에 더이상 승리를 느낄 수 없게 한다면 그것은 우리가 다시 처음으로 돌아가서 첫사랑을 되찾을 때가 되었음을 의미합니다. 왜냐면 우린 지금부터 영원까지 승리자로 살아갈 축복을 이미 소유하고 있는 위대한 챔피언이기 때문입니다.

[오늘 내가 만난 하나님]

14 유일한 목격자의 증언

신약에는 네 개의 복음서가 있습니다: 마태, 마가, 누가, 요한복음입니다. 사복음서는 모두 골고다 언덕의 십자가 사건을 가장 핵심적인 클라이막스로 다루고 있습니다. 성령의 감동과 그 영감으로 쓰여진 사복음서의 주님에 대한 증언은 하나님의 진리를 온 영혼들에게 선포하는데 가장 확실한 보고서입니다. 그 중에서도 가장 엄밀한 의미에서 직접 자신의 육안으로 모든 것을 목격하고 기록한 저자가 요한 입니다. 주님의 사랑하는 제자, 요한 단 한 사람만이 모든 것을 실제로 목격한 증인입니다. 그렇다고 요한복음의 기록이 다른 세 권의 공관복음의 증언에 비해 더 정확하고 더 신뢰할 수 있다는 의미가 결코 아닙니다. 하지만 분명 그가 직접 보고 겪은 일들이지만 다른 복음서에서는 조명되지 않은 것들을 살펴보는 것은 우리에게 큰 유익이 있습니다.

    그 중에서도 제자 중에서는 유일하게 요한만이 눈으로 바라볼 수 있는 거리에 있었던 십자가 상을 떠올려 볼 필요가 있습니다. 주님이 십자가의 고통 속에서 눈을 감으시기 전 마지막으로 보고자 하신 곳이 어디였나요? 요한의 기록에 의하면 마지막 호흡을 가까스로 이루시며 바라보신 곳은 자신의 발 아래서 울고 있는 당신의 어머니 마리아였습니다 (19:26). 예수님께서 온전한 하나님의 아들이시며 온전하신 인간의 모습으로 오셨다는 것을 생각하면 이 장면이 그저 "아줌마 누군데 울고 계세요?"라는 냉소적인 장면도 아니며 "여자여, 왜 우느냐?"라고 흔히 번역되는 것처럼 단지 영적으로만 강조되어 바라볼 장면도 아니라는 것을 알 수 있습니다. 어쩌면 주님은 하나님 아버지의 뜻만 아니라면 십자가에서 내려와 자신의 육신의 어머니를 위로하고 싶은 아들의 심정이었을 겁니다. 하지만 그 아픔을 견뎌내십니다.

    십자가 반대편의 어머니 마리아의 심정은 어땠을까요? 처녀의 몸에 성령으로 잉태된 아이를 낳아서 세상에서 무엇보다 가장 귀하게 키워온 어머니의 마음은 어떠한 심정 이었을까요? 그런데 오늘 마리아는 너무나 혼란스러웠을 겁니다. 도대체 이게 무슨 일인가! 내 아들이 도대체 무슨 잘못을 했다는 말인가! 왜 내 아들이 이토록 고난을 받아 죽어야 하나! 하나님의 아들을 누가 감히 이렇게 할 수 있다는 말인가!

내가 대신 저 십자가에 달릴 수만 있다면... 내 아들이 저 고통스러운 십자가에서 내려올 수만 있다면 나는 무엇이든지 할 텐데... 하지만 어머니도 그렇게 하지 않았습니다. 왜냐면 그러면 아들이 더 아파할 걸 알았기 때문입니다.

사랑하는 성도 여러분, 여러분에게도 소중한 자녀가 있으시죠? 사랑하는 부모님이 계시죠? 그런데 나와 아무런 관련이 없는 죄인을 살리기 위해 그런 소중하고 하나 뿐이고 가장 귀한 자녀를 십자가에 못을 박는 그것을 상상하실 수 있나요? 우리가 그것을 상상조차 할 수 없기에 그것을 우리는 하나님 만이 주실 수 있는 "은혜"라고 부릅니다. 요한은 그 은혜가 헛되지 않는 삶을 살기 위해 그 순간부터 최선을 다했습니다. 마리아도 아들의 죽음이 헛되지 않고 자신이 말리지 않은 것을 후회하지 않도록 정말 최선을 다해 살았을 겁니다. 그럼 우리는 지금 그 은혜가 헛되지 않는 삶을 살기 위해 최선을 다하고 있나요?

[오늘 만난 나의 하나님]

15 피할 수 없는 전쟁

종살이를 끝내고 모세를 따라 애굽을 나온 이스라엘 민족은 하나님이 베푸신 기적으로 홍해를 마른 땅처럼 건넜습니다. 반면 그 뒤를 추격해온 바로와 애굽의 군대는 그 홍해에서 침몰당하는 비참한 최후를 맞이했습니다. 이제 이스라엘 백성은 하나님이 약속하신 젖과 꿀이 흐르는 땅을 향해 발걸음을 옮길 수 있었습니다. 광야에서 그 많은 사람을 먹일 음식을 어디서 구할까 염려할 때, 하나님은 만나와 메추라기를 먹여 주셨습니다 (출애굽기 16 장). 또 목이 말라 죽겠다는 백성에게는 모세를 명하여 바위에서 샘물이 터져 나오게 하셨습니다. 하지만 아브라함에게 하나님이 주신, 약속대로 바닷가의 모래와 같이 셀 수 없이 불어난 이들이 광야를 통과한다는 것이 이스라엘에게 쉬운 일도 아니고 그 지역에 살고 있는 민족에게도 여간 긴장이 되는 것이 아니었습니다.

이스라엘 민족이 그렇게 광야를 통과하여 가나안으로 향하는 길에 한 번은 이들에게 전혀 예상치 못한 위기가 닥쳤습니다. 출애굽기 17 장 8 절에는 그때에 아말렉이 와서 이스라엘을 공격하기 시작했다고 합니다. 사무엘상 15 장 2 절에서는 아말렉이 애굽을 나온 이스라엘을 습격했다고 기록하면서 이 전쟁이 이스라엘이 계획하거나 시작한 전쟁이 아니라는 점을 확실히 드러내고 있습니다. 즉, 이 전쟁은 이스라엘이 무엇인가를 잘못해서 일어났거나 누군가를 먼저 침략해서 시작된 전쟁이 아닙니다. 더불어 이 전쟁은 이스라엘이 하나님께 죄를 짓거나 아간처럼 속이거나 해서 시작된 하나님의 질책도 아니라는 사실입니다. 이 전쟁은 이스라엘이 원하건 원하지 않던 피할 수 없는 전쟁이었습니다

사랑하는 성도 여러분, 이 모습이 우리 삶과 참 유사합니다. 자신은 하나님을 믿고 열심히 헌신하며 신실하게 신앙을 하고있고, 교회에서도 솔선하여 봉사하고, 목사님과 성도들을 잘 섬기고 심지어 누구보다 나서서 전도하고 선교도 하며 하나님께 드려지는 예물에서도 인색하지 않으며 여러가지로 최선을 다하고 있는데 도대체 시련과 아픔이 왜 자신에게 닥쳐온 것일까 고민하고 갈등하는 분들이 많습니다.

하지만 하나님은 우리의 목표가 단순히 젖과 꿀이 흐르는 가나안에 들어가는 것이 아니며 어디에서든 주님과 먼저 연합하기를 원하십니다. 우리의 목적이 젖과 꿀이 아닌 하나님의 말씀과 그 분과의 동행이기를 원하십니다. 그런데 그런 하나님의 선하신 계획이 이뤄지려면 우리가 하나님을 원하고 바라고 그 분과의 관계를 간절히 소원해야 합니다. 하지만 인간은 무엇보다 시련을 통해 능력이 있으신 하나님의 소중함을 깨닫고, 어려움이 있을 때 무엇보다 주님의 말씀을 의지하게 됩니다. 다른 방법으로는 이 화려하고 아름답고 유혹적이지만 하나님을 배반한 세상의 편안함과 즐거움을 이길 수 있는 방법이 없다는 것을 하나님이 누구보다 잘 알고 계십니다.

비록 우리가 젖과 꿀을 마음껏 얻을 수 있는 가나안에 들어간다해도 그곳에 하나님이 계시지 않는다면 그곳이 축복의 땅이 아닌 저주의 땅이 된다는 사실을 하나님은 먼저 아시고 계십니다. 분명히 하나님이 축복해 주시겠다고 약속 하셨는데도 오늘처럼 아말렉이 쳐들어오고 우리 삶 속에는 원하거나 선택하지 않은 다툼과 고난이 끊이지 않는다면 그 아픔을 통해 먼저 주님과의 관계를 확인할 수 있는 복된 계기로 삼으시기 바랍니다.

[오늘 내가 만난 하나님]

16 다윗을 넘어뜨린 골리앗

용맹한 장수이자 위대한 왕이었던 다윗을 기억하실 겁니다. 하지만 그가 아직 전쟁터의 장수도 아니고 왕이 되지도 않은 시절의 이야기입니다. 하루는 다윗이 전쟁터에 있는 자신의 형들에게 도시락을 가져다 주기 위해 양들을 초원에 두고 지금 전투를 위해 블레셋과 대치중인 전쟁터로 향합니다. 그런데 거기서 골리앗이라는 적 진영의 어마어마한 체구의 장수가 이스라엘을 모욕하는 말을 들었습니다. 그 비난의 음성을 들은 다윗이 그를 향해 외쳤습니다: "이 할례 받지 않은 블레셋 사람이 누구이기에 살아계시는 하나님의 군대를 모욕하느냐." 그리고는 물맷돌 다섯 개를 집어 들고 골리앗에게 달려가 그를 무찌릅니다. 이때 다윗이 위대한 장수임을 보여주는 놀라운 말을 합니다: "너는 칼과 단창으로 내게 나아 오거니와 나는 만군의 여호와의 이름으로 너에게 나아가노라." 다윗은 이런 사람이었습니다.

그런데 이런 다윗이 훗날 위대한 군대 장관이되고 이스라엘의 왕이 되어서는 도리어 불륜을 저지르고 그것도 부족해서 자신의 충신을 죽음으로 내모는 더 큰 죄악까지 저지르게 됩니다. 아니 다윗이 어떻게 이럴 수가 있을까요? 왜 그랬냐구요? 그것은 전쟁이 한 창인 때에, 지금 자신의 장수들이 목숨을 바쳐 싸우고 있는 그때에 그가 자신의 궁에서 쉬.고. 있었기 때문입니다. 전쟁에 참여하지 않더라도 자신의 백성이 자신을 위해 목숨을 바쳐서 싸우고 있는 그 때에 더욱 긴장하고, 기도하며, 주님께 매달려야 했습니다. 하지만 이런 때에 다윗은 한가하게 옥상을 거닐고 있었습니다. 그리고 그가 용맹한 장수 답게 위대한 왕 답게 전쟁터에서 힘겹게 싸우고 있었더라면 보지 않았을 모습을 그 옥상에서 보았기 때문에 그는 죄를 짓게 됩니다.

너무나 단순한 올바른 신앙의 방법이 여기 있습니다. 장수는 전쟁에 나가서 싸워야 장수입니다. 그런 것처럼 그리스도인들은 주님을 닮아가야 그리스도인이며, 성도는 말씀을 사모하며 간절히 기도하고 그것을 행할 용기가 있어야 진정한 주의 성도입니다. 주님과 동행하는 능력있는 삶을 살려면 내 멋대로 정한 길을 걸어가는 것이 아닌 주님이 가시는 길을 따라가야만 하는 것입니다.

여러분, 다윗의 실패를 통해 배운 것처럼 편안함에는 대적하여 승리할 장수가 없습니다. 엄청난 골리앗을 무너뜨린 다윗이지만 정작 편안함 앞에서는 처절하게 무너질 수 밖에 없었습니다. 우리에게 가장 큰 적이 우리 자신이며 신앙에 있어서 외부에 있는 가장 두려운 적은 편안함 입니다. 장수는 싸워야 장수이며 장수에게는 전쟁터의 시간이 가장 명예롭고 가치있는 시간입니다. "병사로 복무하는 자는 자기 생활에 얽매이는 자가 하나도 없나니 이는 병사로 모집한 자를 기쁘게 하려합니다." 이 말씀을 기억하시기 바랍니다. 오늘도 장수다운 삶을 용기있게 살아갈 수 있는 결단의 마음으로 우리를 축복해주시기를 주님께 기도합니다.

[오늘 내가 만난 하나님]

17 나를 향한 하나님의 생각

팬데믹 기간 동안 많은 사람들이 밖으로는 바이러스의 위협을 두려워했지만 동시에 안으로 곪기 시작한 경제적인 어려움에 불안한 마음을 떨쳐버릴 수 없었습니다. 오랜 집안의 생활을 벗어나 일상으로의 복귀를 조심스레 준비하며 사람들은 먼지가 쌓여있는 사업장을 다시 청소하고 회계장부를 꺼내어 계산기를 두들겨 보았습니다. 그러면서 희망을 가져보려 노력했지만 대부분 말없는 한숨을 내쉬며 불가능해 보이는 회복을 상상만 하고 있었습니다. 하지만 과거에도 이러한 때가 있었음을 우리는 기억할 필요가 있습니다. 이스라엘의 역사를 통해 스스로의 영혼을 돌아보며 빛이 바래고 먼지가 쌓인 성경을 다시 꺼내 하나님의 생각과 계획이 무엇인지를 여쭈어 볼 필요가 있습니다.

예레미야 29장 11절은 말합니다: "여호와의 말씀이니라 너희를 향한 나의 생각을 내가 아나니 평안이요 재앙이 아니니라 너희에게 미래와 희망을 주려는 것이니라." 물론 우리는 이렇게 반박하고 싶을 수도 있습니다: "아니 뭐라구요? 우릴 향한 계획이 있으시다구요? 그리고 어떻게 이런 평안이 있나요? 전 세계적으로 얼마나 많은 사람이 죽고 아파하는지 알고는 계세요?" 이러한 질문들로 이어지는 하나님에 대한 불만과 그 약속에 대한 불신은 아무리 생각해도 이토록 어려운 상황을 부인하지 못할 명백한 "재앙"으로 볼 수는 있어도 결코 "행복"처럼 보이지는 않습니다.

하지만 여러분, 그래서 하나님이 우리에게 약속하신 것은 "행복"이 아닌 "평안"입니다. 비록 우리가 바라는 것이 "행복"일지 모릅니다. 하지만 그것이 정작 우리에게 가장 절실한 것은 아닐지도 모릅니다. 우리를 창조하시고 현재와 미래의 생사화복을 주관하시는 하나님은 그런 지키지못하고 퇴색되어 버릴 약속을 주시는 분이 아닙니다. 하나님의 변함없으신 약속은 팬데믹과 같이 온 인류가 두려워하고 불안해 하고있는 어려운 상황에서도 그것들이 결과적으로 구원받을 성도들에게 흔들리지 않는 "평안"을 주시려는 계획이란 것에 확신을 갖게 합니다. 하나님의 약속은 항상 신뢰할 만한 이유가 있습니다.

설령 우리가 지금 "행복"이란 것을 잠시 소유한다해도 그 행복이 우리의 미래를 보장해주거나 우리에게 무엇인가 미래에 대한 확실한 소망을 주지는 못합니다. 이렇게 순간적이고 감정적인 행복과 달리 우리가 주 안에서 평안이란 것을 누릴 수만 있다면 우리는 무엇이든 미래를 향해 하나님을 기대하며 나아갈 수 있습니다. 비록 감정적으로 인지적으로 그것이 믿어지지 않는다고 해도 상관없습니다. 그렇다고 성경에 기록된 하나님의 진리와 약속이 변하는 것은 아니기 때문입니다.

사랑하는 성도 여러분, 우리가 진정 내심으로 원하는 것은 모든 것을 주관하시고 어떠한 상황에도 놀라지 않으시는 하나님과의 긴밀한 교제입니다. 그리고 풍랑 속에서도 평안을 누릴 수 있는 그 분에 대한 신뢰입니다. 하나님이 우리가 세상의 모든 아픔과 어려움과 두려움을 넉넉히 이기도록 돕는 능력있는 안식처입니다. 로마서 8장 29절의 약속이 우리에게 가장 큰 평안입니다: "내가 확신하노니 사망이나 생명이나 천사들이나 권세자들이나 현재 일이나 장래 일이나 능력이나 높음이나 깊음이나 다른 어떤 피조물 이라도 우리를 우리 주 그리스도 예수 안에 있는 하나님의 사랑에서 끊을 수 없으리라." 지금 심한 풍랑과 같은 두려운 상황에 처해 있다면 부디 하나님의 말씀을 의지해 보시기 바랍니다. 그 하나님과 동행하며 살아온 과거의 간증을 다시 한번 돌아보시기 바랍니다. 분명 여러분은 이 보다 더 어려운 일도 이겨내고 여기까지 오신 위대한 하나님의 백성입니다. 여러분을 기도로 응원합니다.

[오늘 내가 만난 하나님]

18 낭비된 은혜

여러분, 죽을 위기에서 하나님의 은혜로 목숨을 구하게 된다면 제일 먼저 무엇을 하시겠습니까? 여기 실제로 병이 들어 죽게 된 한 명의 왕이 있습니다. 히스기야는 한때 남유다 왕국에서 다윗 이래 300 년 만에 최고의 영적인 부흥을 만들어낸 위대한 왕이었으며 앗수르라는 강력한 외세로부터 나라를 지켜낸 존경받는 왕이었습니다. 유명한 일화 중에 하나로 앗수르가 북이스라엘을 멸망시키고 유다의 성벽을 포위 했을 때에도 그는 자신의 칼과 창을 의지하지 아니하고 도리어 만국의 여호와 하나님께 나아가 조목조목 기도로 아뢰며 여호와 닛시 하나님의 구원을 간구했고 그 결과 기도를 들으신 하나님께서 18 만 5 천명이라는 엄청난 적의 군사를 히스기야 군대의 손가락 하나 까딱하지 않고 초토화시키 버리셨던 적도 있었습니다. 이 모든 것이 히스기야의 신실한 기도로 가능했습니다.

하지만 이토록 하나님과 온전한 관계를 자랑할만한 그가 알 수 없는 병으로 죽게 되면서 그 관계에 변화가 일어나기 시작합니다 (열왕기하 20:1). 이제 곧 죽게 되니 집을 정리하라는 선지자 이사야의 말에 그는 얼굴을 벽으로 돌려버리고 자신의 생명을 위해 다시 하나님께 간절하게 매달립니다. 자비와 긍휼이 한량 없으시고 신실한 성도의 기도에 귀 기울이시는 여호와 하나님께서는 그의 기도를 들어 주시고 15 년이라는 시간을 그의 삶에 새롭게 더하여 주십니다. 즉, 이 15 년이 그에게 덤으로 얻어진 삶이었습니다. 그런데 그것뿐만 아니라 하나님께서는 히스기야에게 그 15 년 동안 내부와 외부의 모든 적과 악한 세력을 막아 주시고 유다 왕국에 평안을 주시겠다는 놀라운 약속까지 보증을 해 주셨습니다. 기도 한번으로 이 모든 것을 얻게 된 것입니다. 하나님의 넉넉한 은혜를 가늠하기 어렵다는 것은 이러한 히스기야 왕의 간증을 통해서도 할 수 있습니다.

하지만 은혜가 무료로 주어지는 것은 그것이 값어치가 없기 때문이 아니라 그것을 어떠한 것으로도 값을 매길 수 없기 때문입니다. 하지만 히스기야는 그 15 년을 완벽하게 낭비하게 됩니다. 그에게 덤으로 주어진 15년은 그가 하나님을 더욱 더 섬기고 하나님과 멋진 새 프로젝트를 이룰 수 있는 놀라운 기회의 시간이었습니다. 하지만 그는 그 시간을 자신의 유흥을 위해 사용하기로 합니다. 하나님이 그에게 모든 적으로부터 자유로운 평화를 약속하신 것은 히스기야가 그동안 탄탄히한 유다 왕국의 백성을 돌아보고 그들에게 하나님의 복음을 전파할 수 있는 놀라운 시간이었습니다. 하지만 그는 그 "평화"의 보장을 믿고 아무것도 하지 않기로 마음을 먹습니다. 심지어 자신의 아들이 이방신을 섬기는 것도 모른채 넘어가 줍니다.

그렇게 간절하게 기도했던 히스기야 였는데 지금 새로운 생명을 얻은 그는 오히려 단 한 순간도 자신과 자신의 나라를 구해주신 하나님께 감사하지 않습니다. 그는 하나님이 이룩하신 업적을 자신의 업적인냥 자랑하기 시작하고 그의 그러한 거만함은 왕실과 성전의 모든 귀한 것을 바벨론에 빼앗기게 되는 수모를 겪게 만듭니다. 한 때는 그토록 신실했던 히스기야 였지만 은혜로 새 생명을 얻은 히스기야는 죽는 날까지 자신의 후계자인 므낫세에게 여호와 하나님에 대한 신앙을 훈련하거나 남겨주지 않았습니다. 그리고 그 결과는 너무나 참담했습니다. 그가 죽고 난 후 므낫세는 유다 왕국 역사상 하나님을 완전하고 철저히 배반한 가장 패역한 왕이 되었고 결국 영원할 수 있었던 유다가 수치스럽게 바벨론에 멸망하고 백성은 포로로 잡혀가는 수모를 겪게 됩니다. 사랑하는 성도 여러분, 우리의 삶도 마찬가지 입니다. 우리가 죄로 인하여 마땅히 죽어야 하는 데에도 불구하고 하나님의 은혜로 구원을 얻었습니다. 그렇다면 이제 그 덤으로 얻은 삶으로 무엇을 하시겠습니까?

[오늘 내가 만난 하나님]

19 바울의 자랑

사도 바울은 자신의 고난을 간증하기를, 동족 백성에게 매를 맞고, 태장과 돌로도 맞았으며, 세 번이나 배의 파선을 경험하고, 일 주야를 바다에서 지냈으며, 강도의 위험 등 각종 위험과, 수고하며 애쓰기를 주리며 목마르고 굶고 헐벗을 정도로 열심히 살았다고 했습니다. 이러한 바울이 자신의 삶을 돌아보며 인생의 끝에 자랑할 만한 것이 한 가지가 있다고 했습니다. 그 한 가지가 무엇일까요? 이런 위대한 사도가 자랑할만한 것이라고 하니 엄청나게 거창한 간증을 기대하지 않을 수 없습니다. 그런데 의외로 그가 자신 생의 막바지에 도달한 것을 직감했을 때 자신의 영적인 아들인 디모데에게 그의 유언같은 편지를 쓰며 다음과 같이 자랑하는 것을 볼 수 있습니다: "나는 선한 싸움을 싸우고 나의 달려갈 길을 마치고 믿음을 지켰노라" (딤후 4:7).

더 멋지고 거창한 것을 기대했다면 실망스러운 대답입니다. 그가 강조한 것이 고작 "나" 하나의 선한 싸움과 길, 그리고 "나" 자신 한 사람의 믿음이니 말입니다. 예를 들면, "내가 전 세계 수 천 만명에게 복음을 전하고 땅 끝까지 주님의 증인이 되기 위해 놀라운 일들을 하였노라"라고 자랑하지 않았다는 말입니다. 그가 자랑한 것은 마땅히 자신 스스로가 "나의 길"을 걸어왔으며 타인의 믿음은 책임질 수 없지만 "나의 믿음"은 이렇게 끝까지 지켰다는 것입니다. 그리고 그것에 가장 큰 감사를 느끼며 마치 그것이 천만 다행으로 여긴다는 것이 그의 마지막 자랑입니다. 어쩌면 우리는 이것을 "바울의 겸손"한 자세라며 칭찬을 할 수도 있습니다. 하지만 동시에 어쩌면 위대한 사도가 인생 마지막에 자랑한 것이 자신의 믿음을 지킨 것이라고 한다면 우리의 믿음을 끝까지 지키는 것이 실제로 쉬운 일이 아닐 수도 있다는 생각을 해볼 필요도 있습니다. 즉, 지금 우리는 우리의 믿음을 끝까지 지키기 위해 매일 매일 어떠한 신실한 노력을 기울이고 있는지 점검해 보아야 합니다.

사도 바울은 인생 말년에 타인의 믿음을 염려하지 않습니다. 더이상 그는 구원받지 못한 가족, 친지, 친구, 동족 유대인에 대해서도 걱정하지 않습니다. 오직 자신을 되돌아보는 객관적인 자기 검증을 통해 자신 앞에 놓여있는 천국과 그곳의 상급인 면류관을 바라봅니다. 그의 회고는 언젠가 그가 했던 말처럼 "내가 복음을 위하여 내 삶의 모든 것을 행함은 복음을 듣고 나누는 것에 그치는 것이 아니라 그 복음에 참여하고자 함이라"는 그 삶의 성취에 그는 만족하고 있습니다. 한 때는 "내가 남에게 전파한 후에 자신이 도리어 버림을 받을까 두려워한다"는 염려를 드러내기도 했지만 이제는 그러한 모든 것에 평안한 마음으로 자신의 완성되는 구원을 자랑할 수 있습니다.

사랑하는 성도 여러분, 오늘 바울처럼 우리가 세상의 모든 수고와 노력을 넘어 수 많은 염려와 근심을 다 뒤로하고 한 가지 우리 삶에서 반드시 붙잡아야 할 것이 있다면 그것은 그리스도의 복음이며 그것을 통해 얻어야 할 것이 "나의 완성되는 구원"임을 기억하시기 바랍니다.

[오늘 내가 만난 하나님]

20 4 차원의 영적 세계

2천년 전 승천하시어 하나님의 보좌 우편에 계신 거룩하고 찬란하신 주님을 우리의 평범하고 소소한 삶 속에서 어떻게 체험하며 살아갈 수 있을까요? 그 정답은 "온 마음" 입니다. 온 마음으로 주님을 기대하고 만나기를 소망하면 성령 안에서 우리를 만나 주시는 주님은 말로 설명하기는 어렵지만 주님의 임재하심은 언제나 가슴으로 뜨겁게 간증되고 성경으로 교통을 확인할 수 있는 그런 경이로운 분 입니다. 하지만 그렇게 긴밀한 교제에 대한 간절함을 가지고도 기다림의 과정과 영적인 교제가 우리의 뜻대로 항상 이뤄지는 것은 아닙니다. 이 또한 "온 마음"을 가지고 인내하는 노력이 반드시 필요합니다.

그 노력을 성경은 "구하라 그리하면 너희에게 주실 것이요 찾으라 그리하면 찾아낼 것이요 문을 두드리라 그리하면 너희에게 열릴 것이니"라고 말합니다. 다른 말로 하면, "구하지 않으면 받을 수 없으며, 찾지 않으면 발견할 수 없으며, 두드리는 노력을 기울이지 않으면 열리지 않는다는 것입니다" 우리는 가끔 예수 그리스도를 우리의 주님으로 영접하여 성령님과 동행하는 위대한 삶이 마치 별 노력없이 교회만 다니면 자동으로 혹은 자연스럽게 이뤄지는 일로 방심할 때가 있습니다. 하지만 기독교는 그런 수동적인 종교가 아닙니다. 기독교는 세상을 다스리고 정복하며 천국을 침노하는 능동적이고 역동적인 가치이기 때문입니다.

하지만 이러한 주님의 임재하심과 성령님의 동행하심을 매일 우리 삶 속에서 영위하려면 적어도 세 가지 노력을 의지적으로 기울여야 합니다. 첫째, 눈에 보이지 않는 영적 세계의 존재와 권위를 인정해야 합니다. 모든 사람은 눈에 보이는 것에 가장 빨리 반응하도록 훈련되어 있습니다. 즉, 우리의 눈에 보이고 우리의 귀에 들리는 대로 몸이 움직이고 반응하는 것이 가장 우리에게 익숙한 행동방식입니다. 하지만 영적인 세계의 권위는 눈에 보이는 모든 세상을 통제하고 좌우하는 데에도 불구하고 그 존재 조차 알지 못하고 인정하지 않는 성도들이 많습니다. 그래서 가장 먼저 영적인 세계에 존재를 인정하고 성령님께 그 세계의 안내자 역할을 맡아달라고 간청해야 합니다.

둘째, 영적 세계의 만남과 결단이 이 세상의 모든 것을 결정하는 권위를 가지고 있는 것은 사실입니다. 그러다보니 때론 영적세계의 일을 영적전쟁이라 부르고 모든 전쟁이 마귀와 악한 영과 싸우는 것으로만 섣불리 해석하는 경향이 있습니다. 하지만 때로는 눈에 보이는 세상의 아픔과 어려움, 심지어 다툼 뒤에도 선하신 주님의 허락하심이 있으실 수 있습니다. 즉, 우리가 무엇인가를 깨닫기를 원하시거나 우리의 신앙이 좀 더 뜨겁게 주님과의 교제를 사모하기를 바라시는데 우리가 계속 주님을 외면하고 멀리하려 할 때 주님을 이러한 상황들을 통해 우리를 영적 세계의 만남으로 이끌어 가실 수 있습니다.

셋째, 이 세상에서도 무엇인가를 이루고 성취하는 데에는 노력과 열정, 그리고 끈기 있는 목표의식이 필요합니다. 흔히 예를 들 수 있는 수영이나, 피아노, 혹은 어떤 학업 목표나 관계의 목표를 달성 하기 위해 우리는 어느 정도의 시간을 어려움과 두려움에도 불구하고 포기하지 않고 한 걸음씩 성장하는 길을 인내하며 나아갑니다. 영적 세상도 이와 같습니다. 제자들이 그러했던 것처럼, 뜨겁게 부활하신 주님을 만난 사도 바울이 그랬던 것처럼 영적 세계의 성장과 성취도 그렇게 단계적으로 이루어지는 과정이란 것을 인지하고 인내해야 합니다.

이러한 4차원적인 영적 세계 안에서 이뤄지는 주님과의 교제를 통해 성도는 이 세상을 이겨 나아갈 힘을 얻으며 그곳에서 이뤄지는 악한 세력과의 승리를 통해 이 세상의 아픔과 미혹에 대처할 수 있습니다. 하지만 이 모든 놀라운 것이 우리 육신의 눈이 아닌 믿음의 영안을 통해서만 볼 수 있음을 기억하시기 바랍니다.

[오늘 내가 만난 하나님]

[내가 이전에 알지 못했던 하나님]

[새롭게 만난 나의 하나님을 향한 기도의 제목들]

[나의 하나님을 이번엔 정말 꼭 전하고 싶은 사람들]

[지금까지 읽은 부분 중에서 가장 기억에 남는 부분]

21 신앙독립만세

저희 큰 딸이 혼자 책을 읽다가 갑자기 제게 이런 질문합니다: "아빠, 그런데 왜 김구 선생님은 김구라고 이름을 안부르고 백범이라고 불러요?" 생각해보지 않은 질문에 잠시 당황했습니다. 그런데 오전에 묵상했던 사도행전 4 장이 떠올랐습니다. 그래서 백범(白凡)이 가지는 의미가 무엇인지 당시 독립운동의 중요성과 함께 설명해줄 수 있었습니다.

  김구 선생님의 독립운동 이야기처럼 사도행전에 기록된 초대교회사는 한 순간도 긴장을 늦출 수 없는 긴박감 넘치는 역사의 현장을 그리고 있습니다. 이제 막 태동한 초대교회가 종교 지도자들에게 환영받기는 커녕 예수 그리스도를 시기하고 죽이도록 넘겨주었던 동일한 자들에 의해 다시 핍박을 받기 시작한 것입니다. 주님의 공생애와 복음의 선포는 율법에 얽매여 있던 하나님의 백성을 세상의 권세와 압제로부터 벗어나게 해준 신앙독립의 단단한 기틀을 마련해 주었습니다. 하지만 그것을 이제 실질적인 독립으로 이끌어 나아갈 사도들의 헌신이 필요했습니다.

  사도행전 3 장에서 시작되는 사도들의 역사는 베드로와 요한이 기도를 위해 성전을 올라가면서 시작됩니다. 성전 미문 앞, 태어나면서부터 걷지못한 사람을 베드로가 예수 그리스도의 이름으로 치유를 해주면서 사건은 시작됩니다. 많은 사람들이 그 기적의 결과를 목격했으며 그 기적에 이어진 베드로의 설교를 듣고 마음이 찔려 주님을 영접하기 시작했습니다. 하지만 그 사실이 달갑지 않은 사람들도 있었습니다. 그들이 바로 빌라도에게 주님을 넘겨주는데 공조했던 이스라엘의 종교 지도자들이었습니다. 지난번에는 무덤을 지키던 보초들을 매수해서 주님이 부활한 사실을 제자들이 시체를 훔쳐간 것으로 둔갑시킬 수 있었습니다. 하지만 예루살렘 모든 사람의 눈과 귀를 막아버릴 수는 없었습니다. 그들은 모여서 회의를 하고는 4 장 18 절에 베드로를 향해 다음과 같이 심판을 선고합니다: "도무지 예수의 이름으로 말하지도 말고 가르치지도 말라!" 분명히 보이듯이 그들은 여전히 주님을 두려워 하고 있었습니다. 그런데 그들이 믿는대로라면 이미 죽은 예수인데 무엇이 두려운 걸까요?

이들 종교 지도자들의 심판은 더 이상 기적을 행하지 말라고 하거나 아픈 병자를 성전 앞에서 치유하지 말라고 금한 것이 아닙니다. 그들은 더이상 예수의 이름을 사용하지 말라고 명했습니다. 더이상 설교를 하지 말라는 것도 아니었습니다. 심지어 그들이 가장 두려워 할만한 건 더이상 사람들을 사도들에 의해 영향을 받거나 전도를 받지 않도록 하는 것이었지만 그들이 실제로 금지한 한 가지는 예수의 이름을 사용하지 말라는 것 이었습니다. 이들 종교지도자들이 가장 두려워했던 것은 다름아닌 "예수"라는 이름이었습니다. 그래서 그 이름만은 도무지 사용하지 말라고 심판을 내린 겁니다.

사랑하는 성도 여러분, 일제 제국주의자들이 아무런 힘도 없는 식민지의 한 사람에 불과한 백범 선생님을 두려워할 이유가 뭐가 있었을까요? 그 이유는 총과 칼로 죽일 수 없는 "대한민국독립"이라는 신념이 그에게 확실히 있었기 때문입니다. 오늘날 우리가 겪고있는 수 많은 아픔과 어려움을 무엇으로 이길 수 있을까요? 오직 능력있는 예수님의 이름만이 이길 수 있습니다. 그 이름을 우리는 이미 소유하고 있음을 기억하시고 세상의 권세에 무릎 꿇지않는 신앙독립을 반드시 이루시기 바랍니다.

[오늘 내가 만난 하나님]

22 바울 대 소크라테스

사도행전 17장을 보면 사도 바울이 처음으로 유럽으로 건너간 뒤 그리스의 아테네에 도착하는 장면을 목격할 수 있습니다. 이곳은 500년 전 이곳을 살다간 철학자 소크라테스의 고향입니다. 그곳은 바로 문학, 역사, 종교, 의학, 과학 등 초문명의 근원지였던 그리스의 아테네(혹은 아덴)에 바울이 도착한 것입니다. 바울은 잔뜩 기대에 부풀었을 겁니다. 어쩌면 속으로 "만약 이들이 예수에 대해서 듣게 된다면 분명 믿고 제자가 되리라"고 고대하는 마음을 가지고 도시의 중심부로 발걸음을 옮겼을 수도 있습니다. 하지만 그는 수 많은 우상들을 바라보게 되었으며 심지어 그 우상들 사이에 "알지 못하는 신에게"라고 새긴 단을 확인하고는 하나님의 진노를 느끼게 됩니다. 그들의 뿌리깊은 종교심에 비탄하지 않을 수 없었습니다 (사도행전 17:22). 그리고 그들에게 하나님의 진리를 선포했으나 큰 호응을 얻지 못했습니다. 결국 바울은 자신의 큰 기대와는 반대로 지금까지 방문했던 어떤 지역보다도 더 차가운 무관심 속에 실망을 안고 아테네를 떠나게 됩니다.

      그들은 바울의 도착부터 그의 설교를 듣기도 전에 그를 무엇인가를 파는 "말쟁이"로 인식했습니다. 이방인을 위해 진정 살아계신 창조주 하나님의 복음을 전하는 전도자가 아닌 도리어 "이방신을 전하는 사람"으로 취급 했습니다. 우리는 흔히 배척과 핍박을 사역의 실패로 인식하곤 하지만 실제 이러한 것들은 진리에 대한 거부반응에 불과합니다. 정작 실패는 아덴 사람들이 바울이 전한 복음에 대해 보여준 것처럼 냉대와 무관심입니다. 아테네에서 바울이 경험한 것을 우리가 실패라고 하는 이유가 여기 있습니다.

      그들의 영혼은 워낙 깊은 곳에서부터 자신들의 종교로 눈이 멀어 있었습니다. 하나님의 진리보다 자신들의 소견에 아름다운 것을 신으로 삼았습니다. 자신들의 죄의 문제를 해결해주는 구세주를 주님으로 만나는 특별한 교제를 소망하지 않았습니다. 그들이 원한 것은 자신들이 추구하는 가치를 만족시켜주고 논의할 만한 이야기 거리를 주며 원하는 대로 언제든지 새롭게 자신들이 조각해 낼 수 있는 우상을 원했습니다.

그런데 여러분, 어쩌면 사도행전 17장 바울이 소크라테스의 고향을 방문한 것은 유독 그때의 이야기만은 아닌지도 모릅니다. 만약 오늘 바울이 여러분의 교회를 방문한다면 뭐라고 할까요? 바울은 무엇을 성과로 기록했을 것이며 여러분 교회의 리더들은 바울과 그의 복음을 향해 무엇이라고 했을까요? 우리에게 진정 영생에 이르는 성경의 진리가 있으며, 우리의 죄를 자복하고 회복된 성령의 열매가 있고, 우리가 창조주 하나님과의 뜨거운 교제를 나누고 있다고 칭찬해줄까요? 아니면 우리의 깊은 종교심에 비탄한 마음을 품게 될까요? 지금 우리에겐 우리가 가진 열심의 현주소가 어디인지 다시 한번 확인할 수 있는 용기가 필요합니다. 그 용기를 주여 우리에게 주시옵소서!

[오늘 내가 만난 하나님]

23 실패하는 훈련, 훈련없는 성공

신앙에 대한 책임은 처음 회개한 날부터 주님의 심판 앞에 이르기까지 나 자신 한 사람에게만 있습니다. 수 많은 핑개와 이유들을 나열할 수 있을지는 몰라도 결국 모든 선택은 자신에게 달렸습니다. 이토록 책임감이 막중하고 중요한 신앙성장을 우리는 무엇으로 이룰 수 있을까요? 성공의 가장 좋은 스승은 실패라는 말이 있습니다. 우리의 신앙이 성장할 수 있는 유일한 성경적인 방법은 그 신앙을 행하는 것입니다. 신앙을 조롱하는 세상에서 이 신앙으로 살기 위해 몸부림치는 겁니다. 이 신앙이 마치 실전이 아닌 연습과 훈련으로 이뤄지고 성장할 수 있다는 갖가지 거짓말에 현혹되면 안됩니다. 현대 교회 안에 들어와 있는 각종 코스, 훈련, 모임, 교육 등에 만족하여 실제 놀라운 신앙 성장의 직접적인 기회를 빼앗겨서는 안됩니다. 왜냐면 주님을 향한 신앙은 오직 주님이 보내신 그 세상의 실전 속에서만 성장합니다.

　　믿음의 조상 아브라함을 바라보세요. 다양한 시련들을 겪을만큼 겪었다고 할 수 있습니다. 고생할 것도 다 해보고, 무엇보다 정말 하나님의 약속만 믿고 기다리고 또 기다리던 세월이 25 년이라는 시간으로 흘렀습니다. 그런데 매번 겪는 일마다 마치 처음 겪는 일처럼 아파하고 힘들어 해야 했습니다. 그리고 마지막으로 아브라함에게 하나님께서 이삭을 바치라고 했을 때 그의 마음이 어떠했을까요? "그래 그동안 내가 받아온 훈련과 연습을 통해 나는 이제 믿음으로 나아갈 수 있어"라고 생각했을까요? 그렇지 않았을 것이라는 것을 여러분도 잘 아십니다. 아닙니다. 그의 마음은 이것이 마치 처음 겪는 시련이며 다시는 회복할 수 없을 것 같은 상실감에 빠졌을 겁니다. 그럼 무엇이 아브라함에게 이삭을 하나님께 드릴 수 있었던 그토록 놀라운 용기를 주었을까요?

　　아브라함이 자신의 아들 이삭을 하나님께 번제로 드릴 수 있었던 것은 그의 마음에 단호한 신앙의 결단이 있었기 때문입니다. 그는 이삭 만을 번제로 드리는 것이 아니고 자신도 함께 하나님께 드릴 신앙의 결단을 가지고 있었습니다. 만약 하나님이 실제로 이삭의 피를 흘려 번제로 그를 받으시기를 원하셨다면, 그리고 그래서 아브라함이 이삭을 드렸다면, 분명 아브라함도 그 자리에서 타고있는 장작더미에 자기 자신을 던지는 각오를 하고 있었을 것이라 믿습니다. 창세기 22 장 8 절과 같이 그들이 그렇게 함께 하나님 앞에 나아가 아들을 드리고 자신을 드릴 마음이 있음을 하나님은 이미 보신 겁니다. 이런 신앙은 절대 훈련으로 만들어지지 않습니다. 아들을 드리고 자신을 드리는 것을 무엇으로 어떻게 훈련하겠습니까? 오직 매 순간 나에게 닥치는 현실 속에서 자신의 신앙을 새롭게 하고 주님에 대한 신실한 신뢰를 가지고 전진할 때에만 성취할 수 있는 귀한 일 입니다.

　　안타깝게도 현재 수 많은 훈련과 연습이 우리의 마음을 편안하게 위로해주는 교회 문화가 이 시대에는 팽배하지만 그러한 것들이 실제 신앙을 성장시켜 줄 수는 없습니다. 훈련은 현실이 아니라는 것을 그 훈련을 받는 성도들도 잘 알고 있습니다. 사랑하는 성도 여러분, 여러분이 좋으신 하나님의 선하신 계획을 신뢰하신다면 그 은혜롭고 자비로우신 하나님을 의지하시고 한 걸음씩 세상을 향해 발을 떼시기 바랍니다. 신앙 훈련에 속고 그 훈련 속에 신앙을 가두어 버리는 자기만족을 위한 신앙이 아닌 진정 땅 끝까지 주님의 증인이 되는 그런 성경적인 신앙의 길을 용기있게 택하시기를 주님의 이름으로 축복드립니다. 놀라운 경험을 하시게 되리라 확신합니다. 아브라함이 알지 못하던 것을 바라보며 '여호와 이레"라고 고백할 수 있었기에 그것이 현실이 되었을 때 그에게 놀라운 감격이 된 것처럼 여러분도 그 감격을 경험하시게 될 겁니다.

[오늘 내가 만난 하나님]

24 편안함과 평안함

팬데믹 초기, 될 수 있으면 집안에만 머무르고 타인과의 접촉을 삼가라는 권고를 따르고 있었습니다. 그런데 집에만 있는데 왜 이렇게 피곤할까요? 예전보다 더 많은 시간을 말씀묵상과 기도에 할애할 기회가 이렇게 주어졌는데 왜 마음에 평안을 얻는 것은 이전보다 더 힘이 들까요? 스스로 자문한 이러한 질문들을 던지다가 성경에서 답을 찾았습니다. 우리가 처한 "환란"을 바라보는 시각이 바뀌어야 한다는 것을 깨달았습니다.

바울은 고린도후서 1 장 3 절을 이렇게 시작합니다: "찬송하리로다." 하지만 바울과 고린도 성도들은 지금 분명히 "환란" 중에 있습니다. 그런데 바울은 찬송을 운운하고 있습니다. 바울이 확신을 가지고 그렇게 말할 수 있었던 것은 1 장 5 절의 말씀처럼 우리에게 고난의 크기가 크면 클 수록 하나님 위로의 크기도 자라나기 때문입니다. 그리고 더욱더 중요한 것은 우리가 받은 위로만큼 우리도 남을 위로할 수 있기 때문입니다 (고린도후서 1:4).

당연한 이야기지만 성인이 되어서도 사람들이 잘 깨닫지 못하고 여전히 놀라는 사실이 한 가지 있습니다. 그것은 사랑을 받아본 사람이 사랑을 할 줄 안다는 것입니다. 다른 말로 하면, 행복을 누려본 사람이 행복을 추구할 수 있다는 사실입니다. 동시에 이 말은 위로를 받아본 사람이 어려움에 처한 사람을 위로할 줄도 안다는 말도 됩니다. 그런데 팬데믹 사회에서는 주변에 그 위로가 필요한 사람이 넘쳐 납니다. 너무나 많습니다.

우리가 입으로는 하나님의 영광을 위해 산다고 흔히 말하지만 실제로 그 영광을 어떻게 위해야 할지 또 어떻게 살아야할지 잘 모르고 신앙생활을 해왔을 수 있습니다. 하지만 이 세상 모두가 "환란"을 겪고있는 시기가 그리스도인들에게는 하나님의 영광을 세상에 드러낼 수 있는 둘도 없는 절호의 "기회"입니다. 이제는 평범히 주일 교회만 오갔던 성도가 주님이 하셨던 것처럼 아프고, 가난하고, 소외된 이웃에게 주님의 복음과 위로와 능력을 전할 수 있는 기회를 만난 것 입니다. 하지만…

어쩌면 우리가 쉬고 있으면서도 더 피곤하고, 안전한 상황인데 더 불안하고, 따뜻하고 편안한 집에 있으면서도 평안을 얻기 어려운 이유는 우리에게 주어진 소명이 우리를 큰 소리로 부르고 있지만 그 소리에 응하는 것을 주저하고 있기 때문인지도 모릅니다. 고린도후서 1장 7절의 결론은 말씀합니다: "너희를 위한 우리의 소망이 견고함은 너희가 고난에 참여하는 자가 된 것 같이 위로에도 그러할 줄을 앎이라." 우리 눈에 보이는 "환란"을 우리가 주를 위한 "기회"로 삼는다면 우린 우리의 이웃 속에서 하나님의 영광을 드러낼 수 있는 일들을 쉽게 발견하고 성취할 수 있을 것입니다.

[오늘 내가 만난 하나님]

25 신앙의 원칙과 변칙

사무엘하 16 장은 다윗이 자신의 몸에서 나온 아들인 압살롬에게 쫓겨 급히 도피를 떠나는 장면 중에 하나를 묘사합니다. 이제 막 도피길에 오른 다윗에게 느닷없이 찾아온 사람과의 만남을 다룹니다. 그가 바로 과거 사울 왕의 종이었다가 지금은 므비보셋의 종이 된 시바입니다. 그런데 이 시바라는 종이 보통 종이 아닙니다. 사울 왕의 죽음과 함께 숙명적으로 함께 몰락 했어야 할 사울 왕의 종이었지만 도리어 그와 그의 집은 다윗 왕 시대에 더욱 번성했으며 그에게는 아들만 열다섯, 그리고 심지어 그를 섬기는 종도 스무 명이나 있었습니다. 종이 자신을 섬기는 종을 스무 명이나 수하에 데리고 있었던 겁니다. 이것이 얼마나 비정상적이고 이례적인 일인지 모릅니다. 하지만 시바가 어떠한 사람인지 깨닫는다면 이해못할 상황도 아닙니다. 그것은 시바가 정말 무서울 정도로 교활한 인간이기 때문입니다.

　　지금 그 교활한 시바가 피난길에 분주한 틈을 타서 황급히 다윗을 찾아온 것입니다. 다윗이 자신의 장수들과 감람산 마루턱을 넘고 있을 때 두 나귀에 음식을 가득 싣고 찾아와 다윗을 문안합니다. 성경의 결말을 알고 있는 우리는 속으로 이렇게 외칠 수 있습니다: "다윗, 그 인간에게 속으면 안돼요!"라고 말입니다. 하지만 다윗은 시바에게 물어봅니다: "무슨 뜻으로 이것들을 나에게 가져왔느냐?" 그리고 "네 주인의 아들이 어디에 있느냐?"라고 물어봅니다. 시바는 대답하기를 므비보셋이 다윗 왕을 배반했다고 거짓말을 합니다. 하지만 분주한 경황에 이것저것 따질 겨를이 없는 다윗은 시바의 교활한 거짓말을 의심없이 믿어버립니다. 그리고 므비보셋의 모든 재산을 시바에게 줘버립니다.

　　다윗은 형제들에게도, 그리고 시편 27 편 10 절의 말씀처럼 부모에게도 버림을 받은 사람입니다. 하지만 그의 평생에 있어서 유일하게 그를 자신보다 더 사랑했으며 자신의 아버지를 배신하면서까지 자신의 생명을 지켜준 것이 므비보셋의 아버지인 요나단입니다. 하지만 오늘 다윗은 한번의 그릇된 선택으로 자신의 의형제인 요나단의 은혜를 져버리고 요나단과의 약속을 깨뜨려 버렸습니다. 그것도 너무 쉽게...

그런데 보통 때는 지혜로운 다윗이 왜 이런 어리석은 선택을 했을까요? 많은 근거와 이유들을 추정할 수 있지만 한 가지 명백한 것은 다윗이 어떠한 상황에서도 불변해야 할 원칙을 가변적인 상황 속에서 재해석 해버렸기 때문입니다. 다시 말해, 신앙의 원칙이란 절대 상황이 바뀐다고 해서 바뀌어서는 안됩니다. 좋은 때나 나쁠 때나 동일하게 지켜져야 할 것이 바로 원칙입니다. 하나님을 믿고 주님을 따르는 신앙인이 된다는 것은 어제나 오늘이나 내일이나 동일하신 그 하나님을 신뢰한다는 것 뿐만 아니라 그 하나님의 속성을 나의 것을 만들어 간다는 의미입니다. 그런데 상황이 분주하고 다급해 졌다고 해서 다윗은 그 불변의 원칙을 바꾸어버린 것입니다. 교회, 가족, 친구, 이웃에 대한 여러분의 신앙의 원칙은 무엇인가요? 어려운 시기를 살아가는 성도 여러분, 여러분은 그 신앙의 원칙을 어떻게 지키고 계신가요? 만약 세상이 변했다고 하나님이 우리에게 주신 영생의 약속과 세상의 축복을 거두신다고 했다면 우린 어떤 존재가 되었을까요?

[오늘 내가 만난 하나님]

26 목숨을 다해 지킬 생명

사람들이 가끔 이런 하소연을 합니다: "내가 이제 하나님을 믿기로 했으니 모든 일이 잘될 거야!" "내가 주님이 기뻐하시는 일들을 시작하면 주님이 우리 가족을 축복해 주실 거야!" 물론 그렇게 되어야죠. 하지만 현실은 그렇지 않은 때가 많습니다. 세상에 오직 나와 하나님만 있는게 아니기 때문입니다. 모든 사람들이 이웃을 자신의 몸같이 사랑하는 것은 아니기 때문입니다. 결국 세상 모든 일에 내가 아무리 거룩한 마음을 먹고 하나님께 소망을 품는다고 해도 그 일들이 언제나 다른 사람과 주변환경의 영향을 받지 않을 수는 없습니다. 그런데 열심으로 헌신한 신앙에 반해 자신에게 돌아오는 결과가 만족스럽지 못할 때 성도들은 실망할 수 있습니다. 심지어 그렇게 실망과 절망을 연거푸 겪다가 보면 어느 순간 사단이 주는 생각이 마음에 들어올 때도 있을지 모릅니다. 그 생각은 혹시 하나님이 계시지 않을 수 있다는 생각, 혹은 하나님이 계셔도 나에게 관심이 없다는 생각, 그리고 행여나 하나님이 버렸다면 자신의 생명이 더 이상 가치가 없다는 생각입니다.

     제가 성경적이고 우주적인 확신을 가지고 말할 수 있는 것은 하나님은 살아 계십니다. 그리고 어제나 오늘이나 내일이나 동일하신 그 하나님께서 여전히 변함없이 우리를 진정으로 성경의 약속대로 사랑하십니다. 우리는 하나님이 사랑하시는 우리의 생명을 무엇보다 소중하게 여겨야 합니다. 나를 파괴하는 행위는 결국 하나님이 사랑하시는 것을 내가 파괴하는 엄청나고 씻을 수 없는 죄악을 짓는 것입니다.

     그런 창조주 하나님이 저와 여러분에게 원하시는 것은 결코 복잡한 것이 아닙니다. 모든 것을 한 마디로 정의한다면 창세기 1장 28장처럼 하나님이 인간을 처음 창조하시고 주신 지상명령입니다. 그것은 내가 너를 복주고 지켜줄테니 너는 "생육하고 번성하라"라는 것입니다. 놀라운 것은 이 명령이 하나가 아니라 두 파트의 명령으로 이뤄져 있다는 겁니다: 생육하는 것과 번성하는 것. 즉, 우리가 이 험난한 세상에서 주를 의지하여 살아간다면, 하나님을 배반하지 않고 신앙을 지키기만 한다면 우리에게 번성하는 기회는 주님의 계획과 축복 안에서 언젠가는 이뤄진다는 것입니다.

하지만 여러분에게 주신 그 기본적인 생명을 소중히 여기지 않는다면 번성은 기대할 수 없습니다. 요즈음 젊은이나 성인이나 그리스도인이나 그렇지않은 사람이나 이 가장 기본적인 명령을 가볍게 여기는 모습을 보면서 너무나 마음이 아픕니다. 그래서 저는 이렇게 강조하고 싶습니다: "여러분의 생명을 목숨을 다해 지키십시오. 그럼 희망은 반드시 옵니다."

[오늘 내가 만난 하나님]

27 차별과 구별

요셉이 애굽의 총리가 되어 바로를 위해 모든 것을 지혜롭게 행하여 애굽을 세상에서 가장 강성한 나라로 만들어 주었습니다. 덕분에 요셉과 그의 형제들은 당대 최강국인 애굽으로 이민하여 그곳에서 "애굽드림"을 꿈꿀 수 있었습니다. 처음 이민을 올 때는 총리의 가족으로 초청이민을 받은 것이니 특별한 환영을 받으며 들어올 수 있었습니다. 하지만 몇 세대를 지나면서 권력의 자리에 앉은 새로운 바로는 더이상 요셉을 알지 못했습니다. 칠십 명의 가족으로 들어온 이민자들이 이제 그곳에서 민족으로 크게 성장했습니다. 새로운 바로에게 그들은 더이상 환영받는 존재가 아닌 위협적인 존재로 보였습니다. 그래서 바로는 이들을 핍박하기 시작합니다. 요셉의 시대에는 상상조차 할 수 없었던 일입니다. 요셉으로 인해 모든 특례를 받고 대우를 받던 구별된 존재에서 이제는 차별을 받는 존재로 전락해 버린 것입니다.

지금도 나라마다 곳곳에서 특정한 사람들이 인종때문에, 출신때문에, 심지어 성별때문에 차별을 받고 멸시를 당하곤 합니다. 이러한 상황이 이들에게 억울한 것은 누구도 타인에게 그러한 차별과 멸시를 받을만한 잘못을 저지르지 않고도 단지 색이 다르다는 이유, 환경이 다르게 태어난 이유때문에 그러한 핍박을 받는다는 사실입니다. "우리도 과거 애굽의 발전을 위해 얼마나 헌신했는데...." 하며 해명을 해봐도 소용이 없는 일입니다. 하지만 그 안에서 하나님을 새롭게 만날 수는 있을지도 모릅니다. 요셉을 알지 못하는 왕을 만나게 된 것이 당장은 억울하고 안타까울 수 있습니다. 그래도 이것을 계기로 이스라엘이 다시 하나님을 찾고 부르짖으며 간구하는 신앙을 회복할 수 있었던 이스라엘의 역사를 우리는 기억해야 합니다. 다시 말해 누가 어디에 있던지 무슨 일을 하던지 그곳의 주류 사회에 속하지 못한다면 차별이란 것을 받을 수 있습니다. 피나는 노력을 통해 설령 주류 사회에 들어간다고 해도 그 세대가 지나고 나면 차별도 새롭게 시작될 수 있습니다. 우리는 하나님이 요셉을 높여 주시기까지 그가 신실하게 하나님이 주신 꿈을 의지하며 인내했던 것을 상기해야 합니다. 스스로 높아진 자리에서는 언제든지 내려올 수 있지만 하나님이 높여 주시면 다릅니다.

그리고 하나님이 우리를 높여 주시는 이유는 신명기 7장 7절의 말씀처럼, "여호와께서 너희를 기뻐하시고 너희를 택하심은 너희가 다른 민족보다 수효가 많기 때문이 아니니라 너희는 오히려 모든 민족 중에 가장 적으니라. 여호와께서 다만 너희를 사랑하사.."라는 하나님의 자비하심 덕분입니다. 사랑하는 성도 여러분, 특별히 하나님을 믿는 신앙인에게 있어서 지금 우리가 세계 곳곳 처소에서 겪게 되는 "차별"은 우리를 다시 한번 "구별"된 삶으로 불러주시는 하나님의 은혜로운 부르심입니다. 살다보면 요셉을 알지 못하는 왕을 반드시 만나는 때가 있습니다. 하지만 그를 통해 우리가 다시 하나님을 붙잡을 수 있다면 그것은 어떠한 자리에 오르는 것보다 더 큰 복이고 또한 은혜입니다.

[오늘 내가 만난 하나님]

28 가장 빨리 불행해지는 법

불행의 비결이라는 제목으로 컬럼을 쓴다는데 이상하게 여겨질 수 있지만 필요한 일입니다. 왜냐면 이미 너무나 많은 성도들이 이 길을 걷고 있기 때문입니다. 그리고 제게 익명으로, 때로는 자신을 밝히고 상담을 해오는 수 많은 성도의 전화 통화와 이메일 속에서 자주 발견되는 일 입니다.

우리가 할 수 있는 모든 일들 중에서 가장 빠르고 확실하게 불행해질 수 있는 길이 하나가 있습니다. 그 길은 바로 나의 처지를 남들과 비교하는 것입니다. 자신이나 자신 가족의 처지를 주변의 상황과 비교해보세요. 나의 어려운 상황을 타인의 윤택한 상황과 비교해 보세요. 그럼 그 순간 곧바로 낙심이 마음에 찾아오고 멀지않아 우울함과 불행의 암울함이 자신과 그 가정을 지배해 버리게 될 것입니다.

신앙을 여러가지로 정의할 수 있지만 오늘 정의할 신앙이란 장거리 마라톤과 같습니다. 신앙을 하는 사람의 길은 한 순간 한 순간을 바라보고 판단하면 왠지 고난과 슬픔의 시간들이 이어지고 있는 것 같지만 이미 믿음으로 걸어온 길을 돌아보면 그래도 주님이 결국에는 선한 길로 나를 인도해 오셨음을 깨닫게 됩니다.

하나님이 여러분을 창조하신 것은 가장 아름다운 것으로 가장 아름답게 세상에 자신의 작품을 자랑하시기 위함이라고 생각하시기 바랍니다. 개개인 한 명 한 명의 모든 염색체를 다르게, 홍채를 다른 모양으로, 지문을 구분할 수 있도록, 목소리도 각각 개성있고 구분되도록 만드신 것은 한 사람 한 사람을 귀한 작품으로 사랑스럽게 여기시기 때문입니다. 설령 눈에 보이는 현실이 아무리 암울하게 여겨진다 해도 절대 부인할 수 없는 한 가지가 바로 우리의 삶이 창조주 하나님께서 심혈을 기울여 빚으신 위대한 삶이며 그 하나님이 직접 함께 하시는 기대할만한 인생이라는 점입니다. 이러한 하나님이 우리와 함께 하는 한 미래는 언제나 희망입니다.

맞습니다. 공감합니다. 이렇게 대부분이 다 너무나도 힘들다며 헉헉 거리는 시기에도 주변에 보면 소위 더 잘나가는 사람들이 있습니다. 심지어 이 어려운 시기를 이용해 더욱 부유해지고 윤택해지는 사람들도 넘쳐 납니다. 이들 중에 하나님을 믿지않는 사람을 만나거나 자신의 눈에 보기에 신실하지 못한 사람으로 보여지기라도 한다면 그때는 정말 하나님이 살아계신 것인지, 그리고 살아 계시다면 정말 공평하신 분이신지 의심하는 마음이 생길 수고 있습니다.

　　　하지만 사랑하는 성도 여러분, 그런 비교와 판단은 여러분의 삶에 아무런 긍정적인 영향을 미칠 수 없습니다. 그렇게 반드시 불행해지는 길 보다는 이제 무조건 축복받는 길을 선택하시기 바랍니다. 차라리 그런 비교와 판단을 멈추고 그 열정으로 내 삶 속에서 그래도 여전히 감사의 제목을 찾기 위해 노력해보는 겁니다. 그런 노력을 하다보면 분명하고 확실한 평안과 희망을 얻게 될 것입니다. 그리고 특별히 어려운 시기를 보내고 있어 아무런 감사를 찾기 어렵다고 한다면 여전히 모든 것을 주관하실 하나님의 선하신 계획을 신뢰하시기 바랍니다. 원래 명화는 처음에는 고통스러워도 마지막에 반전과 해피엔딩으로 끝나는 법입니다. 보기에 고통스럽다고 중간에 걸어나오면 그러한 행복한 결말은 볼 수 없습니다. 사랑하는 성도 여러분, 부디 주 안에서 새 힘을 얻으시길 축복 드립니다. 나중에 돌아보면 지금 이 시기가 아름다운 추억으로 남을 것을 제 간증을 들어 약속합니다.

[오늘 내가 만난 하나님]

[신앙상담하기]
신학박사 정재천 목사
jasonpeniel@gmail.com
+1-905-730-3727

29 믿음의 반대는 불신이 아닙니다

성도님들에게 "믿음"의 반대가 무엇인지 물으면 이구동성으로 "불신"이라고 말합니다. 맞습니다. 하지만 좀더 신학적인 관점에서 볼 때 믿음의 반대는 불신이 아닙니다. 믿음의 반대는 "두려움"입니다. 하나님을 믿는다고 하는 것은 하나님 외에는 이 세상의 어떠한 것에도 두려움을 갖지 않는다는 것을 의미합니다. 실제로 우리가 하나님만, 오직 하나님만을 온전히 두려워하지 않으면 우리의 신앙은 결국은 엇나가게 되어있습니다. 특별히 요즈음처럼 주변에 위기와 아픔, 그리고 신앙에 대한 핍박과 배교의 유혹이 일상처럼 도사리는 현실 속에서 나를 창조하시고 자신의 아들을 주시면서 십자가로 구원 해주신 하나님을 두려운 마음으로 경외하고 따르지 않는다면 그리스도인의 신앙도 언젠가는 흔들릴 수 있습니다.

지금까지 우리 세대는 물질적으로 표면적으로 이전 세대에서 경험하지 못한 풍요로움을 누릴 수 있었습니다. 그런데도 불구하고 그 어느때보다도 가난하고 병들도 아픈 사람들은 더 많이 세상에 넘쳐나고 풍요를 누리고 있는 성도들의 마음 속에서도 이상한 공허함이 자리잡아 평온이란 것을 찾아보기 어려워 졌습니다. 교회는 마치 세상과 경쟁이라도 하듯 더 큰 성전에 더 화려한 예배의식을 지향하게 되었습니다. 무조건 더 많은 사람이 모이면 더 큰 하나님의 복과 은혜를 받을 것처럼 노력해 왔지만 실제로 하나님의 축복은 가난하고, 애통하고, 의에 주리고 목마르며, 마음이 청결하고, 의를 위해 박해를 받는 자들에게 주어지는 것이라는 하나님의 법칙을 두려운 마음으로 경청하지 않고 있습니다. 마치 세상의 것을 더 취하지 않으면 구원을 받지 못할 것처럼 세상 것을 두려워하여 경쟁적으로 살아온 성도이 입으로는 주님을 믿는다고 고백하고 삶으로는 성령을 무시하고 자신의 소견대로 살아가는 이중적인 삶을 살고 있습니다.

사랑하는 성도 여러분, 그리스도인은 세상이 줄 수 없는 것을 이미 소유하고 있는 사람입니다. 이 세상에서 더 행복해지고 싶다면 주님만이 주실 수 있는 것은 될 수 있으면 더 많이 취하고 세상에서 얻은 것을 될 수 있으면 더 나누려고 노력하면 됩니다. 무엇인가에 욕심을 내야한다면 주님의 축복을 더 기대하고 영적인 것을 사모하며 주님과의 교제를 갈망하시기 바랍니다. 영생이라는 너무 큰 선물을 기대하지 않았을 때 받다보면 그 감격을 이해하지 못하거나 쉽게 잊어버릴 수 있습니다. 하지만 그 영생이 이 세상에서 지금부터 누릴 수 있는 기회를 제공해주었다는 것을 기억하고 무엇으로 영원의 시간을 보낼 것인지 기대하시기 바랍니다.

하나님을 두려워하기에 우리는 세상의 것에 자유로울 수 있습니다. 눈에 보이는 것에 자유롭지 못하다면 결코 눈에 보이지 않는 하나님이 주시는 평안과 구원을 얻으려는 과욕은 포기해야 합니다. 많은 성도들이 "나는 하나님을 불신하지 않아"라는 고백만으로 마음대로 이 세상의 것을 추구하면서 살아가고 있습니다. 하지만 그건 하나님을 믿는 신앙인의 모습이 아닙니다. 왜냐면 하나님을 믿는 사람은 반드시 세상의 것을 두려워하지 않고 오직 하나님만을 두려워 해야하고 세상의 것으로 하나님의 것을 대신하지 않으며 오직 그것에 만족하기 때문입니다.

[오늘 내가 만난 하나님]

30 후회가 되는 회개

믿음이 없는 세상 사람들에게 있어서 가장 큰 적은 자기 자신의 과거입니다. 자신이 과거에 지은 죄악이나 잘못이 현재와 미래를 송두리째 지배하는 경향이 있기 때문입니다. 하지만 그리스도인들에게 있어서 가장 큰 적은 과거가 아니라 현재입니다. 여러분이 자신의 과거에 대해 온전한 회개로 주 앞에 나아왔다면 어떠한 것이든 이전 것은 모두 지나간 것이고 주 안에서 용서, 화해, 구원의 자유함을 누릴 수 있기 때문입니다. 그 이후로는 오직 앞에 있는 상급을 바라보고 성령님과 함께 전진하는 일만이 남아 있습니다. 하지만 가끔 성도들과 솔직하게 대화를 나누다 보면 여전히 많은 분들이 자기 과거의 무거운 짐에 짓눌려 있는 것을 발견할 때가 있습니다. 그것이 무엇이든 상관없습니다. 아무리 큰 죄악이라도 관심 없습니다. 그들이 자유롭지 못한 성경적인 이유는 오직 한 가지, 온전한 회개라는 것이 이뤄지지 않았기 때문입니다.

여기 두 사람의 삶을 비교해보면 이 회개의 중요성을 명확하게 이해할 수 있습니다. 아말렉을 몰살하라는 명령을 단 한번 어긴 사울 왕을 하나님은 단번에 왕위에서 폐위하시고 그의 왕권을 영원히 박탈하셨습니다. 그런데 간음, 거짓, 그리고 심지어 간접 살인까지 저지르고도 뉘우치지 않고 자기 자신의 모습을 가진 사람이 있다면 그 사람을 심판하겠다는 태도를 보인 다윗은 하나님께 "내 마음에 합한 자"라는 칭함까지 얻으며 영원한 왕위를 이어갈 수 있는 축복을 하나님께 얻었습니다. 무엇이 다른 것일까요? 두 사람에 대한 하나님의 심판이 너무 불합리하지 않나요? 우리 눈에 보기에 너무나 비합리적이지 않은가요? 신약시대에 와서 주님을 세 번이나 "주님이 예고하신대로" 부인하고 심지어 주님을 저주까지했던 베드로는 최초의 사도요 주님 제 1 의 제자라는 영예와 함께 천국의 열쇠까지 받았습니다. 그런데 은화 30 개에 주님을 군인들에게 넘겼으나 곧바로 돌아와 후회하며 잘못을 고백하고 돈을 돌려준 가룟 유다는 "태어나지 않았으면 더 나을 뻔 했다"는 저주와 함께 스스로 목을 매어 죽게 내어 두셨습니다. 사울과 다윗, 가룟 유다와 베드로, 이들의 비교가 정말 진정 무엇을 말하고 있으며 그들은 정말 무엇이 다른 걸까요?

물론 정도의 차이가 분명히 있습니다. 하지만 하나님께는 거짓말이나 살인이나 모두 하나님과 우리 관계에 틈을 만들고 멀어지는 죄악 된 행위 입니다. 사회에서는 죄악의 경중에 따라 받게 되는 처벌을 두려워하는 것이 당연하지만 하나님 앞에서는 죄는 경중에 관계없이 죄악은 하나님을 볼 수 없는 단절과 분리를 의미합니다. 그런데 죄의 기준이 하나님께 있듯이 인간이 하나님께 용서와 구원을 얻는 기준도 하나님께 있습니다. 그리고 그 기준은 자신의 잘못을, 하나님을 배반한 단절로 먼저 인식하고 그 단절을 가슴 아프게 주님의 마음으로 바라보며 앞으로는 절대 하나님에게서 멀어지지 않겠다는 다짐을 하는 것에서 시작해야 합니다. 단지 "내가 지은 죄악"을 하나님께 털어놓고 용서해달라고 떼를 쓰는 것과는 다른 차원입니다. 이러한 회개의 시작은 앞으로는 "어떠한 것"도 자신과 하나님의 관계를 멀어지게 하는 것을 스스로 절대 용납하지 않겠다는 다짐이며, 그런 일이 일어나지 않도록 일하겠다는 거룩한 노력입니다. 이러한 회개를 이루어 과거로 부터 완전히 돌아서지 않았다면 어쩌면 눈물을 흘리며 고백한 그 모든 것들이 단순히 후회에 불과한 것일 수도 있습니다.

[오늘 내가 만난 하나님]

[내가 이전에 알지 못했던 하나님]

[새롭게 만난 나의 하나님을 향한 기도의 제목들]

31 소수를 위한 다수결 원칙

지금처럼 각종 미디어가 사회전반의 가치관을 성립하고 판단하고 결정하는 풍조를 이해하는 것은 쉽지않습니다. 가장 많은 인기와 다수의 동조를 얻은 의견이 무조건 진리인 것처럼 인식되는 기이한 현상을 이 시대에 다시 바라보게 됩니다. 즉, 세상의 모든 가치관이 "인기"와 "다수의 의견"에 의해 결정되어지는 현실 속에서 우리는 살아가고 있습니다. 한 때는 엄청난 인기와 동조를 얻어 누구도 건드릴 수 없는 권위와 권좌를 누렸던 사람이나 가치가 한번 추락하고 나면 그 흔적도 찾아보기 힘들 때가 많습니다. 오직 소수에게 추억으로 남을 그런 가치를 위해 너무 많은 열정이 자주 낭비되는 것은 아닌지 걱정하게 됩니다. 이러한 현실 속에서 무엇이 진리이고 무엇이 사실인지 그리고 무엇을 통해 우리는 위로와 안식을 얻을 수 있을까요?

무고한 예수님이 밤에 마치 엄청 험악한 도적이라도 잡아오듯이 군인들에 의해 붙잡혀와 지금 빌라도 앞에서 심판을 받고 있는 장면을 상상해 보시기 바랍니다. 빌라도는 하나님을 믿는 사람도 아니고, 두려워 하는 사람도 아닙니다. 그렇다고 그가 자신의 아내와 같이 유대의 종교나 문화를 이해하려고 노력할 만큼 관심을 가지고 있는 것 같지도 않습니다. 하지만 어찌된 일인지 그에게 하나님의 아들, 그리스도, 예수를 심판할 수 있는 권한이 지금 주어져 있습니다. 십자가에 그를 못 박으라는 유대 지도자들의 아우성 속에서 그는 예수에게 "무엇이 진리인가?"라는 질문을 던집니다 (요 18:38). 만족할 만한 답을 얻지 못한 빌라도는 스스로 진리를 결정해 버립니다.

그리고 그 진리를 결정하는데 필요한 것은 오직 자신 앞에 놓여있는 두 부류의 사람들이 내놓는 정반대의 의견 뿐인 것 같습니다. 한쪽 부류는 예수님이 태어 나셔서 함께 자라고 지금까지 모든 것을 나누고 가르치며 사랑으로 일관 해오신 주님의 형제와 자매, 가족과 친척들이 속한 유대인들이었습니다. 그리고 또 다른 한 쪽은 바로 빌라도 자신의 아내였습니다. 진리를 결정하는 데 빌라도가 고민해야 할 것은 둘 중에 어떤 것을 선택할 것인가가 아니라 어디에 진실이 있느냐 였습니다. 하지만 빌라도는 무엇이 유용한지 무엇이 효과적인지를 생각하기 시작합니다.

지금 빌라도 앞에 군집한 절대 다수의 유대인들은 예수를 십자가에 못박아야 한다고 주장합니다. 반면 내가 유대 땅에 총독으로 올 때 함께 온 나의 아내는 지난밤의 꿈(마태복음 27:19)을 이야기하며 예수가 의로운 사람이니 절대 그를 처벌해서는 안되고 살려줘야 한다고 주장합니다. 자신의 권위를 인정해줄 다수의 유대 종교 경험자들과 예수와 무관해 보이는 아내 사이에서 빌라도는 어떻게 진리를 선택해야 할까요? 상식적이고 이치적으로 본다면 전자가 옳을 수 있습니다. 하지만 한 가지 기억할 것이 있습니다. 그것은 진리는 내가 선택하는 것이 아니고 내 앞에 주어지는 것이라는 사실입니다. 즉, 예수가 그 앞에 놓여있을 때 빌라도는 진리를 보았습니다. 만져볼 수 있었습니다. 다시 말해, 내가 바꾸거나 선택할 수 있는 것이 아니라 있는 그대로를 용기 있게 인정하는 것입니다. 빌라도는 사실 조금 더 자세히 들여다보았다면 깨달을 수 있었을지도 모릅니다. 하지만 그는 진리를 자신이 선택하고 결정할 수 있는 권한이 있다고 믿었습니다. 이 시대 많은 리더들이 그러한 것처럼 말입니다.

사랑하는 성도 여러분, 눈앞의 현실이 너무나 어려운 지금같은 때에도 우리가 보려고만 한다면 우리에게 단 하나 진리 되시는 주님의 위로를 얻을 수 있습니다. 다른 곳에서 우리가 찾아 헤매는 수고로운 진리가 아닌 우리 앞에 주어진 하나님의 위대한 진리를 오늘 믿음으로 선택하실 수 있습니다. 비록 그 선택이 여러분에게 큰 용기와 외로움에 대한 감수를 요구한다해도 진정 자유롭고 쉼을 얻도록 그 진리의 주인이신 주님이 함께 해 주실 겁니다. 사랑하고 축복합니다. 힘내세요.

[오늘 내가 만난 하나님]

32 나의 벗 나의 힘

지난주에 편지 한통이 우편함에 날아들어왔습니다. "온타리오 경찰청"이라는 직인을 보는 순간 마치 죄인이 된 것처럼 마음에 불안감이 엄습했습니다. 열어보니 얼마전 주유소에서 비용을 지불하지 않았다며 해당 주유소에 비용을 지불해 달라는 친절한 권고 내용이었습니다. 충분히 악의 없는 실수로 벌어진 일이 였기에 서로 웃으며 대화를 마친 주유소 직원에게 비용을 수표로 보내주기로 했습니다.

그런데 그 편지에 담긴 한 가지 두려운 일이 해결한 뒤 해당 경찰에게 전화를 걸어 상황을 보고하는 일을 해야했습니다. 뭐든 처음 하는 일이 떨리기 마련인데 더군다나 편지를 보낸 경찰에게 직접 전화를 한다는 것이 여간 떨리는게 아니었습니다. 그렇게 떨리는 마음으로 전화를 했는데 오히려 누구나 실수를 할 수 있다며 이 경찰관은 자신도 그런 적이 있으니 걱정 말라고 도리어 저를 위로하는 겁니다. 심지어 이번 일을 계기로 우리가 서로 친구가 되었으니 도리어 감사한 일 아니냐며 그는 저를 안심시켜 주었습니다. 처음 수화기를 들었을 때의 불안함은 사라지고 감사와 뿌듯함으로 대화를 마쳤습니다. 제게 든든한 친구가 생겨 왠지 어깨가 으쓱해 졌습니다.

야고보서 2장 23절은 아브라함이 하나님을 믿음으로 그가 의롭게 되고 그 일을 계기로 하나님이 그를 친구로 여기셨다고 합니다. 즉, 우리도 예수님을 통해 하나님을 믿는다면 의롭게 여김을 받고 그 후로는 하나님이 우리의 벗이 되어주실 수 있다는 겁니다. 흔히 우리는 야고보서가 "행위"만을 강조하고 "믿음"에 대해서는 무관심하거나 인색하다고 알고 있습니다. 하지만 야고보 사도가 우리에게 제안하는 "하나님의 친교"는 반드시 믿음에서 시작한다는 것을 말해주고 있습니다. 아무것도 우리의 노력이나 능력이나 처지를 필요로 하지 않기에 누구든지 이 제안을 받아들일 수 있습니다. 마음만 먹는다면 말입니다.

사랑하는 성도 여러분, 경찰관 한 명을 친구로 얻은 것도 혹시나 어떤 상황에 처했을 때 도움을 받을 수 있다는 마음의 안정이 생기는데 하물며 이 천지만물을 지으시고 통치하시는 여호와 하나님을 우리의 친구로 삼을 수 있다는 놀라운 축복을 생각하면 그 감격을 무엇으로도 비교할 수 있겠습니까? 게다가 우리의 하나님은 경찰관 친구처럼 멀리 떨어져있는 것도 아니고, 우리가 어려운 순간에만 잠깐 도움을 줄 수 있는 그런 분도 아니며, 어려울 때 내가 먼저 전화를 걸어야 하는 그런 존재가 아닙니다. 하나님은 우리를 영원한 불지옥의 위협에서 구원하시고 영생이라는 새 생명을 허락하셨으며 이 세상에서부터 우리 안에 영원히 함께 거하시고 동행하는 분이라는 것을 기억한다면 하나님이 우리를 친구처럼 여기신다는 사실은 너무나도 기대되는 놀라운 약속입니다. 오늘 그 귀한 벗을 만나 위로를 받으시는 주의 성도가 되시기를 축복 드립니다. 용기를 내어 먼저 그 분께 전화를 걸어 보시기 바랍니다.

[오늘 내가 만난 하나님]

33 생각이 필요없으신 분의 생각

전지전능하신 하나님께 "생각"이라는 것이 필요 없다는 것은 자명한 일 입니다. 단지 성경이 하나님의 일을 인간이 이해할 수 있는 어조로 기록하고 있기 때문에 마치 하나님도 우리처럼 생각도 하시고 고민도 하시고 계획도 하시는 것처럼 기록한 것 뿐 입니다. 그럼에도 불구하고 만약 하나님께서 무엇인가를 관심을 가지고 지긋이 그윽하게 바라보시는 것이 있다면 여러분은 믿으시겠습니까? 천지를 창조하시고 만물을 운행하시며 모든 생명과 시간의 주인이신 하나님께서 오늘도 그 마음에 생각하시는 것이 무엇일지 한편 궁금하지 않으신가요? 우리의 삶이 일상에 찌들고 지쳐 있다고 할 지라도 한 순간 궁금할 때가 있는 오늘 하나님의 마음은 어디를 향하고 계실까요?

이런 궁금증을 풀어줄 수 있는 사람이 성경에 있습니다. 누구보다 "하나님 마음에 합한 자"라는 칭찬을 받은 다윗입니다. 시편 8 편과 144 편은 성령의 영감으로 하나님의 마음을 읽은 다윗의 고백시입니다. 특별히 4 절에 보면 다윗은 이렇게 자신의 놀라움을 고백합니다: "하나님, 사람이 무엇이기에 주께서 그를 생각하시며 인간이 무엇이기에 주께서 그를 돌보시나이까." 1 절에서 하나님이 이 세상을 아름답게 창조하셨으며 그의 영광이 온 하늘을 덮고 있다고 찬양한 다윗이 우리에게 가르쳐 주기를 글쎄 그런 위대한 하나님의 마음에 담겨있는 생각이 바로 저와 여러분에 대한 깊은 사랑이라는 겁니다.

이것이 성경에 기록되어 있지않았다면 아마 믿지 못했을 겁니다. 내가 아무리 스스로 잘났다고 생각하고 가장 높은 자부심과 자신감을 가지고 살아간다 해도 이 세상 천지만물을 지으시고 운행하시는 주님께서 당신의 마음에 담아두고 바라보시는 것이 "나"라고 생각하면 얼마나 부끄러울까요? 우리가 뭐라고 하나님은 우리를 이토록 사랑하시는 걸까요? 오늘 하나님의 마음과 사랑을 조금이라도 깨닫는다면 우리의 마음이 평안을 얻고 세상에서 가장 큰 위로를 얻게 될 줄 믿습니다. 아무리 어려운 일이 있었던 날이라도 이 생각을 묵상할 수 있다면 우린 평안할 수 있습니다.

오늘 어린 제 딸이 제게 이런 질문을 했습니다: "아빠, 정말 하나님이 흙으로 우릴 만드셨어?" "어, 그럼 하나님이 흙으로 예쁘게 빚으셨지!" 그랬더니 딸이 제게 이렇게 말을 합니다: "아빠, 아니, 내 생각엔 물도 아주 아주 많이 섞으셨어. 안그럼 어떻게 이렇게 예쁘게 만들겠어!" 여러분, 그렇습니다. 우리는 하나님의 가장 보기좋은 작품이며 하나님의 마음에 항상 담아두고 보시는 하나님의 자랑입니다. 그 영원한 자존감으로 오늘도 살아가시기 바랍니다.

[오늘 내가 만난 하나님]

34 눈감고 선물 고르는 법

해외에 사는 사람에게 가장 외롭고 아쉬울 때가 명절입니다. 그래도 가족같은 친구가 있다면 그들과 함께 명절을 보내는 것이 위로가 되곤 합니다. 저희 가정에게도 수년간 명절마다 함께 모이는 가족같은 친구 가정이 몇 가정 있습니다. 연말이면 한 집에 모여 한 해를 마무리하며 즐거운 시간을 보내곤 합니다. 그리고 모일 때마다 빼놓지 않고 진행하는 행사 중에 하나가 선물 교환 입니다. 가정별로 큰 부담되지 않는 범위 내에서 선물을 포장해 와서는 게임을 한 뒤 이긴 사람 순으로 원하는 것을 먼저 선택하는 방식으로 게임을 진행됩니다. 별것 아닌 선물교환이지만 단지 포장지에 가려져 있다는 "신비감"때문인지 보통 한 두시간은 수차례 게임을 하며 포장지가 내용물을 그대로 가려둔대로 이 선물을 골랐다가 저 선물로 바꾸기를 계속 반복합니다.

만약 여러분 앞에 포장이 잘 되어 있어서 내용물을 알 수 없는 선물상자들이 즐비해 있다면 여러분은 그 중에서 어떤 상자를 고르시겠습니까? 안을 전혀 볼 수 없는 상황에서 단 한번만 고를 수 있는 기회가 있다고 한다면 여러분은 어떻게 그 어려운 선택을 지혜롭게 하시겠습니까?

아무리 별것 아니고 심지어 공짜라고 해도 무엇을 선택할지 망설여 지고 고민하는 건 당연합니다. 그 이유는 우리가 무엇을 선택하든 다른 모든 상자들을 선택할 수 있는 기회들을 포기해야 한다는 걸 잘 알기 때문입니다. 모든 것을 다 가질 수 있다면 좋겠지만 마치 우리 인생처럼 오직 한번에 한 가지씩 선택한 것들이 이어져 결국 완성되는 것이 우리의 인생입니다.

하지만 오늘은 제가 매년 친구들과 이 선물 교환 게임을 하면서 얻은 지혜를 가르쳐 드리겠습니다. 이 지혜를 얻으신다면 여러분은 앞으로 가장 중요한 선물을 고르는 법을 소유하게 되시고 인생의 선택도 동일한 지혜로 하실 수 있으실 겁니다. 그 지혜는 여러분이 가장 좋은 선물을 후회나 실수없이 할 수 있도록 가르쳐 줄 것입니다. 그 비밀은 사실 간단합니다. 먼저 선물의 화려한 포장이나 모양, 크기 등에 집중해서는 안됩니다. 그러한 표면적인 것들은 여러분을 속이기 위해 만들어진 함정일 수 있습니다. 대신 여러분이 파악해야 할 것은 누가 어떤 상자를 가지고 왔는지를 밝혀내는 것입니다. 그 이유는 항상 가장 마음이 넉넉하고 나누기를 좋아하고 인색하지 않은 친구가 가장 좋은 선물을 내놓기 때문입니다. 그가 가져온 선물을 선택하면 언제나 항상 확실하고 후회 없는 최고의 선택이 됩니다.

그리고 저는 이것이 바로 우리가 하나님을 선택하고 신뢰하고 의지할 수 있는 이유와 동일하다고 믿습니다. 눈에 보이는 인생의 시련이나 혹은 반대로 화려한 유혹이 눈 앞에 있다고 해도 우리가 그러한 것 때문에 마음이 낙심하거나 현혹되는 것이 아니라 항상 영원한 것, 우리에게 가장 좋은 것만을 은혜와 자비로 넉넉히 부어주시는 하나님이 부르신 길을 걸어가고 주님이 주시는 선물을 고르기만 하면 됩니다. 세상의 모든 것, 심지어 사람도 아무리 선하다 하고 좋아 보여도 어떠한 것, 어떤 누구도 영원할 수는 없습니다. 하지만 하나님은 영원히 변함없이 우리를 사랑하시고 우리에게 가장 좋은 것을 미리 아시며 그것을 선물로 풍성히 주시는 분이십니다. 그리고 만약 아직 그 하나님의 손을 발견하지 못하셨다면 오늘 그 하나님을 만나시기 바랍니다. 그 하나님을 발견하시면 여러분은 인생의 가장 좋은 선물을 얻기 시작하실 겁니다.

[오늘 내가 만난 하나님]

35 위기를 진짜 기회로 만드는 법

여러분은 어떠한 연예인을 좋아하시나요? 화려했던 과거에서 일순간의 실수때문에 오랜 무명의 시간을 보내고 나서 다시 재기에 성공하여 다시 스타덤에 오른 연예인의 패기있는 삶의 간증을 듣다 보면 왠지 저도 그 연예인의 매력에 푹 빠져버릴 것 같은 마음이 생길 때도 있습니다. 하지만 어떤 연예인이 재기한 간증도 성경 속의 모세만큼 화려한 반전을 이룬 인물은 없습니다. 이집트 공주의 아들로 부족함이 없는 삶을 누리다가 어느 한 순간 자신의 의에 눈에 어두워져 살인을 저지르게 되었고 그것으로 무려 40 년이라는 시간을 자신의 양도 아닌 장인의 양을 치며 광야에서 무명하게 살아야 했기 때문입니다. 그 세월이 무려 40 년 입니다. 형제와 친척이 여전히 애굽에 남아 있었지만 이제 더 이상 그를 기억하는 사람은 아무도 없었을 겁니다. 그런데 모두에게 이미 잊혀진 모세를 잊지않고 기억하신 분이 바로 여호와 하나님입니다.

그가 40 년 만에 돌아와 여호와 하나님의 능력을 애굽의 바로 앞에서 보이고는 이스라엘 백성을 종살이로부터 구원해 내었고 그들을 이끌어 하나님을 예배드릴 수 있는 약속의 땅으로 인도하게 되리라는 것을 누가 상상이나 했을까요? 하지만 지금 그 모든 상상이 현실이 되어가고 있습니다. 오늘 바로 앞에서 이적을 행하는 능력있는 모세가 백성의 눈에는 조상 아브라함을 보는 것과 같았을 겁니다. "우리를 우리의 아버지 아브라함에게 하나님이 약속하신 젖과 꿀이 흐르는 땅으로 인도해줄 리더가 나타났다"면서 환호했을 겁니다.

하지만 대중의 인기란 참으로 덧없는 것 입니다. 영원할 것 같았던 존경과 찬사도 뒤에서 추격해오는 애굽의 군대를 맞닥뜨리는 순간 때문에 모두 물거품처럼 백성의 마음에서 사라졌기 때문입니다. 모세 뒤에는 애굽의 군대, 앞으로는 홍해를 두고 머뭇거리는 사이에 백성의 마음 속에서 그는 존경하는 리더에서 일순간에 버림받을 과거의 살인자로 전락해 버립니다. 모세가 애굽에서 백성을 위해 용기있게 행한 일들을 생각하면 참으로 억울한 일입니다. 더군다나 모세가 지내온 40 년 간의 고난의 세월을 기억하면 참으로 마음이 아픈 일입니다.

그런데 저는 오늘 모세가 머뭇거리는 장면을 보면서 우리 삶에 이러한 순간들이 얼마나 자주 있는가라는 것에 공감하게 됩니다. 애굽처럼 내가 미워하지 않는 사람에게 어쩔 수 없이 미움을 받는 때가 있는가 하면 동시에 내가 사랑하는 사람에게 배신을 당하고 비난을 받게 되는 어처구니 없는 순간도 살다 보면 있습니다. 이런 경우 대부분 적과는 화해하려 노력하고 이웃과는 오해를 풀기 위해 애를 쓰곤 하지만 좀처럼 상황은 나아지지 않습니다. 이러한 때에 하나님이 모세에게 가르쳐준 해결방법이 있습니다. 사람을 보지말고 하나님께 눈을 돌리라는 겁니다. 두려워하지 말고 믿음으로 그 분에게 나아가라는 겁니다. 현실에 당황하지말고 보이지는 않지만 모든 상황 속에 내재된 하나님의 음성에 귀를 기울이라는 것입니다. 그렇게 할 수 있다면 우리는 오늘날에도 분명히 홍해를 가르는 기적을 일으킬 수 있습니다. 모세는 그런 하나님을 지금 이 절대절명의 순간에 선택했기에 자신과 이스라엘 백성의 생명을 구할 수 있었습니다. 여러분은 어려운 위기의 순간에 가장 먼저 어디로 무엇으로 눈을 돌리는 신앙의 습관이 있는지 되짚어 보시기 바랍니다.

[오늘 내가 만난 하나님]

36 나의 꿈 하나님의 꿈

신학생시절 한 손에 성경책을 들고 찬양을 부르며 주차장을 홀로 거닐곤 했습니다. 한 교수님이 이런 제 모습을 우연한 기회에 유심히 지켜본 모양입니다. 얼마 뒤, 그 분이 저를 부르시더니, "자네는 졸업 후 무엇을 할 계획인가?"하고 갑작스레 물으셨습니다. 그래서 저는 잘 모르겠다고 대답을 했습니다. 그런데 교수님이 이렇게 반문하시는 겁니다: "그럼 하나님은 자네에게 무엇을 하라고 하시던가?" "네?" 놀라서 되물었더니 그 분은 제가 주차장에서 뜨거운 눈물을 흘리는 모습을 보셨다며 주님이 한 신실한 청년에게 어떠한 꿈을 주시고 계신지 그 모습에 궁금하셨다고 하셨습니다.

  다니엘서 2장은 꿈을 주시는 하나님에 대해 말씀합니다. 공교롭게도 그 꿈은 하나님을 믿지 않는 바벨론의 느부갓네살 왕에게 주어졌고 그 꿈을 해석할 수 있는 사람이 아무도 없었습니다. 왕이 꿈 내용 자체를 함구하였기에 바벨론의 지혜자들도 그 감추어진 꿈을 해석할 수 없었습니다. 왕은 근심에 잠을 이룰 수 없었고 무고한 지혜자들에게 해석을 내놓지 않으면 벌을 내리겠다고 협박을 했습니다. 하나님이 주신 이 꿈이 사람의 운명을 바꾸는 것은 왕 뿐만 아니라 이제 바벨론 모든 지혜자들까지도 죽음이란 어두운 운명 앞에 놓이게 된 것입니다.

  그런데 하나님이 왕에게 주신 이 수수께끼같은 꿈 하나 때문에 또 다른 사람의 인생도 역전이 됩니다. 다니엘이란 이스라엘에서 포로로 잡혀온 한 신실한 청년입니다. 하나님은 다니엘에게만 왕의 꿈을 알게 해주셨고 그 해석도 더불어 주셨습니다. 다니엘은 왕을 근심으로부터 구했습니다. 왕은 그 해석을 듣고는 "너희 하나님이 참으로 모든 신들의 신이요"라고 찬양합니다. 다니엘은 처형당할 위기에 처했던 바벨론의 지혜자들도 더불어 구원을 하게 됩니다. 이 사건을 계기로 다니엘은 왕에게 높임을 받게 되었고 다니엘은 자신의 신실한 친구 세 사람의 삶에도 반전과 희망을 가져오게 됩니다. 이 모든 놀라운 반전은 은밀하게 일하시는 하나님이 어느 날 왕에게 꿈을 주셨기에 일어난 일들입니다. 그리고 하나님이 주신 그 꿈이 아니었다면 아무런 일도 일어나지 않았을 겁니다.

오래전 그날 신학교 주차장을 홀로 눈물을 흘리며 거닐던 그때에도 하나님은 제게 한 가지 꿈을 주셨습니다. 그리고 그 꿈이 저를 지금 제가 있는 자리에 오도록 인도했으며 여기서 다음 목표로 끊임없이 전진하도록 이끌어 주고 있습니다. 우리 하나님은 우리에게 놀라운 인생역전의 꿈을 주시는 분이십니다. 나의 꿈이 무엇인가를 생각하다보면 허무함이라는 벽에 반드시 부딪히게 된다는 것을 저는 그 시절 깨달았습니다. 나를 위한 어떠한 꿈을 갖는다는 것이 무슨 의미가 있는지 제 자신을 설득할 좋은 이유를 발견할 수 없었습니다. 하지만 하나님이 주신 꿈은 저를 매일 강건케하고 매 순간 전진하게 합니다. 왜냐면 그 꿈은 이 세상에서 다 이뤄질 수 없을 만큼 광대하고 큰 것이기 때문이며 무엇보다 더 멋진 것은 하나님이 주신 그 꿈이 이뤄지려면 반드시 하나님이 제 곁에서 저와 함께 일해 주셔야 하기 때문입니다.

여러분은 그런 하나님의 꿈을 가지고 계신가요? 그런 것이 없다면 오늘 기대해 보시기 바랍니다. 그리고 머리로는 깨닫지 못한다 해도 가슴으로 느껴지는 뜨거운 감동과 눈물이 있다면 그 꿈이 보여주는 길로 한 걸음 한 걸음 따라가시기 바랍니다

[오늘 내가 만난 하나님]

37 배와 방주

하나님은 노아에게 마른 땅에 방주를 지으라고 명령하셨습니다. 바다가 있으니 고기를 잡기 위한 배를 보고 그것을 만들라고 하실 수도 있었습니다. 하지만 하나님은 배가 아닌 특별한 방주를 짓도록 정확하고 구체적인 지침을 일러주셨습니다. 그것도 물이 전혀 닿지 않는 산 정상에 그 방주를 짓도록 하셨습니다. 쉽게 납득되지 않는 이러한 하나님의 명령에는 땅에 비가 내리고 홍수가 나서 배가 수면 위로 오르기 전까지는 노아도 알지 못한 영적인 이유가 세 가지가 있었습니다.

첫째, 배에는 돛이나 노와 같이 앞으로 전진하게 하는 동력원이 존재합니다. 하지만 방주에는 그런 동력원이 전혀 없습니다. 방주를 앞으로 움직이고 나아갈 수 있게 하는 것은 오직 성령이 불어 주시는 바람 뿐 입니다. 우리의 신앙도 마찬가지 입니다. 만약 여러분이 방주 안에 올랐다면 그것은 하나님을 믿었기 때문입니다. 하나님을 신뢰하고 방주 안에 오른 성도에게 요구되는 것은 오직 그 분을 신뢰하고 방주의 운행을 온전히 맡기는 겁니다. 스스로 앞으로 나아가려고 노력해도 되지 않을 일에 시간과 힘을 낭비하기 보다는 하나님께 철저히 삶의 운행을 맡기는 겁니다.

둘째, 모든 배에는 방향키가 있어서 나아갈 방향을 배에 탄 사람이 결정하고 그 방향으로 배를 진행시킬 수 있습니다. 하지만 방주에는 어떠한 방향키도 존재하지 않습니다. 방주가 하는 일은 그저 물위에 떠있는 것 뿐입니다. 파도가 치면 넘실대고 바람의 방향에 따라 좌우로 움직이고 때로는 회전도 하면서 방주 외부에서 가해지는 힘에 의해 움직입니다. 단지 배는 뒤집어 질 수도 있고 파선할 수도 있지만 일체형으로 지어진 방주는 어떠한 외부의 압력에도 뒤집히거나 부서질 가능성이 없습니다. 실제로 성도들이 아무리 미래에 대해 염려하고 불안해 한다고 해도 실제 미래를 결정하거나 바꿀 수 있는 능력은 극히 제한적입니다. 하지만 구원에 대한 확신을 가지고 있다면 외부의 어떠한 변화와 상황에도 우리는 주 안에서 평안을 누릴 수 있습니다. 단지 끝까지 방주 안에 머물며 물위에 떠 있기만 하면 됩니다. 하지만 이것이 생각보다 쉽지 않습니다. 왜냐면 배가 풍랑에 흔들리기 때문입니다.

셋째, 마지막으로 배에는 닻이라고 하는 무거운 물체가 뱃머리에 걸려있어 어디든 내가 원하는 곳에 멈추고 정박할 수 있습니다. 하지만 방주는 마음대로 멈출 수도 정박을 할 수도 없게 되어있습니다. 오직 방주의 목적지와 종착지는 하나님께서 물을 뒤로 거두시고 마른 땅을 예비해주시는 방법 외에는 없습니다. 바로 그곳이 방주가 유일하게 멈출 수 있는 목적지요 종착지 입니다. 마치 우리의 신앙이 믿음으로 구원을 얻었다 해도 여전히 하나님이 종착지로 불러주시기까지 신앙의 경주를 멈추지 말아야 하는 것처럼 말입니다.

사랑하는 성도 여러분, 노아는 하나님께 구원을 약속 받았기에 수고롭게 자신이 알지 못하는 그 방주를 지었고 또 그 안에 머물렀습니다. 다시 말하면 구원을 약속하셨지만 수고롭게 그 구원의 도구를 만들어야 했던 노아를 기억하시기 바랍니다. 물론 노아가 하나님을 믿었기 때문에 할 수 있었습니다. 하지만 믿고 가만히 앉아 있지 않았습니다. 그 구원을 위해 노력했습니다. 여러분은 지금 수고롭게 하나님이 명하신 구원의 방주를 지을 수 있는 그런 믿음을 소유하고 계신가요? 그리고 지금 그 방주 안에 들어가 있다면 이제 그 하나님의 방주가 어떻게 움직이고 운행되며 어디에 멈출 것인지를 결정하는 것도 하나님의 인도하심에 맡기실 수 있으신가요?

[오늘 내가 만난 하나님]

38 내 속에서 잃어버린 보물

소유하고 있던 소중한 것을 잃어버리면 안타까운 마음이 생깁니다. 하지만 그런 안타까움에 비교할 수 없는 당혹스럽고 마음 아픈 일은 우리가 이미 소유하고 있는 큰 보물을 너무 늦게 발견하거나 끝까지 깨닫지 못하는 경우입니다. 모든 믿는 자에게 부어주시는 성령과 성령의 귀한 은사가 바로 대부분의 성도들이 너무 늦게 발견하거나 인생의 말미까지 인지하지 못하고 살아가는 우리 안의 실로 경이로운 보물입니다.

많은 분들은 이 성령을 "하나님의 영"이라고 인식하기 보다는 단지 교회를 이끌어가는 사람들에게만 필요한 "능력" 혹은 자신이 천국을 들어갈 수 있도록 도와주는 증표 정도로만 여깁니다. 성령님과의 동행이 신앙인의 삶에 있어서 가장 인격적으로 하나님과 교제할 수 있는 복된 길이지만 너무 많은 성도들이 부지중에 그 놀라운 특권을 스스로 포기하고 있습니다. 우리의 죄악을 위해서 십자가에 달려 죽으신 주님의 희생은 우리로 하여금 회개하고 믿어 영생을 얻는 것 뿐 아니라 이제 하나님의 영인 성령과 함께 영원까지 동행할 수 있는 감격스러운 은혜를 입는 것을 의미합니다. 그런데 성도들은 마치 그 보다 더 귀한 특권이 다른 곳에 있는 것처럼 다른 것을 갈망하며 공허한 신앙인의 삶을 살아가고 있는 것입니다.

세상은 절대 성령님의 임재하심에 민감하게 반응할 수 있는 여유를 주지 않습니다. 분주함 속에 마치 성도들이 외부에서 무엇인가를 찾아야만 하는 것처럼 영적으로 혼란하게 만드는 것이 사단과 마귀의 역할입니다. 영적인 분별력을 갖는 것이 해를 거듭할 수록 더욱 더 중요해지는 반면 갈수록 그것을 얻는 길은 방해를 받고 있습니다. 세상적이고 탈 기독교적인 영향이 관습, 문화, 역사, 전통, 과학이라는 이름으로 교묘하게 성도들의 눈과 마음을 미혹하고 있지만 성도들의 마음은 좀처럼 눈에 보이지 않는 하나님의 나라를 갈망하려 하지 않고 있습니다. 심지어 세상의 권세를 잡은 사단이 강력하게 역사하고 있기에 그리스도인들조차 세상의 권위와 화려함을 앞다투어 추구하는 모습이 크게 이상하지 않은 광경이 교회 안에서도 벌어지고 있습니다.

하지만 이제라도 성령에 충만한 사람은 주님이 약속하신 놀라운 권능을 이미 자신이 소유하고 있음을 알아야 합니다. 무엇보다 그것은 사도행전 1장 8절의 "땅 끝까지 이르는 증인"이 되는 권능을 의미하며 주님의 부활과 승천으로 모든 성도가 그 권능과 함께 하나님의 선교를 행하며 나아갈 수 있는 길이 활짝 열렸음을 의미합니다. 더불어 하나님은 자신의 목적과 뜻에 따라 "성령의 은사"라고 하는 열여덟 가지 놀라운 영적 파워패키지 중에 몇 가지를 선물로 받게 된 것입니다. 그 은사는 나와 내 가정을 주님의 말씀 안에서 온전히 세우기도 하지만 무엇보다 내가 한 몸을 이룬 기독교 공동체인 지역 교회를 섬기고 그 교회의 성장을 이루는데 가장 중요한 능력이 됩니다. 이처럼 모든 성도들이 선교적 사명을 깨닫고 각자에게 하나님이 주신 은사를 활용하기 시작하면 자신의 가정과 교회는 물론이고 세상에 하나님의 나라가 임하는 역사가 이뤄질 수 있습니다.

누구든지 몇 번은 주머니에 열쇠를 넣어두고는 앞에 있는 문 앞에서 열쇠를 찾기 위해 헤맨 적이 있습니다. 손에 휴대폰을 들고 "내 전화기 어디갔지"하면서 분주하게 찾기 시작했을 때도 있을 겁니다. 주머니 속에서 열쇠를 발견하고 내 손 안에 있는 전화기를 발견하는 것은 "내 정신 좀 봐"하면서 웃어 넘길 수 있는 일입니다. 하지만 우리 안의 성령과의 교제는 오늘 이 글을 읽는 시점에 시작한다고해도 어쩌면 상당히 늦은 때 인지도 모릅니다. 왜냐면 주를 믿은 그 첫날부터 시작 했어야 하는 일이기 때문입니다. 그렇다고 후회하고 포기하는 것은 더욱 어리석은 일입니다. 찾던 열쇠와 휴대폰을 내 손에서 발견했다는 사실이 당황스러워서 그 열쇠와 전화기를 던져 버릴 사람은 없어야 하니까요. 저는 이제라도 우리 사랑하는 성도들이 우리 안의 귀한 하나님의 영과 동행하는 삶을 적극적으로 살아가시기를 소망하며 축복합니다.

[오늘 내가 만난 하나님]

39 순종은 의무가 아니라 특권

만약 오늘 하나님께서 여러분에게 길이만 150 미터가 넘는 방주를 마른 땅 위에 만들라고 한다면 여러분은 하나님께 순종하시겠습니까? 요즈음 그런 것을 하나님이 요구하실 일이 없다고 치부해 버리고 무시해 버릴 수도 있습니다. 어쩌면 비나 홍수를 한번도 경험해보지 노아와 같은 시대에 살았다면 우리도 노아처럼 하나님의 명령에 순종해서 방주를 만들었을 것이라고 스스로 자부할 지도 모르겠습니다. 하지만 사실 노아의 때에 하나님이 그에게 방주를 지으라고 하신 명령은 지금 이 시대에 우리에게 방주를 지으라는 명령보다 훨씬 더 순종하기 어려운 일이었다는 것을 인식해야 합니다.

그때에는 땅에 노아 외에는 의로운 사람이 하나도 없었습니다. 신앙에 있어서 노아는 고독한 사람이었습니다. 노아에게 하나님이 땅에 비를 내리시고 홍수가 나게 하시고 그것으로 땅의 모든 호흡있는 것들을 멸하신다고 하셨지만 사실 그 전까지 누구도 비라고 하는 것을 본적이 없었으며 홍수는 상상조차 할 수 없었습니다. 수 백년 동안 이 땅에 죄악이 가득해질 때까지 하나님은 심판을 내리시기 보다는 인내하시고 스스로 회개하기를 기다려 주셨습니다. 하지만 그때나 지금이나 인간은 그런 하나님의 인내를 마치 하나님의 부재와 무능력으로 해석하곤 합니다. 그처럼 평온한 세상에 하나님의 심판을 경험해보지도 않았고 자연적으로도 비나 홍수를 알지 못하는 노아가 마른 땅에 방주를 짓는다는 것은 상상하기 어려운 놀라운 순종의 행위입니다.

그렇다면 무엇이 노아를 순종하게 했을까요? 알 수 없는 미래에 대한 두려움과 현재 세상의 조롱에도 불구하고 최소 일백년 이라는 시간을 오로지 하나님의 말씀에 순종해서 그가 방주를 지을 수 있었던 강력한 동기는 어디에서 비롯되었을까요? 창세기 6 장을 읽어보면 그 해답을 발견할 수 있습니다. 노아가 하나님의 눈에 의로운 사람이었다면 그는 무엇보다 먼저 하나님의 마음을 헤아릴 줄 아는 사람이었을 겁니다. 하나님의 눈에 비친 죄악이 가득한 세상을 노아는 하나님의 마음으로 함께 바라보면서 하나님의 슬픔과 진노를 느꼈을 겁니다. 그런 노아에게 순종이란 억지로 행하는 의무가 아니라 하나님을 기쁘시게 할 수 있는 특권이었습니다.

사랑하는 성도 여러분, "예배"라는 단어의 가장 기본적인 의미는 "순종"에서 찾을 수 있습니다. 그리고 그 순종은 하나님이 기뻐하시는 것을 같이 기뻐하고 하나님이 미워하시는 것을 함께 미워하는 "영적인 공감"에서 시작합니다. 오늘날 우리가 우리 자신과 주위 환경에 민감해야 하는 이유는 그 속에서 우리가 "순종"을 발견하고 "예배"를 온전히 이룰 수 있기 때문입니다. 암울하고 희망이 보이지 않는 세상에서 우리는 주님의 빛과 복음을 드러내는 삶을 살아야합니다. 필요가 없어 보이고 이유를 알 수 없다고 해도 이제 구원을 위한 거대한 방주를 예비해야 합니다.

[오늘 내가 만난 하나님]

40 2 미터

2019년 시작되어 이듬해에 팬데믹으로 선포된 이래로 2022년으로 이어지기까지 전 세계가 바이러스의 공포와 영향력 아래에서 벗어나지 못하고 있습니다. 이 강력한 바이러스가 인류에 끼친 변화는 아직 다 나열할 수 없을 정도로 크고 또 진행중 입니다. 그러다보니 예전에는 한번도 감흥이 없었던 표현인데 팬데믹 이후 갑자기 많은 생각을 하도록 하는 것 중에 한 가지가 바로 "2m (6.56168ft)"입니다. 넓게 한 번만 폴짝 뛰면 넘을 수 있는 이런 2m에 불과한데 왜 이토록 넘어서기 힘든 경계가 되어버렸을까요? 이렇게 깊게 생각해본 적이 없는데 왜 우리는 2미터에 이렇게 민감해 있어야 할까요? 그것은 이 2미터가 한 두명 개인의 생명 뿐 아니라 사회전체, 나아가서는 한 나라와 인류 전체를 위협할 정도의 무서운 의미를 가지게 된 세상에 우리가 살고 있기 때문입니다.

　이 2미터 때문에 저는 매번 만날 때마다 반갑게 웃으며 악수를 나누던 그런 관계를 잃어버렸습니다. 악수는 고사하고 마스크 때문에 그 미소마저 이제는 더이상 줄 수도 받을 수도 없게 되었습니다. 그 2미터 때문에 항상 위로하며 힘내라고 격려해주던 청년들에게도 그런 격려를 해줄 수 없고 주일마다 예배당을 들어오는 아이들을 안아줄 수도 없습니다. 아프고 힘든 일이 있는 성도의 손을 잡아줄 수 없게 되었으며, 그 2미터 때문에 주님의 명령인 성만찬을 제대로 드릴 수 없게 되었으며 바로 2미터 때문에 즐겁게 식사하고, 찬양하고, 교제하고, 기도하고, 공부하고, 운동하던 그 모든 것들이 이제는 전혀 이전같지 않게 되어버렸습니다.

　반대로 바로 이 2미터 때문에 이전에는 당연하고 평범했던 것들이 무척이나 간절하고 그립고 대단한 것들로 빛나게 된 것도 사실입니다. 온라인으로 교제를 하면서도 교제 끝에는 언제나 다시 예전처럼 만나서 이야기할 수 있기를 좀더 뜨겁게 소망하게 되었습니다. 찬양을 부르는 것보다 듣는 것이 훨씬 더 익숙해졌지만 이제는 기회를 만들어 음치인 나도 멋지게 특송을 하겠다고 마음먹게 됩니다. 그동안 더 자주 부르지 못했던 청년들에게도 "목사님이 밥 살테니 만나자"라고 자주 말하게 됩니다.

그리고 무엇보다 이 2 미터 때문에 바로 그 2 미터 안에 함께 있는 가족의 소중함을 엄청 크게 깨닫게 됩니다. 왜냐면 이들 만이 그 2 미터 안에서 나와 함께 살고 함께 죽을지도 모르는 운명을 나누고 있는 가장 소중한 사람들임을 새롭게 깨닫게 되었기 때문입니다. 분명 팬데믹 때문에 아픈 일들이 너무나 많아졌습니다. 그리고 이 팬데믹이 완전히 사라지고 다시는 고개를 들지 못하기를 바라는 마음도 있습니다. 그런데 하나님이 허락하지 않으셨다면 일어나지 않았을 이 팬데믹 속에서 저는 다시 한번 당연한 것을 묵상하고 당연하다고 여겨온 것에 감사하는 것이 하나님을 섬기고 예배하고 신앙하는 삶이 라는 것을 깨닫습니다. 팬데믹이 아니었다면 이러한 것을 몸으로 깨달을 수 있었을까요? 하나님, 감사합니다.

[오늘 내가 만난 하나님]

[내가 이전에 알지 못했던 하나님]

[새롭게 만난 나의 하나님을 향한 기도의 제목들]

41 기도로 쌓은 위대한 유산

간만에 기도원에 올라 숙소에 짐을 풀고 잠시 바닥에 무릎을 꿇고 기도할 수 있는 시간과 장소를 허락하신 하나님께 감사로 기도를 드립니다. 침묵기도, 묵상기도, 무시기도, 방언기도, 통성기도 등등 다양한 형태와 모양의 기도생활을 하는 것이 성도의 삶인데 갑자기 마음에 밀려드는 그렇게 기도원에 올라 기도할 때마다 먼저 부어주시는 특별한 회개의 심령은 무엇일까요? 수 많은 순간들을 기도로 보낸다고 생각해왔지만 정작 기도가 신앙의 가장 최우선의 가치를 가지지 않으면 그 기도는 하나님과의 대화가 아닌 나만의 독백에 불과한 것인지도 모릅니다. 영적인 교감을 이루기 위해서는 충분히 물리적인 시간과 공간, 그리고 들을 수 있는 마음의 여유가 필요합니다. 하지만 그런 것들이 그동안 나의 기도에 전제되어 있지 않았다면 어쩌면 많은 순간들이 나의 만족과 위안을 위해 기도라는 이름으로 드려진 것은 아닌가 하는 회개의 눈물을 흘리게 됩니다. 어쩌면 우린 때때로 기도를 공부해야 할지도 모릅니다.

　　요한복음 17 장에는 주님이 십자가의 길로 걸어가시기 이전에 드리신 놀라운 기도가 우리에게 공개되어 있습니다. 그런데 하나님 아버지께 드리신 이 "개인적인" 예수님의 기도가 26 절에 걸쳐서 장대하게 기록된 이유는 무엇일까요? 이 은밀한 기도가 무엇을 강조하고 있는지 주목할 필요가 있습니다. 주님이 이 기도에서 강조하는 것을 함축하면 "하나됨"입니다. 주님이 하나님 아버지와 하나이신 것처럼, 이제 세상에 홀로 남게 될 주님의 사랑하는 제자들이 주님과 하나 되기를 간구하고 있으며, 주님과 하나됨을 통해 다시 제자들이 거룩한 하나님과 하나될 수 있기를 축복하는 그런 놀라운 하나됨을 간구하는 기도입니다. 즉, 이 기도는 주님이 이 땅에 오신 거룩한 목적을 기도의 능력으로 확실히 하고 계시며 그것을 또한 제자들과 우리 성도들에게 가르쳐주시기 위해 남기신 성경 어디에서도 볼 수 없는 위대한 유산입니다.

　　그 거룩한 목적이 십자가에서 온전히 달성된 것을 우리는 잘 알고 있습니다. 그 성취의 결과는 우리의 구원입니다. 하지만 우리는 그 성취된 "구원"에 도취되어 하나님의 거룩한 "목적"을 잊어버려선 안됩니다. 그 목적이 바로 이 기도에 담겨있는 것처럼 "하나됨" 입니다. 우리와 주님 예수 그리스도의 "하나됨," 그리고 그 안에서 우리와 우리의 이웃이 "하나됨"을 의미합니다. 이런 기도는 결코 형식이 될 수 없습니다. 이런 기도는 영원과 현실, 영과 육, 천국과 세상, 주님과 우리가 하나되는 놀라운 역사를 창조하는 능력이 있습니다. 그 놀라운 기도의 능력을 기억해야 합니다.

사랑하는 성도 여러분, 기도원에 올라가 무릎으로 주 앞에 나아간 그 짧은 순간에 제 마음에 들어온 회개 속에는 이 모든 회상과 자각이 주마등처럼 지나가는 시간이었습니다. 우리가 힘들 때, 주님이 우리와 함께 아파한다는 말을 하곤 합니다. 그런데 오늘은 다른 이유로 동일한 말을 하고 싶습니다. 주님이 아파하시는 것은 우리가 기도하면 알 수 있는 주님의 사랑을 기도없이 다른 곳에서 찾으려 하는 그 모습을 아시기 때문인지도 모릅니다.

[오늘 내가 만난 하나님]

42 거룩한 돌싱

고린도후서 11 장에서 바울은 자신이 수고롭게 복음을 전하는 이유를 밝히는 장면이 있습니다: "내가 하나님의 열심으로 너희를 위하여 열심을 내노니 내가 너희를 정결한 처녀로 한 남편인 그리스도께 드리려고 중매함이로다" (2 절). '우리가 이해할 수 있도록 단지 세상적인 표현으로 번역한 것인가!'하는 의심을 할 정도로 쉽게 감동이 되지 않는 말씀입니다. 특별히 남성 성도의 입장에서 본다면 자신을 "처녀"로 혹은 "신부"로써 그리스도께 드린다는 표현이 약간 불편하게 받아들여질 수도 있습니다. 그런데 사실 여기에는 신구약 전체를 흐르는 하나님의 놀라운 경륜과 계획이 함축되어 있습니다.

태초에 하나님께서 인간을 자신의 형상대로 창조하시고는 (창 1:26) 그들에게 오직 한 가지 사명인 "생육하고 번성하라"라는 명령을 주셨습니다. 그런데 인류는 아담 안에서 죄를 짓게 되고 하나님의 사명을 완수하기 어렵게 됩니다. 이미 죄를 가진 인간이 행여나 생명나무의 과실을 먹고 영원히 살게 되면 인간은 영원히 하나님과 분리된 죄악된 존재로 살아갈 수 밖에 없다는 참담한 결과는 상상할 수도 없었습니다. 그런 사실을 아시는 하나님은 결국 인간을 동산에서 쫓아내시고 화염검을 두어 접근을 차단하십니다. 다른 말로 하면 자비로우신 하나님은 죄를 지은 우리를 그냥 버려두지 아니하시고 어떻게든 다시 연합하실 수 있는 길을 떠날 기회를 열어 주셨습니다.

창세기 3 장 24 절, 하나님과 인간의 결별 장면 속에는 우리가 미쳐 다 깨닫지 못하는 하나님의 그러한 애절한 사랑의 메시지가 담겨 있습니다. 여기에 사용된 "쫓아내다"라는 표현은 칠십인역(LXX)이라고 부르는 헬라어구약본에서는 *엑발레이* 라는 단어로 이해하고 있습니다. 그 단어가 신약의 시대에 와서는 "발로 차다" 혹은 "멀리 보내다"라는 의미로 사용되지만 사실 그 이전 칠십인역 세대에서는 그보다 좀더 협소하고 구체적인 의미로 자주 사용되던 단어입니다. 그 의미를 우리 말로 번역하면 "이혼하다"라는 뜻으로 이해가 가능한 표현이었습니다. 하나님이 인간을 영원히 죄악된 존재로 남겨두지 않으시기 위해 잠시 이혼하는 아픔을 감수하신 겁니다.

하나님이 동산에서 죄 많은 우리를 떠나 보내시던 그 마음은 우리가 보기 싫어 발로 걷어차듯이 내쫓아낸 그런 것이 아닙니다. 인간의 감정으로 표현을 한다면 도리어 안타까움에 눈물을 흘리며 어쩔 도리없이 내어 보내실 수 밖에 없었던 그런 참담한 마음이셨던 것입니다. 그리고 그 순간부터 다시 연합할 길을 만드시기 시작하신 겁니다. 그리고 그 길이 바로 오신 주님과 믿음으로 연합하는 것입니다.

이제 다시 우리는 하나님과 연합하기위해 거룩한 모습으로 나아가야 합니다. 주님과 연합하기위해 돌아온 싱글이 되었다면 반드시 거룩한 모습이 되어 돌아와야 합니다. 이제는 헤어지지 않도록 우리가 주님이 가신 그 길을 걸으며 거룩해져야 합니다. 비록 우리의 삶에 수 많은 어려움과 아픔들, 그리고 도전들이 있다고 해도 만약 그 모든 것이 우리를 하나님의 아들이신 예수 그리스도의 거룩한 신부로 만들어주기 위한 과정이라 생각한다면 우리 삶의 목적은 명확해지고 희망적입니다. 주님과 온전히 하나될 우리가 성령 안에서 이미 "생육하고 번성하는" 사명을 감당하고 있다는 사실이 생각만해도 벅찬 감동이 됩니다. 그리고 이제 주님의 신부로서 설레는 마음으로 살아갈 수 있습니다. 생각만해도 흥분되고 가슴이 콩닥콩닥 떨리곤 합니다.

[오늘 내가 만난 하나님]

43 기대해야 얻는 기댈 곳

성도들에게 신년 계획을 물어봤습니다. 많은 분들이 성경일독을 꼽았습니다. 어쩌면 당연한 것이 우리의 목표가 되어야 하는 현실이 가슴 아프지만 그래도 그 도전에 성공하기를 바라는 마음으로 성경을 읽어야 하는 이유를 되짚어봅니다. 우리가 성경을 매일 읽어야하는 것은 단순한 의무 이상의 의미가 있습니다. 요한복음 1장 1절은 말씀이 태초부터 계셨으며 이 말씀이 곧 하나님이라고 합니다. 즉, 우리가 성경을 읽는 것은 하나님을 마주하는 거룩한 경험입니다. 아브람을 부르시고 본토, 친척, 아비집을 떠나 명하는 곳으로 가라고 하신 그 동일하신 하나님이 오늘날 우리가 이민을 고민할 때 창세기 12장을 통해 우리에게 감동을 주실 수 있는 하나님입니다. 세상이 두려움과 불확실성으로 가득 차 있을 때 우리가 어디로 가던지 끝까지 함께 하실테니 절대 두려워하지 말고 놀라지 말라고 위로하고 격려하신 하나님을 우리는 여호수아 1장을 읽을 때 만날 수도 있습니다.

　　많은 분들에게 매일 성경을 읽는다는 것은 단단히 마음먹지 않으면 지키기 어려운 일이 되어버렸습니다. 어떤 분들은 이렇게 솔직히 말을 하기도 합니다. "성경을 직접 읽는 대신 목사님의 설교만 들으면 안될까요?" 혹은 "읽어도 잘 이해가 안되는 성경을 어렵게 읽기보다는 기도만 하면 안될까요?" 물론 말씀의 은사가 있으신 목사님들의 설교를 듣는 것도 좋고 간절한 기도로 하나님과 오붓한 대화를 시도하는 것도 경건하고 바람직한 신앙활동 입니다. 하지만 아무리 경건한 영적활동이나 신앙생활도 우리가 직접 성경을 통해 하나님과 교제하는 것을 대신할 수는 없습니다. 성경은 영원하신 하나님이 오늘도 우리가 성경을 읽을 때 성령으로 감동주시는 살아있는 생명의 말씀입니다. 매일 성경을 통해 하나님을 마주 하면서 우리는 하나님의 성품을 배우게 됩니다. 마치 육의 양식을 매일 취하듯이 영의 양식을 취하는 과정을 통해 성경 읽기는 우리를 하나님의 사람으로서 온전하게 성장할 수 있도록 해주며 모든 선한 일을 행할 능력을 갖추게 해주는 간과할 수 없는 경건한 활동입니다 (디모데후서 3:16-17).

그렇다면 어디서부터 매일 성경읽기를 시작할까요? 매일 성경을 읽으시기 위해서는 무엇보다 가장 중요한 것이 있습니다. 먼저 오늘 하나님과 말씀을 통해 갖게 될 그 만남에 대해 확실한 기대감을 가져야 합니다. 기대하지 않으면 기댈만한 것을 얻지 못할 수 있습니다. 그리고 이제 성경의 한 문장 한 문장을 (한 절 한 절도 좋습니다) 기도하는 마음으로 이해를 바라며 읽어 나아가시기 바랍니다. 매일 정하신 분량을 다 읽고 나서는 성경을 바로 덮지 말고 그 의미가 무엇인지 묵상하는 시간을 반드시 할애해야 합니다. [오늘 내가 만난 하나님]처럼 그게 무엇이 되었든지 아무리 어려워도 내가 묵상한 것을 글로 적는 것이 매우 중요합니다.

성경은 우리에게 교훈과 위로 만을 주는 그런 책이 아닙니다. 살아있는 하나님의 말씀이 우리 안의 성령과 함께 연합하여 놀라운 역사를 일으키는 것이 바로 위대한 성경읽기 입니다. 저는 이러한 역사를 가히 "기적"을 체험하는 삶이라고 부르고 싶습니다. 이 작은 습관이 우리의 매일의 삶에 놀라운 영적 능력이 되어준다는 신뢰를 확고히 하실 필요가 있습니다.

그리고 마지막으로 이 성경이 하나님의 언약이요 사랑의 러브레터라는 사실도 잊지 마시기 바랍니다. 성경은 성도에게 친필로 서명하여 보증해 주신 하나님 언약의 러브레터입니다. 그 약속이 우리 삶에서 현실이 될 수 있도록 하나님께 매일 우리 자신을 맡겨 드릴 수 있다면 반드시 우리 삶에서 놀라운 기적이 현실이 되는 것도 경험하게 되실 겁니다.

[오늘 내가 만난 하나님]

44 자랑과 간증

사람들 앞에서 자식자랑하는 부모를 팔불출이라 불렀습니다. 그리고 심지어 스스로 자기 자랑을 늘어놓으면 잘난체를 한다며 비판의 대상이 되기도 했습니다. 하지만 더이상 그런 풍조는 찾아보기 어렵습니다. 각종 미디어에서 흔히 접하는 것처럼 요즘은 자식을 자랑하는 것이 부모들간 당연한 경쟁처럼 되어버려 수 많은 프로그램이 방송사마다 경쟁적으로 생겼고 자기자랑의 시대를 넘어 무엇이든 자신을 드러내어 보이기 위해 애쓰지 않으면 사회활동에서 도태되는 세상이 되었습니다. 가만히 있으면 중간이라도 간다는 말은 옛말이 된지 오랩니다. 그렇다면 이러한 시대에 그리스도인은 자기 자녀들과 자신에 대해 무엇을 내세우고 자랑할 수 있을까요?

위대한 사도인 바울은 그의 서신 중에 두 곳에서 자신을 자랑합니다 (빌립보서 3:4-9, 고린도후서 11:22-33). 당대 유대 문화권 어디에서나 인정하고 흠모할 만한 태생과 학벌, 배경과 심지어 재력을 소유하고 있었던 것을 볼 수 있습니다. 그뿐만이 아니고 사도행전 22 장 3 절의 기록을 보면 그가 유대인이지만 문벌적으로 귀족 출신이며 25 절의 시민권을 언급하는 내용으로 미루어 유추할 때 그의 집안이 그리스-로마의 정치문화권에서도 인정을 해줄 만한 무엇인가를 소유 했다는 것을 알 수 있습니다. 한 마디로 말해 바울은 엘리트 코스를 차곡차곡 밟아온 명문가의 촉망받는 차세대 리더로서 어쩌면 유대 최고의 석학이자 종교지도자인 가말리엘의 뒤를 이을 이스라엘 민족의 지도자 중에 한 사람이었습니다.

하지만 놀랍게도 그는 이 모든 그의 자랑거리를 도리어 해롭게 여기며 오히려 더러운 배설물과 같이 여긴다는 선포를 합니다 (빌립보서 3:7-8). 그는 이러한 배경을 뒤로하고 오히려 옥에 갇히고 매를 맞고 비난의 돌팔매질을 당하기를 주저하지 않으며 목마르고 굶주리며 헐벗고 추위에 고생하기를 죽기까지 여러번을 경험하고 있다고 간증 합니다. 만약 부득불 자랑한다면 자신의 약한 것만을 자랑하겠다고 토로합니다. 그것도 듣기 좋은 말로 감동을 주기 위해 하는 말이 아니라 모두가 진실된 고백이라고 확신있게 말을 합니다 (고린도후서 11:30-31).

누구든지 남에게 자랑을 하는 것은 누군가에게 인정을 받기 위한 것입니다. 스스로 자기만족을 위해 자랑한다고 말할지도 모르지만 만약 아무도 알아주지 않는데 자기만족을 위한다면서 남들에게 자랑을 이어갈 사람은 한 명도 없습니다. 하지만 오늘 우리가 바울의 간증을 통해 배울 수 있는 것은 그가 인정을 받고자 한 대상이 오직 단 한 사람 예수 그리스도였다는 사실입니다. 그의 삶의 모든 자랑은 자신 안에 있는 그리스도 한 분 뿐이라는 것을 알 수 있습니다. 타인에게 아무리 큰 인정을 받는다고 해도 그 사람이 영생을 줄 수는 없습니다. 영생을 주실 수 있는 유일한 능력을 소유하고 계시고 영원한 상급으로 칭찬해 주실 수 있는 단 한분, 예수 그리스도에게 우리는 인정을 받아야 합니다. 그것만이 우리 그리스도인들에게 유일하게 의미있는 자랑거리가 아닐까요? 여러분은 오늘 무엇으로 자신을 자랑하시겠습니까?

[오늘 내가 만난 하나님]

45 한국인이 꼽은 말씀의 반전

한국 성도들이 가장 좋아하는 성경구절들이 무엇인지 검색해 봤습니다. 그 중에 눈에 띄는 구절 하나가 있습니다. 빌립보서 4장 4절에서 7절까지의 말씀입니다. 실제로 이 말씀이 우리에게 너무나 익숙하게 다가오는 것을 생각하면 한편으로는 바울이 감옥에서 작성한 기쁨에 관한 이 구절이 얼마나 반증적인 능력을 가진 말씀인가라는 생각이 듭니다. 또 다른 한편으로는 우리가 정말 한이 많은 아픔의 민족이라는 생각도 하게 됩니다. 얼마나 기쁨을 얻고 싶으면 이토록 간절한 기쁨의 축복과 평안을 바랄까! 그런데 이 말씀을 암송하고, 다이어리에 품고 다니고, 묵상하려는 노력을 해봐도 좀처럼 많은 성도들이 삶에 그러한 기쁨과 평안이 자리잡는 것은 흔치 않습니다. 성경의 약속이 사실이 아니기 때문일까요? 아니면 성경의 중요한 해석을 놓치고 있기 때문인가요?

오늘 본문 4절에서 "기뻐하라"라고 두 번씩이나 강조한 것에는 번역성경에는 잘 보이지 않는 신학적인 비밀이 담겨 있습니다. 우리가 흔히 "기쁨(rejoice)"이라고 번역하는 이 단어 속에는 평범하지 않은 신학적 의미가 내포되어있기 때문입니다. 세상적인 영향으로 마치 바울이 말하는 하나님만이 주실 수 있는 이 "기쁨"이 자주 "행복"이라는 보편적인 단어와 혼용되어 사용되는 경우를 자주 목격합니다. 하지만 기쁨은 행복과는 전혀 차원이 다른 고가치를 소유하고 있습니다. 왜냐면 기쁨이란 오직 죄에서 구원받은 성도가 하나님과 새롭게 다시 연합(re-join)되었을 때에만 들을 수 있고 누릴 수 있는 천상의 멜로디이기 때문입니다.

모든 인간이 아담의 원죄로 말미암아 창조주 하나님으로부터 멀어졌지만 여전히 우리를 사랑하시는 하나님은 예수 그리스도를 통해 다시 우리가 하나님과 연합할 수 있는 길을 열어 주셨습니다. 그리고 그때 이뤄지는 인간과 하나님의 재연합이 "기쁨"의 신학적인 근거입니다. 그리고 이런 비하인드 신학을 이해했을 때에만 왜 5절에서 느닷없이 "너희 관용을 모두에게 알게 하라"는 부담스러운 구절이 등장하게 되는지도 이해를 할 수 있습니다. 왜냐면 여기 사용된 "관용"이란 단어도 우리가 흔히 사용하는 "친절"이란 세상적 가치가 아닌 오직 하나님만이 소유하신 영원한 너그러움을 상징하는 신학적인 단어이기 때문입니다. 다시 말하면, 4절에서 하나님과 다시 연합한 사람의 기쁨을 통해 온 세상이 "하나님의 관용"을 누릴 수 있게 된다는 놀라운 의미가 담겨있습니다. 이제 그렇게 된다면 우리는 그제서야 오늘 본문의 "기쁨," "관용," 그리고 "평강"이 왜 좀처럼 얻기 어려웠는지 그리고 어떻게 하면 드디어 그것들을 나의 것으로 성취할 수 있는지를 깨달을 수 있습니다. 가장 먼저 다시 새롭게 주님과 연합하는 것에서 시작해야 합니다. 오직 그것을 통해서만 이러한 것들을 모두 자연스럽게 선물로 얻게 되는 것입니다. 기대하시기 시도해보시기 바랍니다. 말씀은 듣고 읽는 것에서 마치는 것이 아니라 내 삶의 일부가 되어야 하는 것입니다.

[오늘 내가 만난 하나님]

46 연애편지

초등학교 학창시절 순수한 연애편지를 대필해주는 친구가 한 명이 있었습니다. 자신이 쓴 편지를 의뢰인(?)에게 넘겨주기 전에 친구들 앞에서 자랑하듯 편지를 큰 소리로 읽어주곤 했습니다. 한 문장을 읽을 때마다 "캬~ 좋다!" "정말 명작이다" 등의 추임새를 넣은 감탄사를 연발하곤 했습니다. 삼삼오오 모인 친구들은 마치 자신의 이야기를 듣는 것처럼 얼굴이 붉어지기도 하고 킥킥대며 배꼽을 잡고 웃기도 했습니다. 편지지에 연필로 쓴 연애편지의 설레임은 요즈음 어떠한 매체나 프로포즈에서도 느낄 수 없는 무엇인가가 있었습니다. 순수했던 그 시절 그 때의 일들이 가끔은 그립습니다.

유다서는 야고보서와 함께 신약에 존재하는 유일한 주님의 이부형제가 기록한 편지입니다. 제자들이 주님과 함께 3년 정도의 공생애를 함께 살았다면 야고보와 유다는 예수님과 한 집에서 나고 자란 주님의 형제입니다. 유다가 남긴 편지를 보면 비록 스물다섯절 밖에 되지않지만 다른 어떠한 신약성경에서도 볼 수 없는 놀라운 간증들이 담겨있습니다. 그러한 유일한 가치를 생각해 본다면 그가 주님과 한 집에서 자라면서 듣고 기억했을 법한 추억이 담긴 이야기를 읽고 묵상해 볼 수 있다는 생각에 마음이 설레이곤 합니다.

인간창조 이전 이미 타락한 일부 천사들에 대해 유다가 아니라면 우리는 알 길이 없습니다 (6 절). 소돔과 고모라 현장에 대한 생생한 증언을 들을 수 없으며 (7 절), 모세가 정말 죽은 것인지 아니면 표현만 그렇게 된 것인지도 오직 유다의 기록을 통해서만 알 수 있습니다 (9 절). 심지어 모두가 궁금해 할 만한 에녹의 예언도 유다서 외에 다른 곳에서는 언급조차 되지 않습니다 (14 절).

하지만 이렇게 귀하고 놀라운 유다서가 쓰여지게 된 절박한 동기가 있습니다. 유다는 애초에 "믿음의 도"에 대해 성도들에게 편지를 쓰려고 했습니다 (3 절). 그런데 그가 갑자기 마음을 바꿨습니다. 그것은 4 절에서 이유를 밝히는 것처럼 거짓교사들이 교회에 들어온 것을 알게 되었기 때문입니다. 자신이 가장 사랑하고 섬기는 자신의 이부형제 예수 그리스도 주님의 교회가 거짓교사들에게 공격당하고 있는 겁니다.

우리는 신앙생활을 하면서 믿음의 도를 지키는 것이 얼마나 중요한지를 잘 압니다. 그 믿음의 도를 인도하는 사람이 바로 믿음의 스승입니다. 그런데 만약 거짓교사가 스승의 탈을 쓰고 교회에 들어와 믿음에 대해 가르치고 있다면 얼마나 위험한 일들이 벌어질까요? 잠시 상상해보시기 바랍니다. 이미 많이 일어나고 있는 일이니 먼저 상상부터 해보지 않으면 거짓교사를 막는 것은 불가능합니다.

어쩌면 여러분은 거짓교사를 알아볼 수 있다고 쉽게 자신할지도 모릅니다. 하지만 4절에서 유다가 경고하는 것처럼 "가만히" 들어온 그들을 구분해내는 것은 쉽지않습니다. 자신만만해 할 수록 더 쉽게 빠지고 속게 되는 것이 인간의 감정입니다. 그래서 영적인 눈으로 바라보고 신앙의 힘으로만 이길 수 있습니다. 그래서 비록 얼굴이 수줍음으로 붉어지고 배꼽을 잡을만한 추억의 내용이 담겨있는 편지는 아니지만 유다서는 지금과 같은 시기에 유다의 절박한 마음이 담겨있는 놀라운 사랑의 편지입니다.

[오늘 내가 만난 하나님]

47 요한병법 예수계시록

우리가 흔히 요한계시록이라고 축약하여 부르는 이 특별한 책은 다시 오실 예수 그리스도를 이야기하고 말세에 황급히 이뤄질 일들을 담고 있는 보물같은 책입니다. 천상에 계시는 주님이 이 땅에 있는 요한에게 성령의 감동하심이 아닌 직통계시를 통해 말씀을 기록하게 하고 환상을 보게 하신 두려운 책입니다. 성경에 어떠한 책도 말씀을 지키는 자는 물론이고 읽고 듣는 자에게도 무조건 복을 내려 주신다는 약속이 담겨있는 책은 요한계시록 외에는 없습니다 (1:3). 미래에 대한 불확실과 불안함을 조금이라도 영적으로 느낄 수 있는 성도가 있다면 가장 간절한 마음으로 읽고 묵상해야 하는 책이 요한계시록이며 그러한 성도에게 필요한 충만한 축복도 담긴 책이 요한계시록입니다. 하지만 이 책은 최소 300 개 이상의 심볼과 상징들을 담고있는 이해가 매우 난해한 책이기도 합니다. 그래서 특별한 복이 담겨있는 책이지만 계시록 말미 22 장 18-19 절에서 강조한 것처럼 동시에 함부로 해석하면 재앙과 저주를 불러오는 위험한 책이기도 합니다.

이 책의 스케일은 세상의 어떠한 서사드라마도 담을 수 없는 장대한 클라이막스를 담고 있습니다. 사단과 그를 따라 타락한 천사들이 마지막 모든 힘을 다해 주님의 성도들을 타락시키기위해 주님과 전쟁을 벌이는 이 책의 광대한 스케일과 클라이막스는 어떤 책과도 비교를 거부합니다. 창세기 1 장, 태초의 창조 이후 간간이 등장해왔던 천사들을 모두 합쳐도 요한계시록에 등장하는 천사에 비교할 수 없는 것은 이 책에서 모든 천사들이 총동원되기 때문입니다. 총동원은 천사 뿐만 아니라 언약에 있어서도 마찬가지 입니다. 신약과 구약의 연결고리를 이해하기위해 우리는 히브리서나 로마서를 읽기도 하지만 사실 요한계시록만큼 신구약을 폭넓게 어우르는 책은 없습니다. 그것뿐 인가요? 신약의 서신들이 특정 교회들에 메시지를 전달한다면 요한계시록은 일곱 교회를 빗대어 복음이 전해진 세상 모든 교회에 마지막 때의 메시지를 전하는 마지막 교회서신이기도 합니다. 그런데 이 책의 가치를 이해하는 교회와 성도들이 지금 그렇게 많지 않은 것은 마음 아픈 현실입니다.

이 책은 신구약 전체에 담긴 알 수 없었던 미래에 대한 수 많은 수수께끼같은 질문들에 해답을 제시한 성경의 답안지라고 할 수 있습니다. 반전에 반전을 거듭하며 최종 최후의 승리를 담고 있는 예수 그리스도의 천상 병법서입니다. 요한계시록은 그동안 인류의 역사를 통해 하나님이 예언하고 약속해 오신 모든 것들이 이제 이 책 한 권에서 한 순간에 모두 다 성취되는 것을 계시한 인류 대서사시의 종결편 입니다. 선지자의 입을 통해 나온 예언은 변하고 바뀔 수 있습니다. 하지만 주님을 통해 나온 계시는 글로 성문화된 것이라 영원히 바뀔 수 없는 두려운 미래 보고서가 됩니다.

　　그렇다면 이렇게 엄청난 스케일과 유일무이한 내용을 담고있는 요한계시록이 가장 강조하고자 하는 내용은 무엇일까요? 이 책이 다른 모든 책들과 구별되게 성도들에게 전달하고자 하는 그 메시지의 핵심은 한 가지입니다. 다른 책들이 성도들에게 "믿음"을 강조했다면 요한계시록은 "승리"를 강조하는 책입니다. 전쟁을 강조하는 책입니다. 믿음을 가지고 나의 영생을 간구할 것이 아니라 나의 믿음을 가지고 모두의 영생을 위해 싸우라는 진격의 나팔 소리입니다. 일곱 교회에 보내는 모든 메시지의 결말이 "이기는 자에게는..." 이라고 마무리되는 것처럼 요한계시록의 모든 내용은 이제 우리가 가진 믿음을 가지고 싸워서 승리하는 것을 강조합니다. 우리 눈에 보이는 모든 어려움 뒤에는 사실 영적인 전쟁이 있습니다. 그 영적인 적에게 지지않기위해서는 믿음이면 되지만 온전히 벗어나기 위해서는 승리가 필요합니다. 지금까지 지켜온 그 소중한 믿음이 이제는 역사하는 능력을 발휘할 때입니다.

[오늘 내가 만난 하나님]

48 단거리 선수가 장거리를 달리는 법

여러분, 에릭 리들이라는 유명한 육상선수를 기억하시나요? 영국 선교사의 아들로 태어난 그는 어릴적부터 육상에 탁월한 재능을 보였습니다. 훗날 에딘버러 대학에 입학한 그는 100 미터 단거리 육상 부문에서 전국대회를 석권하고 파리에서 열린 제 8 회 올림픽 대회에 100 미터 육상선수로 출전을 하게 됩니다. 결승전을 앞둔 그에게 뜻밖의 경기일정이 그를 난감한 기로에 서게 했습니다. 그것은 결승전이 주일이었기 때문입니다. 금메달이 유력했던 리들이었지만 그는 이러한 발표를 하고 출전을 포기했습니다: "저는 주일에는 뛰지 않습니다. 주일에는 하나님께 예배를 드려야 합니다."

당시 영국의 신문들은 앞다투어 그의 결정에 대해 다음과 같은 타이틀의 기사들을 보도했습니다: "이기적인 결정이다," "옹졸한 신앙인 리들," "조국을 배신한 육상선수," "신앙 위선자 리들," "영국의 불명예, 리들." 이 보다 더 심한 비난도 있었지만 이 정도면 당시의 분위기를 충분히 직감할 수 있습니다. 하지만 100 미터를 포기한 그는 대신 400 미터라는 자신이 단 한번도 출전해보지 않은 종목의 예선에 출전을 하기로 결정을 합니다. 자신의 주종목인 단거리 100 미터의 네 배가 되는 400 미터 달리기에서 리들은 꼴찌로 가까스로 겨우 결승까지 진출을 하게 됩니다. 다른 일곱 명의 결승진출 선수들에게 그는 단지 자리를 매워주는 존재에 불과했습니다.

그리고 결승전 당일, 무엇인가가 적혀있는 쪽지를 손에 든 리들은 자신의 위치에서 출발을 준비했습니다. 출발을 알리는 총성과 함께 리들 자신의 주종목인 100 미터를 달리는 것과 같이 400 미터를 치고 나가기 시작했습니다. 마치 400 미터를 100 미터를 달리듯이 처음부터 혼신의 힘을 다해 달리기 시작한 겁니다. 이것을 본 아나운서들은 그를 비웃으며 실시간 방송중계를 통해 그의 어이없는 단거리 주법을 조롱하고 심지어 그 황당한 주법을 비웃기까지 했습니다. 200 미터도 못가서 쓰러질거라고 장담을 하며 방송하는 사람도 있었으니까요. 그런데 놀라운 일이 벌어졌습니다. 리들은 47 초 6 이라는 당시 세계신기록과 함께 금메달을 획득했습니다.

비난하던 사람들의 목소리는 모두 사라지고 이 놀라운 소식을 취재하기위해 각국의 기자들이 그에게 몰려들었습니다. 그 인터뷰에서 리들이 한 말이 여전히 제게 큰 감동이 됩니다. 리들은 이렇게 말했습니다: "저는 한번도 400 미터를 달려본 적이 없습니다. 그래서 제가 할 수 있는 최선인 처음 200 미터를 죽을 힘을 다해 달렸습니다. 그것이 저의 한계니까요. 그리고 남은 200 미터는 주님이 저를 위해 달려 주셨습니다." 그 말을 들은 한 기자가 궁금함을 못이겨 리들이 손에 꼬깃꼬깃 들고 뛴 쪽지가 무엇인지 물었습니다. 그는 그 쪽지를 펼쳐서 보여주며 이렇게 대답했습니다: "사무엘상 2 장 30 절 말씀, '나를 존중히 여기는 그를 나도 귀하게 여기리라.'"

사랑하는 성도 여러분, 인생의 절반을 여러분의 힘으로 힘겹게 뛰어오셨다면 이제 주님이 여러분을 대신하여 뛰실 수 있도록 그 분을 여러분의 삶 속에 인정하고 받아들이기시 바랍니다. 주님이 축복하시는 리들의 기적같은 삶을 이뤄내시기를 주님의 이름으로 축원합니다.

[오늘 내가 만난 하나님]

49 성경과 설교

성경을 하나님의 말씀이라고 부르는 성도들이 갈 수록 줄어들고 있습니다. 설령 그렇게 부르는 사람들 중에도 실제로 성경이 하나님의 말씀이라고 믿는 사람들은 그리 많지 않은 것 같습니다. 그런데 놀랍게도 그 기반이 다름아닌 추락한 설교의 권위라고 합니다. 더이상 설교를 권위있는 하나님의 말씀의 선포로 인식하지 않으니 성경을 하나님의 말씀이라고 믿고 인식하며 의지하는 성도들이 점점 더 사라지는 것은 어쩌면 당연한 결과인지도 모릅니다.

사실 성경에 "설교"라는 단어는 단 한번도 등장하지 않지만 우리 성도들이 적어도 일주일에 한번은 듣게 되는 설교와 성경사이에는 매우 밀접하고 떼려야 뗄 수 없는 관계가 존재합니다. 그것은 바로 "설교"가 주님이 이 땅에 처음오신 후 2 천년이 지나도록 변함없이 동일하게 하나님의 말씀을 전파하는 가장 핵심적인 방법이기 때문입니다. 아무리 미디어가 발전하고 다양한 영상, 음향 매체들이 개발된다고 해도 한 가지 변함없는 것은 성경에 담긴 하나님의 말씀이 전파되는 유일한 방법은 누군가가 그것을 "설교"해야만 한다는 것입니다.

이것을 좀더 접근하기 쉬운 방법으로 이해하려면 "설교"라는 단어의 어원을 살펴보는 것이 가장 적절합니다. 하나님의 말씀을 전파하는 설교의 어원적 의미를 우리말로 표현하면 다름아닌 "출판하다"입니다. 즉, 원고는 이미 66 권으로 성령님의 감동이 완벽하게 책으로 마무리가 되어있습니다. 그 원고가 워낙 완벽해서 거기에 더할 것도 덜할 것도 없는 그런 완전한 원고로 되어있는 것입니다. 이제 설교자는 그 원고를 성도들이 가장 잘 이해할 수 있는 어조와 최고의 감동으로 "출판"을 하기만 하면 되는 것입니다. 이때 명심해야 할 것은 아무리 완벽한 원고라도 어떠한 출판사를 만나느냐에 따라서 베스트셀러가 될 수도 있고 전혀 빛을 보지 못할 수도 있다는 사실을 감안하면 설교자의 역할이 얼마나 중요한지를 깨달을 수 있습니다.

역으로, 추락하는 설교의 권위는 사실 설교자 권위의 추락에서 기인합니다. 쉽게 설명하면 동일한 뉴스도 공정하고 편견 없는 사실 그대로를 알리기 위해 애쓰는 언론사가 있기때문에 사람들에게 사실이 알려질 수 있는 것처럼 성경이라는 하나님의 완벽한 원고도 그것을 전달하기 위해서는 그의 거룩하심에 걸맞는 거룩한 설교자가 필요합니다. 나아가서 성도들도 하나님의 말씀이 설교되는 것을 기대하고 설교자에게 말씀의 권위가 있음을 인정하지 않으면 놀라운 언약의 축복은 이루어 지지 않습니다. 아무리 세상이 어렵고 각박해진다고해도 여러분들이 놓치지 않아야 할 것들 중에 오늘 하나님의 말씀 설교가 있습니다. 그런 설교를 기대하는 분들이 많아질 수록 반드시 하나님 말씀의 권위도 우리 안에서 회복될 수 있습니다.

[오늘 내가 만난 하나님]

50 죽기전에 죽도록 후회하는 다섯가지

브로니 웨어 (Bronnie Ware)라는 여성은 호주의 평범한 은행직원이었습니다. 어느날 그녀는 인생의 목표를 새롭게 발견하고 싶다는 포부를 가지고 무작정 영국으로 여행을 떠났습니다. 시간이 지나고 그는 여행경비를 마련하기 위해 아르바이트로 노인들을 병간하는 일을 시작했습니다. 단순히 경비를 마련하기 위해 시작한 일이었는데 그 속에서 호스피스라는 자신의 사명을 처음 발견하게 됩니다.

다시 호주로 돌아온 브로니는 죽음을 앞둔 사람들에게 위로를 주는 역할을 감당 했습니다. 많은 사람들이 그녀를 자신들의 말동무로 삼아 자신의 속내를 그녀에게 털어놓기를 즐겨 했습니다. 그런데 그렇게 수 많은 사람들의 이야기를 경청하다보니 그녀가 한 가지 놀라운 공통점을 발견하게 됩니다. 이 분들이 가장 자주 사용하는 단어가 "후회"라는 사실이었습니다. 그리고 놀랍게도 그 후회가 모두 다섯 가지 정도로 귀결되는 것을 알게되고 그녀는 그것들을 정리하여 책으로 출판을 하게 되는데 그 책이 바로 브로니 웨어의 "죽을 때 후회하는 다섯 가지 (*The Top Five Regrets of Dying*)"라는 베스트셀러입니다.

가장 많은 53%의 사람들이 중복적으로 후회한 것은 "내 뜻대로 한번 살아봤다면 얼마나 좋았을까!"라는 겁니다. 자신에게 솔직하기 보다는 주변 사람들과 세상의 가치와 기대를 만족시키기위해 마치 남을 위해 사는 것처럼 인생을 살아온 것을 가장 많은 사람들이 후회를 했다고 합니다. 두번째 38.8%는 가족들과 더 많은 시간을 보내지 않은 것을 후회했다고 합니다. 가족들의 행복을 위해 평생을 노력하고 헌신하는 삶을 많은 사람들이 살지만 정작 행복은 그러한 노력이 아닌 단순히 함께 하는 것에서 얻어질 수 있었다는 단순한 진리를 몰랐던 것을 후회하는 것이었습니다.

그 밖에도 31.6%는 자신들이 "정말 꿈꾸던 일에 한번이라도 도전을 해봤다면 어떠했을까"라는 뒤늦은 후회에 사무쳐서 죽음을 맞이했다고 합니다. 사실 수 많은 성도들과 대화를 해봐도 이 세상에서 한번도 꿈이라는 것을 가져보지 않은 분은 단 한 명도 없습니다. 그런데 실제로 그 꿈에 도전해본 성도님을 만나는 것은 흔치 않습니다.

네번째로 26.9%의 사람들은 자신들이 감정을 솔직하게 표현하지 못하고 살아온 것을 너무나도 후회한다고 말했습니다. 사랑하는 사람에게 사랑한다고 표현하지 못했고 반대로 섭섭하고 자신을 아프게 한 사람에게도 그러한 표현을 못하고 병이 들어 죽어가는 사람들이 너무나 많다고 합니다.

그리고 마지막으로 11%의 사람들은 이렇게 말했다고 합니다: "결국 행복은 내 선택이었는데...." 사랑하는 성도 여러분, 혹시 여러분도 이런 후회들은 하시면서 살고 계신 것은 아닌가요? 죽기 전에 후회할 것들을 이미 알고 있다면 오늘부터라도 후회없는 삶을 살기위해 노력해보면 어떨까요? 적어도 노력이라도 해본 일이라면 후회하진 않을테니까요.

[오늘 내가 만난 하나님]

[내가 이전에 알지 못했던 하나님]

[이 책의 감동을 꼭 나눠주고 싶은 사람들]

여기가 [오늘 내가 만난 하나님]의 중간지점 입니다. 이 묵상집을 통해 여러분은 성경의 하나님을 새롭게 만나고 계실 줄 믿습니다. 그리고 아직 그런 역사를 경험하지 못하고 있으시다면 좀 더 마음의 기대를 키워 보시기 바랍니다. 바울은 자신의 삶의 모든 부분을 통해 하나님을 증거했습니다. 이런 그의 신학을 [간증신학]이라고 부릅니다. 왜냐면 그의 삶은 모든 영역, 모든 순간들이 모두 다 주님 안에서만 설명이 되고 해석이 되었기 때문입니다.

그래서 [오늘 내가 만난 하나님]은 나의 삶을 기록하는 여러분의 책이 되기를 바랍니다. 여러분 개인의 감동과 기록 속에서 다른 사람이 하나님을 발견할 수 있는 그런 놀라운 역사가 이 책 안에서 제가 여러분과 나누는 대화를 통해 이뤄지기를 소망합니다. 이제 남은 절반의 과정 더 뜨거운 기대감을 가지고 주를 만나실 수 있기를 축원 드립니다.

[나의 새로운 다짐]

51 생존을 넘어 사명으로

바벨론 포로시절, 종주국인 바사제국의 왕 고레스의 칙령에 의해 이스라엘은 과거 유다의 중심도시인 예루살렘으로 귀환을 시작할 수 있게 됩니다. 스룹바벨이 이끄는 귀환팀의 손에는 성전에 필요한 각종 귀한 물건들이 들려 있었고 성전건축을 위한 기본 인력도 확보할 수 있었습니다. 비록 과거 솔로몬 성전의 영광에 비할 수 없지만 성전이 드디어 재건되었습니다. 위대한 선지자이자 학자 에스라에 의해 말씀선포가 이뤄지자 심지어 이방 아내를 맞이한 남편들은 사랑하는 아내를 떠나보내기로 결심까지 합니다. 이러한 뼈아픈 회개를 통해 민족적으로 다시 한번 전에 없던 회개와 정결케 되는 역사가 이루어진 것입니다. 그런데, 문제가 여기서 시작되는 것을 주목해야 합니다. 그러한 놀라운 귀환, 영광, 회개, 그리고 회복의 역사 이후 아무런 더 이상의 성장없이 적어도 12년이라는 세월이 그냥 의미없이 흘러가 버린 것입니다.

이것이 어떻게 된 영문일까요? 그 기적같이 놀라운 귀환과 성전의 재건, 말씀의 선포와 민족적인 회개라는 전무후무한 부흥과 성장의 발판을 이뤄 놓았으면 이제 더 큰 성장을 이루고 그 열매들을 거두기 시작해야 하는 겁니다. 그런데 그 발판 위로 12년 동안 먼지만 쌓아가고 있었던 겁니다. 시간이 한 달, 두 달, 일 년, 이 년 흐르면서 그렇게 뜨거웠던 재건 역사의 주역들도 하나 둘씩 사라지고 그 자녀들도 하나 둘씩 신앙의 힘을 잃어가고 있었습니다. 처음부터 기적이 아니었으면 시작될 수도 없었고 모든 것이 하나님의 놀라운 섭리가 아니고서는 불가능하다고 했던 것을 모두들 너무나 잘 알고 있습니다. 그렇다면 왜, 그들은 더 이상의 성장을 위해 전진하지 않았을까요? 왜 12년이나 성장을 멈추고 심지어 도태될 수 밖에 없는 피폐한 삶을 살아가기로 선택한 것일까요?

위대한 선택을 이어가는 것은 쉽지 않습니다. 위대함 뒤에는 만족이란 것이 따를 수 있습니다. 그리고 그 만족은 우리를 속이는 능력이 있습니다. 마치 우리 자신에게 "이만하면 됐다"고 스스로 말하는 그런 속임수 말입니다. 더 할 수 있지만 더 하지 않아도 될 것 같은 이상한 만족감에 스스로를 칭찬하고 혁신과 위대한 사고를 멈추게 되는 것입니다. 그리고 나서 주변과 자신들의 처지를 바라보니 여전히 모두의 환경이 나아지지 않은 것을 깨닫게 되는 겁니다. 그때부터 사람들은 대부분 "생존"을 위해 살아가게 됩니다. 철저히 "생존감옥" 안에 붙들려 그 안에서 벗어나지 못하게 되는 것입니다. 세상이 각박하고 예상 수위를 넘어서는 어려운 일들이 닥쳐 오는 것을 보면서 "그래도 나는 이만큼 위대한 일을 이루었으니 되었다"라는 상대적 우월감에 비전이나 꿈, 심지어 하나님의 나라에 대한 사명은 뒤로 하고 이제 만족감에 취해 전진을 멈춰 버릴 수 있습니다. 이것이 그리스도인에게 치명적인 적이 될 수 있습니다. 그렇게 살다 보면 어느새 자신들도 남들과 동일하게 하루 하루를 살기에 급급해지고 곧 삶의 목적이 "생존"이 되어버리는 생존지옥에 살아가게 될 수도 있는 겁니다.

여러분, 생각해보셨나요? 왜 느헤미야가 그렇게 힘들고 이미 지칠대로 지친 이스라엘 백성에게 성벽을 재건하자고 했을까요? 저는 특별한 리더인 느헤미야가 알고 있었기 때문이라고 생각합니다. 그는 아무도 모르는 것을 잘 알고 있었기 때문입니다. 생존을 위해 살아가면 그 생존도 결국엔 위협을 받게 된다는 것을 이스라엘의 위대한 지도자 느헤미야는 알았습니다. 우리가 생존을 넘어 하나님이 주신 사명과 비전을 위해서 살아가면 그 생존은 하나님이 책임지실 일이 되지만 만약 우리가 생존을 먼저 생각하고 하나님의 비젼을 뒤로 한다면 결국 그 생존도 위협을 받게 된다는 그 놀라운 비밀을 느헤미야는 알았던 것입니다. 사랑하는 성도 여러분, 우리 삶은 위대한 주님의 핏값으로 사신 놀라운 사명자의 삶, 부름받은 위대한 성도의 삶이라는 것을 꼭 기억하시기를 주님의 이름으로 축원드립니다.

[오늘 내가 만난 하나님]

52 무관심과 의구심

일부 고대 사본학 학자들의 주장에 의하면 애초에 요한복음은 21 장이 아닌 20 장에서 마무리가 되었을거라 추정합니다 (당시 장과 절의 구분은 없었습니다). 만약 그러한 주장을 받아들인다면 요한복음은 주님과 베드로의 대화로 마무리되는 것이 아니라 주님과 제자 도마의 대화로 끝이 납니다. 마지막 복음서, 혹은 제 4 의 복음이라 불리는 요한복음의 끝을 도마가 장식한다는 의미도 됩니다. 하지만 대부분의 성도들이 그런 것처럼 도마는 그리 잘 알려지거나 관심을 받아온 제자가 아닙니다. 물론 그것이 지극히 당연한 현상이기도 합니다. 왜냐면 도마는 다른 세 권의 공관복음에서 한번도 비중있게 다뤄진 제자가 아니기 때문입니다. 그런데 이 "무명의" 제자가 요한에게는 자신이 기록한 복음서의 마지막을 장식할 정도로 너무나도 중요한 인물이었습니다. 무엇이 요한에게 도마가 그토록 중요하게 여겨지게 했을까요?

    가장 우선, 우리 주님은 우리가 무엇인가를 의심하거나 확인하려 하는 것을 탓하지 않으시는 분임을 알리고 싶었던 것 같습니다. 누구나 주님이 믿고 싶다고 해서 믿어지는 것은 아닙니다. 목회를 하면서도 안타까울 때가 가끔 있는데 이러한 고백을 들을 때입니다: "목사님, 정말 믿고 싶은데 믿어지지가 않습니다." 마음으로 믿고 싶은 겁니다. 그런데 도무지 믿어지지가 않는 겁니다. 이러한 것을 무엇으로 탓하겠습니까? 요한복음 20 장 24 절에서도 보면, 주님이 부활하신 후에 제자들이 모여있는 곳에 모습을 나타나셨습니다. 그런데 그 자리에 도마 만이 없었던 겁니다. 모든 제자가 부활하신 주님을 만났다며 흥분된 어조로 나중에 도마에게 자랑하며 소식을 전했습니다. 그러나 도마의 반응은 기대와 달랐습니다: "내가 그의 손의 못 자국을 보며 내 손가락을 그 못 자국에 넣으며 내 손을 그 옆구리에 넣어 보지 않고는 믿지 아니하겠노라"고 말입니다.

    하지만 주님이 설령 무심함이나 무관심은 탓 하실지 몰라도 의심하는 자는 단 한번도 탓하시지 않으신 분 입니다. 일주일 후 제자들 앞에 다시 나타나신 주님은 그 자리에 도마가 있는 것을 보시고는 도마에게 따뜻한 음성으로 이렇게 말씀하십니다:

"도마야 네 손가락을 이리 내밀어 내 손을 보고 네 손을 내밀어 내 옆구리에 넣어보라 그리하여 믿음 없는 자가 되지 말고 믿는 자가 되어라." 도마가 얼마나 놀랐을까요? 자신의 마음을 다 알고 계신 주님의 말에 얼마나 죄송했을까요?

주님은 이제 아무것도 탓하지 않으십니다. 믿음이 없는 것을 탓하시지 않으며, 의심하는 것을 탓하시지 아니하시며, 믿기 위해 증거를 바라는 제자를 탓하지 않습니다. 도리어 그런 도마에게 주님은 인자한 어조로 믿음의 증거를 보여주시고 있으십니다. 그럼 이제 그런 주님의 모습을 본 도마의 놀라운 고백을 보세요: "나의 주님 나의 하나님." 왜 요한이 여기서 복음서가 마무리될 수 있다고 믿었는지 아세요? 그것은 성경 어디에도 예수님을 "하나님"이라고 고백한 곳은 오늘 20장 28절 한 절 뿐이기 때문입니다. 그리스도가 계시지 않은 것 같아 고민하실 수 있습니다. 성도의 마음에 하나님의 존재를 의심할 수도 있고 그 분이 주신 구원에 확신이 없어 불안한 마음을 가지고 있을 수도 있습니다. 그렇다면 오늘 주님을 통해 하나님께 담대히 기도하시고 주의 살아계심을 확신할 수 있도록 도움을 간구해 보시기 바랍니다. 가장 의심하던 제자의 가장 위대한 고백 한 마디가 요한복음 전체의 가장 중요한 주제가 된 것처럼 의심은 죄가 아닙니다. 하지만 끝까지 불신은 용서받지 못할 가장 큰 죄 입니다.

[오늘 내가 만난 하나님]

53 불순종 할 수 밖에 없는 이유

　구약의 소선지서에 속하는 열 두권의 책 중에서 요나서만큼 특이한 책은 없습니다. 모든 선지서의 공통된 핵심은 하나님의 심판과 예언의 선포입니다. 하지만 유일하게 요나서는 하나님의 심판 및 예언선포에 초점이 맞춰지지 않고 선지자 인물 본인에게 포커스가 조명되어 있습니다. 실제로 요나서 전체에 하나님의 말씀이 직접적으로 언급된 부분은 단 한 마디 1장 2절과 3장 2절에 반복해서 등장하는 한 절 뿐입니다: "너는 일어나 저 큰 성읍 니느웨로 가서 그것을 향하여 외치라." 그런데 하나님의 선지자 요나가 그런 하나님의 명령을 거부하면서 벌어지는 자신의 경험담을 다룬 것이 요나서 입니다.
　　　　하나님의 명령에 불순종한 요나를 용서하시고 끝까지 사용하시고 사랑하시는 하나님의 자비와 인애하심은 우리가 잘 알고 있습니다. 그런데 이해할 수 없는 것은 선지자 요나는 어떻게 이런 하나님의 분명한 뜻을 거듭 거역할 수 있었으며 회개 이후에도 계속 온전한 순종을 하지 못하는 것인가 하는 의문입니다. 먼저 선지자 뿐만 아니라 모든 하나님의 사람들에게 유일하고 확실한 하나님의 뜻을 알 수 있는 것이 오직 하나님의 말씀 뿐이라는 사실을 기억해야 합니다. 다른 모든 것들은 하나님의 말씀에 비추어 하나님의 성품과 뜻을 그렇지 않은 것으로부터 구별하고 온전하신 뜻을 분별하는 도구가 될 수는 있어도 하나님의 뜻을 절대 대변하지는 못합니다.
　　　　하지만 요나는 다른 선지자와 달리 하나님의 말씀 뿐만 아니라 "마음의 평안"이나 "일어나는 상황"을 하나님의 말씀에 비추어 보려고 하지 않았습니다. 많은 성도들이 잘 못 알고 있는 것처럼 그저 자신의 감정과 주변의 상황만으로도 하나님의 뜻을 알 수 있다고 과신하고 있었습니다. 얼마나 자주 성도님들이 "목사님, 마음의 평안을 얻었어요"라며 그것을 하나님의 응답이나 뜻이라고 말하는 것을 듣게 되는 현실을 생각할 때, 요나의 실수를 통해 우리가 마음에 새겨야 할 것들이 있습니다.
　　　　요나에게는 분명한 하나님의 명령이 말씀으로 그에게 임하여 있었지만 그는 다음 절인 3절에서 하나님을 피해 도망을 치기 위해 항구로 갑니다. 그런데 그곳에 마침 (니느웨의 정반대인) 다시스로 가는 배가 있었던 것입니다. 요나는 거리낌없이 곧 그 배에 오릅니다. 요나의 마음에는 하나님이 허락하신 뜻도 하나님의 뜻이라고 믿고 싶은 마음이 있었을 겁니다. 딱 맞아드는 그 상황과 자기 자신의 감정이 하나님의 뜻을 마음 속에 새롭게 각색하고 있었던 것입니다. 심지어 그는 폭풍우가 치는 그 뱃속에서도 평안한 마음으로 잠을 잘 수 있었습니다.

하지만 오늘 요나와 같은 식으로 신앙을 하는 성도들이 있다면 그는 누구든지 기복신앙에 빠질 수 밖에 없습니다. 하나님의 말씀이라는 보편적이고 시간을 초월한 절대적 기준없이 자신의 상황이나 마음의 감정적인 평안 같은 것으로 하나님의 뜻을 판단하고 나아가려고 한다면 상황과 감정이 바뀔 때마다 하나님의 뜻이 바뀐다는 것을 인정할 수 밖에 없기 때문입니다. 나중에 요나가 박넝쿨을 크게 기뻐하는 장면을 보세요. 그 순간에는 하나님을 찬양하지만 그 넝쿨이 시들고 나서는 금방 불평하는 요나를 보세요. 그 모습이 우습다고 생각할 수 있지만 누구든지 기복적인 신앙을 하는 성도는 요나의 모습을 통해 스스로를 바라볼 수 있어야 합니다. 오늘 우리가 무엇을 하나님의 뜻으로 삼고 있는지 그리고 어떻게 그 뜻을 분별하며 살아가고 있는지를 한번 쯤 새롭게 점검해 볼 필요가 있습니다.

[오늘 내가 만난 하나님]

54 나의 확신 하나님의 확신

이스라엘의 위대한 왕 다윗을 생각하면 가장 먼저 부럽다는 생각이 듭니다. 하나님이 그를 그토록 사랑하신 것도 부럽지만 그를 생각할 때마다 더욱 부러운 마음을 갖게 되는 것은 어떻게 하면 다윗처럼 하나님을 애타게 사랑할 수 있을까 하는 그의 마음 때문입니다. 이런 다윗을 묘사할 때 꼭 붙는 수식어가 있습니다. "주님의 마음에 합한 자" 다윗 입니다. 그런데 과연 다윗 본인도 스스로를 그렇게 생각했을까요? 다시 말해, "그래 나는 하나님이 인정한 사람이야. 나는 하나님의 기쁨이 되는 사람이야"라는 자부심을 가지고 살았을까요? 그렇지 않았습니다. 그에게도 여러분들과 같이 수 많은 갈등과 방황하는 순간들이 있었습니다. 오늘은 이 위대한 하나님의 사람이 왜 우리와 크게 다르지 않았다는 것을 살펴보려고 합니다.

처음부터 다윗이 "하나님의 마음에 합한 자"였던 것은 아닙니다. 우리에게 알려진 다윗의 삶은 여호와에 대한 확신에서 시작합니다. 그가 사무엘을 통해 왕으로 기름부음을 받고 하나님 앞에 나오기 시작 했을 때 그 마음의 중심에는 이미 하나님의 주권과 권위가 확고히 자리잡고 있었습니다. 우리도 처음 은혜를 받아 주님을 영적으로 만나고 주의 성령으로 충만함을 받았을 때 그러한 영적 확신을 갖게 됩니다. 하지만 여러분의 삶 속에서 경험하시는 것처럼 다윗도 그가 겪게 되는 수 많은 세상의 어려움과 아픔들 속에서 정말 하나님이 살아 계시는지 의심하고 갈등하는 순간들도 있었습니다. 시편 6 편에서는 "여호와여 나의 영혼이 매우 떨리나이다 여호와여 어느 때까지 내가 고통 중에 신음하도록 두시겠나이까," 그리고 10 편에서는 "여호와여 어찌하며 멀리 서시며 어찌하여 환난 때에 숨으시나이까," 심지어 13 편에서는 "여호와여 어느 때까지니이까 나를 영원히 잊으시나이까"라고 절규하며 부르짖는 간절한 다윗의 모습을 우리는 그의 시편들을 통해 어렵지 않게 만날 수 있습니다.

백성에게 자신이 사울 왕보다 더 많은 존경을 받고 있다는 사실을 다윗은 몰랐을 수도 있습니다. 하지만 자신을 시기하여 핍박하고 죽이려고 까지 하는 사울의 광기를 경험한 다윗은 사울로 부터 멀리 도망을 치기시작합니다. 아무런 잘못이나 죄를 죄를 짓지 않았지만 다윗은 사울로 부터 목숨을 지키기 위해 피난을 떠납니다. 하지만 죄가 없을 때에만 피난을 떠난 것도 아닙니다. 반대로 그가 하나님께 죄를 짓고 사람에게 악을 행한 것이 선지자 나단에 의해 드러나면서 그는 또다시 피난을 떠나야 하는 처지가 되었습니다. 죄가 없는데도 아픔을 겪어야 하거나 죄가 있어서 고통을 겪어야 했던 그 순간들 마다 다윗은 괴로워 했습니다. 자신을 왕으로 기름부어주신 하나님을 다 이해하지 못했습니다. 하지만 다윗은 자신의 갈등과 의심에도 불구하고 한 가지 변함없이 지킨 것이 있었습니다. 그것은 우리가 흔히 운명이라고 부르는 "하나님의 주권"에 대한 확고한 믿음이었습니다. 비록 자기의 삶이 자신을 속이고 괴롭힐 지라도 그는 오직 여호와 하나님 만이 세상의 주인이시며 자신의 생사화복을 주관하시는 분이라는 것을 확신했습니다.

  사랑하는 성도 여러분, 오늘날 우리의 현실을 바라보며 하나님이 살아계신지 의심의 순간들이 있을 수 있습니다. 나의 헌신과 열심에도 불구하고 하나님의 도움의 손길이 너무 멀게만 느껴질 때는 신앙의 갈등을 경험할 수도 있습니다. 하지만 여러분, 어떠한 상황에서도 하나님이 여전히 우리를 자신의 영생의 길로 인도하고 계시다는 그것 한 가지를 다윗처럼 마음에 새기시기 바랍니다. 그 한 가지가 확실하다면 사실 우리는 하나님의 마음에 합한 생각들을 시작할 수 있습니다.

[오늘 내가 만난 하나님]

55 나그네 전상서

여러분은 성경에 나그네에게 보내는 편지가 있다는 사실을 알고 계시나요? 사전적인 의미로 "나그네"란 자신의 집을 떠나 낯선 곳에 머무르면서 이곳저곳을 다니는 사람을 의미하는데 베드로가 그런 나그네에게 편지를 보내고 있는 겁니다. 베드로전서 서두의 인사는 이렇습니다: "예수 그리스도의 사도 베드로는 본도, 갈라디아, 갑바도기아, 아시아와 비두니아에 흩어진 나그네에게 문안하노라."

베드로는 특별히 이곳 다섯 지역의 성도들을 나그네라 부르고 그들에게 자신의 첫번째 편지를 보냅니다. 이곳 다섯 지역은 로마제국 치하의 도시들 로서 특별히 그리스도를 따르는 사람들이 핍박을 많이 받았던 지역들입니다. 1장 7절에서 베드로가 이들에게 "너희 믿음의 확실함은 불로 연단하여도 없어질 금보다 더 귀하여 예수 그리스도께서 나타나실 때에 칭찬과 영광과 존귀를 얻게 할 것이라"라 하는 말이 그들이 지금 겪고있는 고난의 크기를 잘 드러내고 있습니다.

그래서 지금 이들을 나그네라 부르는 것은 모든 인간이 죄로 말미암아 죽고 영원한 불로 심판을 받는 것이 마땅하지만 그러한 심판을 예수 그리스도께서 대신 받으셨다는 신학적 선포를 하는 것이기도 합니다. 죄로 갈라졌던 인간과 하나님과의 관계가 그 주님으로 말미암아 다시 하나로 연합되었으니 이제는 더 이상 하나님과 분리된 존재가 아닌 하나님의 품에 살아가는 천국의 백성이라는 숨은 의미가 있습니다. 비록 여전히 세상에서 육을 입고 있으며 아직 진정한 의미에서 주님과 천국에서 함께 영생을 누리는 것은 아니지만 이미 하나님의 약속으로 그들은 천국의 백성이 되었다는 것을 확증하고 있는 것입니다. 그들이 지금 이생을 고난으로 살아가는 것은 잠시 그 천국을 떠나와 나그네로서 머무르는 세상에서 잠시 겪는 텃세와 같은 것입니다.

베드로가 4장 13절에서 "오히려 그리스도의 고난에 참여하는 것으로 즐거워하라"고 하는 말이나 5장 6절에서 "하나님의 능하신 손 아래에서 겸손하라 때가 되면 너희를 높이시리라"라고 하는 모든 위로의 말은 잠시 잠깐이지만 이 땅의 나그네 삶을 최선을 다해 충실히 방문한 목적에 맞추어 살아가라는 명령입니다. 잠시 잠깐 나그네의 삶을 살아야 하지만 그 삶을 낭비하지 않고 멋지게 살아내야 한다는 깊고 묵상해 볼만한 중요한 의미가 담겨 있습니다.

분명히 이 세상을 살아가는 것은 쉬운 일이 아닙니다. 그것은 세상 사람들이나 믿음을 가진 우리 성도들이나 마찬가지입니다. 하지만 성도 여러분, 우리에게는 이 세상과도 바꿀 수 없는 매우 특별한 약속이 있다는 것을 기억하시기 바랍니다. 집을 떠나면 고생이라는 말이 있습니다. 천국의 백성에게 지금 이 고통의 시간은 잠시 잠깐이면 지나가는 나그네로 사는 시간일 뿐임을 기억하시고 힘내시기 바랍니다.

[오늘 내가 만난 하나님]

56 하나님의 유리병

시편 56 편은 저에게 큰 위로가 되는 특별한 시편입니다. 성경에 단 한번 등장하는 신비한 표현이 이곳에 있습니다. 시편 56 편 8 절에 등장하는 "하나님의 병," 혹은 "하나님의 유리병"이 그 표현입니다. 저는 이 표현을 매우 좋아합니다. 이 표현 하나로 받은 위로의 날들이 너무 많아 다 헤아릴 수 없습니다. 이 시편을 지은이는 다윗 입니다. 하나님의 백성을 인도할 왕으로 부르심을 받은 다윗의 삶은 단 하루도 평안한 날이 없었다고 해도 과언이 아닙니다. 그의 입술의 고백으로 알 수 있듯이 그는 "사람이 나를 삼키려고 종일 치며 압제하나이다"라 느꼈으며 "내 원수가 종일 나를 삼키려 하며 나를 교만하게 치는 자들이 수도없이 많사오니"라며 시편을 시작합니다. 이런 1-2 절의 표현만 보더라도 숨이 턱턱 막힐 것처럼 그가 얼마나 매순간 긴장을 놓을 수 없는 삶을 살았는지 알 수 있습니다.

　하나님을 믿고 예배하는 자에게 하나님의 평안이 항상 머무르고 하나님의 사명을 위해 부르심을 받은 사람에게 하나님의 능력이 임재하는 것이 일반적으로 우리가 믿고 기대하는 신앙의 형태입니다. 악을 행하는 사람은 행여 벌을 받을 수 있지만 그 대가를 치룬 후에는 용서가 임해야 합니다. 하물며 악을 행하지 않은 사람이 항상 다른 사람들과 화평하게 지낼 수 있어야 하는 것은 당연한 것 같습니다. 하지만 현실은 전혀 그렇지 않을 때가 많습니다. 심지어 때로는 "하나님을 애초에 믿지 않았다면 이런 고난은 겪지 않았을텐데," 혹은 "주님이 나에게 소명을 주시지 않았다면 이러한 아픔들은 겪지 않았을텐데"하고 생각하는 순간 순간들을 고백합니다.

　하지만 사랑하는 성도 여러분, 이제 다윗이 8 절에서 하는 고백을 들어보세요: "나의 유리함을 주께서 계수하셨사오니 나의 눈물을 주의 병에 담으소서 이것이 주의 책에 기록되지 아니하였나이까." 할렐루야! 주님이 모든 것을 알고 계시는 겁니다. 우리가 살아가는 동안 겪게 되는 고난과 고통들이 모두 이해되거나 그 이유가 항상 설명되지 않을 수도 있습니다. 다윗처럼 억울한 심정으로 살아가야 할 때가 허다하며 더이상 피할 길이 없을 것처럼 피곤하여 포기하고 싶어질 때도 있습니다.

그럴 때, 이 한 가지를 우린 떠올려야 합니다. 우리가 흘리는 한 방울 한 방울의 눈물을 모두다 하나님이 계수하고 기억하신다는 사실입니다. 하나님의 뜻을 다 헤아릴 수는 없어도 우리의 아픔과 슬픔을 모두 다 보시고 모두 다 기록하시고 모두 다 보관하시는 하나님은 우리와 함께 눈물을 흘리시는 분이십니다. 우리가 흘리는 눈물이 땅으로 떨어져 사라지는 것이 아니라 사실은 한 방울 한 방울 주님의 병에 담기고 있다는 것을 알면 특별한 위로를 얻을 수 있습니다.

[오늘 내가 만난 하나님]

57 언약과 언약궤

이스라엘 민족에게 자신들이 하나님의 선택 받은 백성이라고 믿게 하는 증표가 몇 가지가 있습니다. 대표적으로 민족 공통인 것은 각 개인의 몸에 행해진 할례를 통한 스스로의 자부심, 성막에서의 제사를 통한 하나님과의 온전한 관계에 대한 자부심, 그리고 모세를 통해 자신들에게만 허락한 하나님의 언약 그 중에서도 모세의 율법이 대표적인 세 가지 입니다. 그런데 이 세 가지 중에서 유일하게 한 가지만 눈에 보이지 않습니다. 바로 십계명에서 시작된 하나님의 율법을 비롯한 하나님의 언약입니다. 그리고 이렇게 눈에 보이지 않는 것을 다른 것들과 같이 보이는 가치로 여기기 위해 그들이 신봉한 것이 언약궤 입니다.

언약궤는 하나님과 이스라엘의 거룩한 언약을 상징하는 것이었습니다. 이 언약궤가 여호수아와 함께 요단 강을 가르고 강 가운데를 마른 땅처럼 건너는데 앞장섰으며 나중에는 철옹성인 여리고를 정복하는 일에 선봉에 서게 됩니다. 그러다 보니 어느 순간 언약궤가 마치 우상처럼 전락이 되어 버린 것입니다. 눈에 보이는 할례를 우상화 할 수 없고, 성막을 우상처럼 섬기는 사람은 이스라엘에 단 한 명도 없었습니다. 하지만 언약궤는 할례나 성막과 전혀 다른 우상숭배의 문제를 안고 있었습니다.

사무엘상 4장에서 이스라엘이 블레셋과의 전투에서 패배했을 때 장로들이 가장 먼저 머리에 떠올린 것이 "우리가 언약궤를 앞세우지 않아서 패배했다"라는 판단이 이러한 근거에서 나오게 됩니다. 이스라엘의 리더들은 언약궤를 현재 보관하고 있는 사무엘의 장막까지 사람을 보내어 그것을 가져오게 합니다. 직선 거리로만 해도 60 킬로미터가 넘는 실로라는 지역까지 가서 사무엘의 의사와 관계없이 언약궤를 가지고 돌아와 다시 블레셋 과의 전투에 참여를 합니다. 언약궤 없이 참전했을 때 사천 명의 사상자가 나왔지만 언약궤만 있으면 승리할거라고 믿고 그 언약궤를 가지고 참전한 전쟁에서는 무려 삼만 명이나 되는 사람들이 목숨을 읽고 더 처참한 패배를 겪게 됩니다. 심지어 하나님의 언약궤를 빼앗기는 수모까지 당하게 됩니다.

이스라엘은 여호와 하나님에 대한 두려움을 잃어버렸습니다. 하나님과의 관계가 민족의 운명을 좌우한다는 언약의 본질을 잊어버리고 있었습니다. 소유하거나 주장할 수 없는 하나님을 언약궤와 함께 전쟁의 도구로 여기는 순간이 있었는지도 모릅니다. 눈에 보이지 않는 여호와를 두려워하고 신뢰하기보단 눈에 보이는 언약궤만 있으면 무조건 이길 수 있다는 진리를 상실한 믿음을 한 순간 소유하고 있었습니다. 언약궤가 마치 마법의 상자처럼 승리를 가져다 줄 것처럼 그들은 특별한 각오나 준비없이 다시 전쟁을 시작하고 패배했습니다.

하지만 왠지 오늘의 감동을 통해 우리의 신앙을 되돌아 볼 수 있을 것 같습니다. 하나님의 말씀이 성경책보다 중요하고, 우리의 진정한 예배가 예배당보다 중요하며, 우리의 신앙이 우리의 신념보다, 그리고 우리의 믿음이 우리의 감동보다 중요하다는 본질을 우리는 되새겨봐야 합니다. 하나님은 외모를 보시는 분이 아니고 우리의 심령을 감찰하시는 분이라는 사실을 다시 한번 마음에 새겨야 합니다.

[오늘 내가 만난 하나님]

58 사단의 간절한 신앙

처음 주님을 만나고 신앙이란 것을 시작하면 대부분 이전에는 경험하지 못한 평안과 함께 신비할 정도로 놀라운 간증들을 새롭게 하나님이 주시는 것 같습니다. 그것은 인간이 영적인 생명체로서 하나님의 영이 새롭게 부어지면서 경험하게 되는 경이로운 은혜의 시간이라고 할 수 있습니다. 하지만 그것을 사단이 달갑게 여기지 않는 것은 당연합니다. 시간이 지나고 이제 성도의 신앙이 성장을 해야하는 단계에 이르면 동방의 가장 경건한 욥에게도 예외가 아니었던 사단의 개입이 시작됩니다. 사단은 진정한 믿음을 시험할 기회를 달라며 하나님께 허락을 받아 새 성도가 새로운 신앙의 경주를 맞이할 수 있도록 나아가게 됩니다. 마치 신앙의 허니문과 같았던 이전과 달리 대부분의 성도들은 유혹과 미혹, 시련을 대항하여 싸우고 승리해야하는 과정을 겪게 됩니다. 이 과정을 통해 신앙은 더 이상 쉽고 흥미롭고 신비한 것이 아니라 넘어지는 훈련과 다시 일어서는 끈기를 통해 굳건한 믿음을 성경의 진리 위에 세워야 함을 간절히 배우게 될지도 모릅니다. 물론 그렇게 되지 않는 경우도 많습니다. 그럼 왜 이미 하나님을 믿고 주님을 따르기로 결단한 성도를 사단은 시험해야 한다고 고집하며 괴롭히고 포기하지 않는 걸까요?

먼저 공관복음에 모두 등장하는 주님의 광야 시험을 떠올려 보시기 바랍니다. 공생애를 시작하시기 전에 예수님이 광야에서 성령에 이끌리어 사단에게 시험을 받으시는 그 장면을 기억하실 겁니다. 그 장면을 통해 확실히 알 수 있는 놀라운 사실 한 가지가 있습니다. 그것은 사단이 우리가 하나님의 말씀이라 부르는 성경을 정말 잘 알고 있다는 사실입니다. 사단은 말씀을 잘 알고 있을 뿐 아니라 그 말씀들을 살아있어 어떻게 적용될 수 있을지도 알고 있습니다. 그러면 성경을 그토록 잘 아는 사단과 마귀들은 요한계시록에 나오는 자신의 최후 패배와 멸망에 대해서 모르기 때문에 성도들을 미혹하려 할까요? 아니요, 계시록의 내용도 아주 잘 알고 있습니다. 그럼 그렇게 성경에 확실하게 기록된 자신들의 처참한 운명을 잘 알고 있는 그 사단이 왜 여전히 하나님께 대적하고 하나님을 믿는 귀한 성도들을 미혹하는 일을 멈추지 않는 것일까요? 다른 말로 하면 왜 사단은 오늘도 당신을 포기하지 않고 괴롭히며 믿음에서 멀어질 수 있도록 모든 노력을 기울이는 것일까요?

　여기에는 타락한 천사인 사단이 절대 회개의 기회를 얻지 못하는 배경이 담겨 있습니다. 사단은 성경의 말씀을 놀랍도록 한 절 한 절 암송하고 잘 알고 있음에도 불구하고 그것을 불변하는 최종 권위인 하나님의 진리로 믿고있지 않기 때문입니다. 즉, 사단은 성경에 나오는 모든 내용들을 잘 알고는 있지만 그것을 받아들이지는 않습니다. 여전히 그가 하나님을 대적하는 사단으로 남기로 한 선택은 그가 그 최종 결말을 믿지않고 심지어 바뀔 수 있다고 그릇 믿고 있기 때문이며 그의 이러한 믿음은 사단의 세력이 영원히 회개의 기회를 얻지 못하는 배경도 되고 있습니다.

　놀랍게도 성도가 사단과 이 세상에서 벌이는 모든 영적전쟁은 그래서 다른 말로 하면 "믿음의 전쟁"인 것입니다. 사단이 믿는 비성경적인 거짓된 승리와 성도가 믿는 성경적 참 진리의 승리 사이의 전쟁인 것입니다. 사랑하는 성도 여러분, 여러분이 오늘도 욥과 같이 경건하게 주를 섬기며 살아가고 있는데도 여전히 어려움과 미혹이 있다해서 결코 실망하시면 안됩니다. 어쩌면 그것이 사단이 시기하기까지 여러분이 주를 위해 열심히 살아가고 있는 증거이기 때문입니다. 그리고 그 시험에 반드시 승리하기 위해 매일 새롭게 하나님과 교제하시기 바랍니다. 여러분의 작은 승리가 하나님께 올려 드리는 큰 영광이 될 것입니다.

[오늘 내가 만난 하나님]

59 돈 (MONEY)

행복을 돈으로 살 수 있을까요? 돈으로 누군가를 잠시 행복하게 만들어주거나 자신이 행복해지는 것은 가능합니다. 특별히 지금 우리가 살아가고 있는 세상은 돈의 가치가 사람의 생명을 살리고 죽이는 것을 결정지을 정도로 높아져 버렸습니다. 하지만 우리가 만약 행복한 것이 영원히 지속되기를 바란다면 돈 이상의 것이 필요하다는 것을 인정해야 합니다. 실제로 누구든지 영속성이 있는 가치를 원한다면 그것이 어떠한 것이든 돈으로는 살 수 없는 것들입니다.

     돈으로 세상에서 가장 멋지고 하나 밖에 없는 귀한 시계를 살 수는 있습니다. 하지만 아무리 부자라고해도 하루 24 시간 보다 더 많은 시간을 소유할 수는 없습니다. 오직 한 사람을 위해 제작된 세상에서 가장 편안한 침대를 돈으로 주문할 수는 있지만 그 침대가 아무런 근심없는 편안한 잠을 보장해 주지는 못합니다. 누구든지 아무리 많은 책을 소유한다해도 그 책들에 담긴 지식의 주인이 되는 것은 아닙니다. 아픈 것을 치유하기위한 만병통치약을 큰 자금을 투자해 개발할 수도 있지만 알 수 없는 사고나 질병으로부터 자신을 보호하는 것은 아무리 큰 금전이나 어떤 보험으로도 누릴 수 없는 가치입니다. 가장 화려한 결혼을 할 수는 있어도 그 결혼이 사랑을 보장해 주지는 않으며, 돈으로 세상의 권력과 지위는 얻을 수 있을지 몰라도 명예와 사람들의 존경은 돈으로 살 수 없고, 젊고 아름다워 지기 위해서 의학의 힘을 빌릴 수는 있지만 실제 젊음의 상징인 패기와 도전정신은 돈으로는 한 순간도 소유할 수 없고, 심지어 가장 사랑하는 자녀를 위해 가장 안전한 마을과 가장 좋은 학교에 보낼 수는 있지만 그 아이가 부모의 마음을 알아주도록 만들 수는 없습니다.

     제가 주님을 만나고 깨닫게 된 이러한 지혜가 사실 전혀 새로운 것이 아닙니다. 오히려 깨닫고 나면 너무나도 당연해서 이러한 지혜가 마치 상식처럼 느껴지게 되기 때문입니다. 하나님과 재물을 겸하여 섬길 수 없다는 것이 어려운 말씀이 아니라 너무나 당연한 말씀이며 심지어 이상한 말씀처럼 여겨지게 됩니다. 왜냐면 실제로 돈으로 살 수 있는 것이 그리 많지 않다는 것에 이제 확신을 갖게 되기 때문입니다.

물론 여전히 다른 사람에게 멋지게 보이거나 다른 사람을 행복하게 해주기 위해서 그 시계를 살 수는 있습니다. 매일 매일 부딪히는 괴로운 일상으로 부터 도망치듯 두 다리 뻗고 누울 수 있는 그 고급 침대에 기대를 걸어 볼 수도 있습니다. 혹시나 하는 마음으로 가장 비싼 보험을 들을 수도 있고 가능하면 좀 더 편안한 삶을 위해 화려한 집과 별장을 살 수도 있습니다. 그리고 만약 그러한 것들에 대한 기대감이 여전히 있다면 한 번쯤 해보는 것도 괜찮을지 모릅니다. 하지만 한 가지 확실한 것은 정녕 우리가 원하는 것은 세상으로부터 얻어지지 않는다는 사실입니다. 항상 우리의 기대와 달리 그러한 세상의 것들이 우리에게 평안이나 기쁨, 감사나 찬양의 눈물, 화평과 부족함을 모르는 영원한 만족 같은 것은 줄 수는 없습니다. 이 모든 우리가 진정 원하는 것들은 오직 우리를 만드신 하나님만 주실 수 있는 가치들이기 때문이며 하나님의 것은 돈이 아닌 오직 믿음과 신실함으로만 얻고 누릴 수 있기 때문입니다. 오늘 여러분이 원하는 행복의 가치는 얼마 입니까? 얼마짜리 행복을 원하십니까? 그 바램을 돈으로 환산하여 매길 수 있다면 그것은 아마 행복이 아니라 불행일 것입니다. 왜냐면 돈으로 셀 수 있는 것이라면 어떠한 것도 영원한 것은 아니기 때문입니다.

[오늘 내가 만난 하나님]

60 우연한 기적

제가 유심히 관찰하고 경험해본 결과, 모든 성공이 가지고 있는 특징들 중에 한 가지 빼놓을 수 없는 것이 있습니다. 그것은 "우연"이라는 것입니다. 놀랍게도 거의 모든 성공 뒤에는 그 사람의 노력만큼 중요한 "우연"이라는 성공의 열쇠가 있습니다. 그런데 우리가 우연이라고 부르는 그 한 시점을 좀 더 거시적으로 바라보면 그 뒤에 놀랍게도 또 다른 우연들이 있습니다. 각기 다른 곳, 각기 다른 시각에 서로 무관한 일들이 각기, 각자 독립적으로 발생하는 우연들이 성공이라는 하나의 결승점 뒤에 여기저기 산발적으로 숨어 각각의 놀라운 역할들을 해내고 있는 것을 볼 수 있습니다.

이러한 우연들이 모여 성공을 이루는 방식이 바로 하나님이 일하시는 방식입니다. 그리고 인간의 눈에 우연처럼 보이는 그 점들은 모두 하나님만이 보실 수 있는 섭리와 계획입니다. 예를 들면, 주님이 부활하신 뒤 제자들에게 한 가지를 당부를 하셨습니다: "예루살렘을 떠나지 말고 내게서 들은 바 아버지께서 약속하신 것을 기다리라." 그리고는 제자들이 이해할 수 없지만 신비한 한 가지 약속을 하십니다: "요한은 물로 세례를 베풀었으나 너희는 몇 날이 못되어 성령으로 세례를 받으리라." 제자들은 성령세례가 무엇인지 모릅니다. 상상할 수도 없습니다. 하지만 그들은 기도하며 기다리기로 합니다. 예루살렘에 살림이 넉넉한 사람이 많지 않지만 제자들이 모두 모여서 기도하기에 충분한 방을 가진 마가의 집에 모여서 그들은 계속해서 기도하며 주님이 약속하신 (하지만 알지 못하는) 성령을 기다립니다.

그리고 오순절 날이 되었을 때, 그들이 부지중에 기다리던 그 성령을 충만하게 받고 나서야 베드로는 선포합니다. 요엘의 예언(요엘 2:28)대로, 주님의 약속대로 자신들이 성령을 받게 되었음을 선포합니다. 그들은 이제 주님이 명령하신 바를 따르기 위해 전진해 나아갑니다. "오직 성령이 너희에게 임하시면 너희가 권능을 받고 예루살렘과 온 유대와 사마리아와 땅 끝까지 이르러 내 증인이 되리라" (행 1:8)라는 말씀대로 나아가려고 합니다. 그렇게 마가의 다락방에서 시작된 놀라운 교회의 태동은 예루살렘에서 수 천명의 성도들을 만들어내며 성장하고 퍼져나가기 시작합니다. 수 많은 사람들이 모이고 그들이 구원을 받고 침례/세례를 받으며 사도들은 말씀을 전하고 주님의 이름을 전파하는데 모든 노력을 쏟게 됩니다. 그렇게 세워진 예루살렘 교회는 심지어 먹이고 구제하는 일까지 책임을 맡게 되었으며 이러한 중요한 일을 위해 처음으로 집사들도 안수하여 세우게 됩니다. 하지만 가난한 사람들은 더 많이 모여들었고 그 이야기를 전해들은 마가의 친척 바나바는 교회에 필요한 재정을 자신의 전 재산을 팔아 가지고 오는 역할을 하게 됩니다.

　　세워진 집사 중에 한 명인 스데반의 설교는 사울이라는 한 청년의 마음에 심기워지기에 충분한 것이었으며, 베드로와 야고보 등 예루살렘 교회의 지도자들은 안디옥에도 성령의 역사가 일어난다는 소식을 듣고 귀한 헌금을 바친 마가의 친척 바나바를 그곳으로 파송하게 됩니다. 물론 여러분도 알다시피 그 바나바가 안디옥에서 일어나는 일의 중대함을 알고 다소에까지 가서 무명한 삶을 살고 있는 사울을 데리고 오게 됩니다. 그 둘이 선교를 나가게 되고 그 수행비서로 마가가 참여하는 것은 결코 우연이 아닙니다.

　　이 모든 일들이 하나 하나 뜯어보면 마치 우연처럼 보일 수 있습니다. 하지만 마가의 다락방에서 시작된 성령이 모두에게 어떻게 오는지 알지도 못하고 경험하지도 못한 그들이 행한 기도에서 시작된 그 "우연"이 결국은 전 세계 복음화라는 놀라운 역사를 태동시키는 안디옥 교회의 바울-바나바의 선교사 파송으로 이어진다는 것을 생각하면 하나님이 어떠한 일들을 뒤에서 분주히 행하고 계셨는지 짐작은 가능합니다. 사랑하는 성도 여러분, 지금 여러분이 처한 환경, 여러분이 가지고 있는 열심이 무슨 의미가 있을까 당장은 눈에 보이지 않을 수 있습니다. 하지만 그 작은 우연같은 점들이 모여 놀라운 기적을 이룰 날이 반드시 올 겁니다. 힘을 내시기 바랍니다.

[오늘 내가 만난 하나님]

[내가 이전에 알지 못했던 하나님]

[새롭게 만난 나의 하나님을 향한 기도의 제목들]

61 실제 어린아이 신앙

큰 딸이 작년 말에 전도한 친구 중에 에이미(가명)라는 아이가 있습니다. 금발머리의 눈이 파랗고 예쁜 백인 아이인데 성격도 활발해서 반에서 인기가 많은 아이입니다. 그런데 최근 에이미가 크리스챤이라는게 친구들에게 알려지면서 한 동네에서 오래 생활해온 다른 백인 친구들 사이에서 따돌림을 받게 되었습니다.

어제는 신디(가명)라는 아이가 에이미에게 "너 크리스챤인거 너희 아빠 엄마한테 아직 말 안했지? 내가 다 말할거야"라면서 온라인 소셜미디어를 통해 마음 아픈 메시지를 전했다고 합니다. 신디의 말에 의하면 크리스챤들은 동성애자들을 무조건 다 미워하고 자신의 가족보다 예수님이 더 중요하다고 말하는 가정 파탄자들이라고 욕을 하면서 사람들에게 에이미가 그리스도인이 된 것에 대해 "폭로"하겠다고 협박을 한 겁니다. 한번도 동성애자를 미워하거나 가족을 미워한 적이 없는 에이미는 많이 힘들어하며 제 딸에게 연락을 해왔습니다.

초등학교 5학년, 예수님을 믿는 여자 아이들 둘이서 울면서 대화하는 내용이 제 귓가에도 들려 왔습니다. 제 딸이 에이미에게 이렇게 물어보는 겁니다: "그래서 에이미, 너는 뭐라고 대답했니?" 에이미는 대답했다고 합니다: "그렇게 네가 말해도 나는 크리스챤이야"라고 말입니다. 에이미의 대답을 들은 딸 아이가 이렇게 말하는 것이 들렸습니다: "잘했어, 에이미. 그렇게 해야 하는거야!" 제가 옆에서 종이에 크게 써줬습니다: "마태복음 10장 32-33 읽어줘" 성경을 찾더니 그곳을 펼쳐서는 친구 에이지를 위로하며 읽어주는 모습을 봤습니다: "누구든지 사람 앞에서 나를 시인하면 나도 하늘에 계신 내 아버지 앞에서 그를 시인할 것이요. 누구든지 사람 앞에서 나를 부인하면 나도 내 아버지 앞에서 그를 부인하리라."

그리고 오후에는 가서 잠깐이라도 친구의 얼굴을 보고 오고 싶다고해서 저희 가족 모두 나가 부랴부랴 에이미가 좋아하는 한국 짜파게티랑, 후렌치파이, 그리고 전병 등을 근처 슈퍼에서 사와 그 아이 집에 전달하기위해 다녀왔습니다. 저는 제가 가르치지 않은 일을 딸 아이가 하는 것을 보면서 많은 것을 배웠습니다.

무엇보다 주님이 왜 우리의 신앙이 어린 아이들과 같지 않으면 결단코 천국에 들어갈 수 없다고 하셨는지 새롭게 알 수 있었습니다. 어른들은 너무 생각이 많습니다. 다른 말로 하면, 어른들은 주님 이외에 너무 주인이 많습니다. 본인 생각, 주변 눈치, 심지어 남편, 부인, 자식 등등의 생각까지... 생각이 많으니 주인도 많아지고 핑계도 너무나 많습니다. 그런데 아이들이 주님을 한번 믿으니까 정말 주님 밖에 모릅니다.

[오늘 내가 만난 하나님]

62 이름없는 부자 이름있는 부자

신약 전체에서 "부자"라는 단어는 총 28 회가 사용되었고 그 중 열 두번이 누가복음 한 권에서 발견됩니다. 즉, 누가는 누구보다 부자에 대한 관심과 애정이 남다릅니다. 누가복음에는 대표적으로 두 명의 부자 이야기가 소개됩니다. 하나는 16 장에 거지 나사로와 함께 등장하는 이름도 기록되지 않은 부자이고 다른 하나는 19 장에 등장하는 삭개오라는 이름이 성경에 기록된 부자입니다. 다른 모든 수식어 보다 특별히 이 두 사람은 "부자"라는 수식어로 중요하게 묘사가 되어 있습니다.

재정적으로만 보면 둘 다 넉넉한 부자라는 공통점을 가지고 있지만 이름도 없는 부자에 비해 사실 삭개오는 전혀 행복하지 못한 삶을 살고 있는 것으로 보입니다. 그가 그렇게 불행했던 이유는 그의 작고 외소한 외모 때문만은 아니었습니다. 그의 직업이 동족 유대인에게 배척당하고 무시당하는 세리였기 때문입니다. 세리라는 그의 직업은 사람들에게 지탄을 받는 것이었으며 마치 냄새나고 더러운 것을 꺼려하듯이 사람들이 그를 멀리하려고 했기 때문입니다. 반면 이름없는 부자는 거지 나사로가 다른 곳에 가서 구걸을 하지 않고 그 집 앞에 자리를 틀고 앉아 버려지는 음식만으로도 먹고 살 수 있을 정도로 풍족하고 호사스러운 삶을 향유하며 살았습니다.

그런데 이 두 명의 부자의 차이점이 여기서 끝이 아닙니다. 결정적으로 한 부자는 구원을 받아 천국의 백성이 되지만 다른 한 사람은 지옥에 떨어지게 되기 때문입니다. 성경에 이름이 기록된 삭개오는 천국을 가지만 이름조차 언급되지 않은 부자는 아브라함의 품에 안겨있는 거지 나사로를 바라만 볼 수 있으며 지옥에서 때늦은 후회의 눈물을 흘리게 됩니다. 동일하게 둘 다 "부자"인데 한 사람은 성경에 이름조차 기록되지 못하고 지옥에 떨어지고 다른 한 사람 삭개오는 천국에 들어가게 되는 이 둘의 다른 인생의 결말이 의미하는 바가 무엇일까요?

부자라는 사실이 그 사람을 선한 사람인지 악한 사람인지 구분하는 기준이 아니듯이 부자라고 해서 반드시 죄인이 아니며 가난하다고 해서 반드시 주님의 긍휼을 입는 것은 아닙니다. 부자가 자신의 풍족함을 뒤로하고 주님 앞에 엎드려 자신의 재산보다 주님이 더 소중하며 자신의 행복보다 주님이 주시는 영생을 얻기를 원한다고 고백할 수 있다면 그것보다 더 아름다운 결신은 찾기 어려울 수 있습니다. 실제로 그렇게 하는 것이 어렵기 때문에 부자의 구원을 불가능에 가깝다고 성경은 말하고 있는 것입니다. 반대로 세상에서 가난한 삶을 사는 거지라도 자신의 처지로 하나님을 원망할 이유를 찾고 주님의 평안을 얻기 위해 노력하지 않으며 천국에 대한 소망으로 믿음을 지키지 않는다면 구원받은 제자가 될 수 없습니다.

  사랑하는 성도 여러분, 우리는 눈에 보이는 것에 필요 이상의 가치를 부여하는 세상에 살고 있습니다. 눈에 보이는 것은 언젠가 다 사라지고 심판대 앞에 놓이게 될 것들입니다. 오늘 삭개오와 같이 눈에 보이는 것으로 하나님을 섬기고 가난한 자들을 돌볼 노력을 하는 것이 부자에게 물질의 복을 주신 이유입니다. 비록 성경에 기록되진 않았지만 나사로와 같이 가난한 중에도 주님을 향한 믿음과 소망을 품었다면 이 세상의 가난하고 헐벗은 고난을 다 보상받을 수 있는 천국을 소유할 수 있습니다. 하나님나라를 소유할 수 있는 사람은 부유함과 가난함을 떠나 오직 회개와 믿음으로만 만들어집니다.

[오늘 내가 만난 하나님]

63 무능력의 놀라운 능력

제가 신학 과정 중 하나를 마친 신학교는 2 주간의 실제 단기선교를 통해 선교학점을 받아야만 졸업을 할 수 있는 학교였습니다. 계획을 세우는 것에서 시작해서 경비를 마련하고, 다녀와서는 뉴스레터로 보고서를 후원자들에게 보내는 것으로 마무리되는 단기선교코스 였습니다. 저는 쉽게 가볼 수 없는 나라를 가보고 싶다는 생각으로 다섯 나라 중에서 헝가리를 선택했는데 학생들에게 별로 인기가 없었던 헝가리는 단지 서른 명의 학생들이 단기선교 코스에 참여했습니다.

선교를 떠나기 두 달 전, 월요일 저녁마다 서른 명이 모여서 서로를 격려하고 선교를 준비하는 기도모임이 만들어 졌습니다. 첫 모임을 놓치고 두 번째 모임에 참석하게 되었는데 제가 빠진 첫 주에 제가 이번 헝가리 선교팀의 팀리더로 선정된 것을 알게 되었습니다. 저는 그 즉시 "나는 헝가리를 가본 적도 없고 리더를 할 능력도 없다"며 그 결정을 받아들이지 않았습니다. 그런데 지난주 리더를 뽑기 위한 회의를 하는데 아무도 리더를 하려하지 않았다는 겁니다. 그런데 마침 제가 불참을 했기에 만장일치로 저를 팀리더로 뽑았다며 이것이 운명이라는 답변만 돌아왔습니다. 저는 헝가리어도 못하는데 어떻게 내가 가서 설교를 하고 팀을 이끌겠냐고 했지만 학우들은 제게 "너는 헝가리어 뿐만 아니라 영어도 못하니 괜찮을거야"라는 위로 아닌 위로만이 되돌아 왔습니다. 그렇게 무경험 무능력의 제가 이끄는 선교팀이 헝가리를 2 주간 다녀왔습니다. 그런데 그 결과는 그 신학교 역사상 가장 결신이 많이 나오고 간증이 많이 나온 최고의 단기 선교라는 찬사를 받을 수 있었습니다. 어떻게 이런 일이 가능했던 것일까요? 아래가 제가 당시 기록해 둔 세 가지 성공 요인입니다.

우리가 무엇인가 하나님이 주신 사명을 깨달았을 때, 무경험과 무능력이 반증적으로 가져오는 세 가지 매우 긍정적인 효과가 있습니다. 첫째, 더욱 간절해 지는 기도의 힘이 생깁니다. 아무리 노력하려고 해도 상황이 절박하지 않을 때 간절함은 억지로 만들어 낼 수 없습니다. 우리 스스로 무엇인가를 열심히 노력하면 이룰 수 있다고 생각되는 일에 우리는 그렇게 간절하지 않습니다. 하지만 반드시 해야하는 일인데 나에게 아무런 능력이 없다는 것을 발견하는 순간, 우리의 기도는 이전에 없던 간절함으로 주님께 매달릴 수 있게 됩니다. 둘째, 연약한 성도들의 화합을 이끌어 낼 수 있습니다. 나에게 능력이 없을 때, 우리는 주변을 둘러보게 됩니다. 주변에도 도움을 청할 곳이 없다는 것을 깨닫는 순간 더 이상 도움을 청할 사람을 찾는 것이 아니라 함께 있는 연약한 사람들이 힘을 모으기 시작합니다. 그리고 연약한 성도들의 마음이 모아지면 놀라운 역사가 일어납니다. 셋째, 성패에 연연하지 않으니 모두들 자유롭게 성공여부와 상관없이 최선을 다하게 됩니다. 저의 헝가리 선교팀에게 실패는 불 보듯 뻔한 당연한 일이었습니다. 즉, 성공에 대한 기대를 할 수 없는 상황이었기에 아주 작은 성과가 있을 때마다 우리는 기뻐하고 감사하며 축제의 분위기가 되었고 그 작은 성공은 곧 큰 성공들을 불러오는 원동력이 되었습니다.

　　사랑하는 성도 여러분, 우리가 하나님의 일을 하려고 할 때, 때로는 자신의 무경험과 무능력으로 고민할 수도 있습니다. 하지만 그것이 간절한 기도와 성도들의 화합을 통해 하나님이 큰 일을 이루시기 위한 기회일 수도 있다는 사실을 기억하시기 바랍니다. 그리고 어떠한 경우에도 주님의 일을 나의 한계 때문에 너무 쉽게 포기하지 마시기 바랍니다.

[오늘 내가 만난 하나님]

64 먼저 위의 것을 찾으라

세계 최강국 부자의 나라라고하는 미국에서 상대적으로 가난한 유학생이 겪게 되는 빈곤은 더 크게 다가옵니다. 미국 유학시절, 학비는 장학금을 받아서 해결이 되었고, 기숙사 비용은 겨우 쥐꼬리만한 전도사 사례비로 감당을 할 수 있었고, 교과서는 친구들에게 부탁을 해서 신학기가 시작할 때마다 복사를 하던지 아니면 중고서적으로 대체를 하고, 옷과 필요한 물품들은 신학교 근처 교회에서 구제품을 나눠줄 때마다 받아와 살아갈 수 있었습니다. 그런데 한 가지 해결하는 것이 힘든 것이 있었는데 그건 매일 끼니 때마다 식사를 해결하는 것이었습니다.

     월마트에서 한 판에 한화로 천원 정도하는 냉동피자를 사다놓고 끼니때마다 먹기도하고 (당시 핏자 한판 가격이 보통 만원이상), 한 박스에 20개가 들어있는 "마루첸"이라는 브랜드의 라면을 사천원도 안되는 가격에 사다가 쌓아놓고 먹기도 하지만 (당시 신라면 12개 한 상자 가격이 만원이상) 시간이 지나면서 냉동피자와 마루첸을 도저히 못 먹겠다는 생각이 드는 순간이 오게 되었습니다. 때론 비슷한 비용의 다른 음식들로 대체를 해보기도 하지만 한 끼에 천원짜리 음식은 피자나 햄버거나 치킨이나 라면이나 겉모양만 다를 뿐 맛은 정말 놀랄 정도로 비슷하다는 점을 알게 됩니다. 굳이 묘사하자면 무엇을 먹어도 맛은 브라운 종이상자를 씹는 그런 뒷맛이 납니다. 무엇으로 만들어졌는지 알려고 했다면 먹을 수 없었을지도 모르는 그런 비슷한 음식들이었습니다.

     그렇게 몇 년을 버티면서 지내고 있는데 어느 날 드디어 기적이 일어났습니다. 그 날도 여느날처럼 수업을 위해 학교로 걸어가고 있었습니다. 그런데 걸어가는 길 위 제 발바닥 밑으로 "따다닥 따다닥"하면서 무엇인가가 밟혀 깨지는 소리가 연속적으로 나는 겁니다. 그리고나서 주위를 둘러보니 바닥이 온통 나무에서 떨어진 호두로 가득한 겁니다. 정말 밤색의 호두가 회색 콘크리트 인도를 다 매울 정도로 많았습니다. 그래서 땅에 떨어진 호두를 하나 주워 벌어진 틈을 통해 떨어져 나온 호두 조각 하나를 먹어봤습니다. 그때 그 맛은 정말 요나단이 전쟁터에서 맛본 그 꿀의 맛과 비슷하다고 표현해야 할까요? 그 순간 실제로 눈이 밝아지는 듯한 느낌을 받을 정도로 몇 년간 먹어온 냉동피자, 냉동버거, 싸구려 라면과는 차원이 다른 고급지고 고소하며 달콤한 맛을 혀에서 오랜만에 느껴볼 수 있었습니다. 그 호두가 제게는 마치 하늘에서 떨어진 귀한 만나와 같았습니다.

       그날부터 저의 주식은 호두가 되었습니다. 매일같이 시간만 나면 아침 저녁으로 저는 허리를 펼 시간도 없이 학교 교정 주변을 돌면서 호두를 줍기 시작했고 저녁이면 기숙사 방에 공부를 마치고 앉아서는 그 호두를 까다가 잠이 들곤 했습니다. 학교 구내식당에서 가져온 설탕과 공짜로 나눠주는 일회용 꿀을 발라서 먹기도 하고 냄비에 밥을 지을 때 호두를 넣어서 영양만점의 호두밥을 먹기도 했습니다. 그렇게 나무에서 떨어진 호두에 감동하며 지내다 보니 어느 순간 남부럽지않게 먹으며 살고 있다는 생각이 들게 되었고 급기야는 이 "위대한" 호두밥을 가까운 친구들에게 선물해 줘야겠다는 결심을 하게 되었습니다. (이어서).

[오늘 내가 만난 하나님]

65 오직 위의 것을 찾으라

친구들에게 선물해 줄 호두밥 도시락을 정성스럽게 준비했습니다. 그리고 다음날 먼저 스티븐이라는 가장 친한 친구에게 도시락과 함께 성경구절을 적어넣은 일회용 꿀 몇 개를 플라스틱백에 동봉해서 "고급스럽게" 전해줬습니다. 다음날 스티븐은 기숙사로 저를 찾아왔습니다. 그리고는 제게 이렇게 질문했습니다: "너, 그 호두밥 얼마나 먹고 지냈니?"라고 말입니다. 흥분감을 감추지 못한 저는 어떻게 처음 하늘에서 떨어진 호두를 줍게 되었는지부터 시작해서 이스라엘이 먹었던 만나이야기, 그리고 조나단의 말씀이 떠오른 감동 이야기, 그리고 호두를 이용해서 다양하게 제가 개발한 영양메뉴에 이르기까지 자랑을 늘어놓았습니다. 그런데 스티븐의 반응은 예상 외였습니다. 어제 가져간 그 도시락을 한 입 먹고는 토할 것 같아서 버렸다는 겁니다. 그러면서 제게 그건 사람이 먹을 수 있는 음식이 아니라며 최악의 평가를 했습니다. 순간 너무나 당황한 저에게 같이 나가자며 제 손을 이끌며 스티븐이 재촉했습니다.

    스티븐은 저를 동네 유명 식료품점에 데리고 가서는 그 큰 쇼핑카트가 정말 꽉차고 넘치도록 물건들을 담았습니다. 기존에 구경만 했던 냉동식품들, 핑크색 플라스틱 용기에 예쁘게 담겨있는 스테이크들, 소시지에 그날 들어온 야채, 과일, 그리고 오래도록 두고 먹을 수 있는 전자랜지용 음식까지 제 눈에는 일년을 먹을 것 같은 그런 양의 음식을 사줬습니다. 수 십 봉지나 되는 식료품 백을 제 기숙사 방에 들여놓고는 돈이 한 다발 가득 담긴 하얀 봉투에 내밀며 제게 다시는 호두를 줍지 않았으면 좋겠다며 눈물을 보였습니다. 아무말 못하고 있다가 고맙다는 말을 하려고 하는데 스티븐은 제게 미안하다며 저를 안아주고는 눈물을 훔치며 돌아갔습니다.

    저는 한 참을 생각해야 했습니다. 저에게는 둘도 없이 훌륭한 천상의 식재료인 호두가 친구에게는 구토를 일으키는 음식이었고, 저에게는 가장 큰 감사의 제목이었던 그 호두가 친구에게는 미안하다며 봉투를 내미는 회개의 도구가 된 현실이 믿기지 않았습니다. 호두밥이 왜 맛이 없는지 이해할 수 없었고 방안에 가득한 식료품 봉지들과 제 손에 들려진 돈 봉투를 바라보며 그런 것이 제게 왜 필요한지, 그리고 친구가 나에게 왜 미안한지도 저는 이해가 되질 않았습니다. 그로부터 몇 개월이 지나고나서 그때를 추억하며 호두밥을 지어 먹은 적이 있었는데 그제서야 그걸 왜 스티븐이 먹을 수 없었는지 알 수 있었습니다.

　　그때를 생각하면 지금도 웃음이 나면서도 한 가지는 심각하게 붙잡고 싶은 것이 있습니다. 그것은 제가 태어나서 먹어본 어떠한 음식도 그날 처음 땅에서 주워서 먹었던 그 호두처럼 제 눈이 확 밝아지는 놀랍고 달콤한 경험을 해본 적은 없다는 사실입니다. 그리고 그때 그 순간, 조나단을 떠올리며 흘렸던 그 감동의 눈물을 저는 여전히 기억합니다. 천지를 지으신 하나님께서 당신의 자녀를 먹이시기 위해 하늘에서 호두를 뿌려주신 그 감동때문에 흘렸던 그 눈물을 지금도 뜨겁게 기억합니다. 오직 하늘에서 내려오는 하나님의 은혜만으로 모든 것에 만족하고 감사하며 살아가겠다며 다짐했던 그때의 제 약속을 지금도 저는 기억합니다. 위의 것을 찾고 위의 것만 바라보다보니 놀랍게도 스티븐을 통해 땅의 것으로도 풍성하게 해주신 그 기적에 여전히 감사합니다. 그리고 이러한 감동을 지키기 위해 지금도 저는 매일 간절히 위에 계신 주님을 붙잡으려고 노력하고 있습니다.

[오늘 내가 만난 하나님]

66 신앙 컨닝

팬데믹이 우리 모든 신앙인에게 미친 영향력 중에 한 가지는 우리 모두가 주님 앞에서 평등하다는 사실을 새롭게 확인한 것 입니다. 팬데믹의 보편적이고 지구적인 영향력은 빈부격차, 남녀노소 할 것 없이 그리고 교회에서는 목회자, 평신도의 구분없이 모든 개개인을 공평하게 위협하며 신앙인에게는 주님 앞에 각자가 얼마나 신실하게 자신의 믿음을 지킬 능력이 있는지를 동일하게 시험하고 있습니다. 오랫동안 신앙을 하면서 두루고 있었던 직분도 타인과의 접촉이 제한되면서 유명무실 해졌고, 주일학교, 공예배, 그룹별 친교 모임도 무색해 져버렸습니다. 일주일에 한 두번 잠시 잠깐 나를 바라보는 사람들에게 자신의 신앙을 배울 수도 없게 되었으며 평가를 기대할 수도 없게 되었습니다. 심지어 내 신앙의 상태와 무관하게 사람들이 고개를 숙여 인사하며 인정해주던 신앙의 연조도 자신의 신앙을 독려하는데 아무런 의미가 없어졌습니다. 한 마디로 주변 사람들과 서로 암묵적으로 용인해주던 신앙의 컨닝은 불가능해지고 이제 홀로 주 앞에서 내 신앙의 점수를 매겨야 할 때가 온 것입니다.

   이제는 내 신앙을 잔인할 정도로 솔직하게 평가해줄 사람은 내가 함께 한 집에서 삶을 나누는 내 가족과 내가 또 가장 많은 시간을 보내는 직장의 동료들이 되었습니다. 더욱 솔직한 것은 이렇게 나를 평가해줄 내 집안의 식구들과 내 직장의 동료들 중에는 하나님을 믿지 않는 사람들도 있다는 사실입니다. 이제 매 순간 내 삶 속에서 겪게 되는 다양한 상황들 속에서 내가 얼마나 사람들에게 진정 주님의 향기를 뿜어 내고 있는가 하는 것이 나의 진정한 신앙을 말해주며 항상 함께하는 그들의 평가만이 유일하게 남는 내 신앙의 채점표가 되었습니다.

   어쩌면 우리가 교회 안에서 더 많은 격려를 해주고 더 많은 위로를 건네주고 더 많은 사랑을 베풀어 주었던 사람들이 마치 모두 떠나가고 아무도 없는 것처럼 고독감을 느껴질 수 있는 시기일지도 모릅니다. 심지어 이 세상에 이제 나 혼자만 남아서 신앙을 하고 있는 것처럼 외로운 마음이 들 수도 있습니다. 하지만 여전히 감사해야 할 것은 지금 이 시기가 없었다면 우리는 평생 단 한번도 솔직하고 진실되게 우리의 신앙을 오직 주님 앞에서 채점해 보지 못했을 수도 있습니다. 우리가 주님께 받은 사랑을 되돌아 볼 여유를 얻지 못했을 수도 있습니다.

　　　주님을 향한 우리의 신실한 신앙은 주님이 우리를 향해 주신 그 분의 한없는 사랑에서 시작합니다. 주님은 우리에게 많은 것을 주셨습니다. 신앙을 하면서 숱한 어려움들을 겪으며 살아왔지만 여전히 부인할 수 없는 것은 정말 말씀대로 그동안 우리가 굶주리지 않았고 우리의 옷이 헤이지 않았으며 아무리 험난한 길을 걸어왔어도 우리의 부르튼 발이 곧 치유될 만큼만 고난을 겪게 하셨습니다.

[오늘 내가 만난 하나님]

67 굿 윌 헌팅

맷 데이먼과 로빈 윌리엄스 주연의 영화, 〈굿 윌 헌팅〉을 보셨는지요? 윌 헌팅 (맷 데이먼)은 비록 수학 천재였지만 불우한 어린 시절을 보낸 탓에 학업의 기회를 얻지 못했고 성인이 되어서는 결국 대학에서 청소용역을 하는 청년이 되었습니다. 윌은 불우한 과거를 비관하며 자신의 암울한 처지를 환경 탓으로 일관하며 살아가고 있었습니다. 그러던 어느날 숀 맥과이어 (로빈 윌리엄스) 교수의 방 주변을 청소하던 윌은 숀이 학생들에게 도전하기 위해 복도에 적어놓은 수학문제를 유심히 바라보게 됩니다. 아무도 풀지 못했던 그 수학문제를 단숨에 풀어내면서 윌은 숀의 눈에 띄게 됩니다.

하지만 이 두 사람의 우정은 윌이 수학 천재이고 그것을 발견한 숀이 그를 성공하도록 도와주는 것으로 시작하지 않습니다. 오히려 그 반대로 지식적으로 자신이 훨씬 우월하지만 단지 자신의 환경때문에 자신이 실패했다고 믿고 있는 윌이 숀의 과거를 지레짐작하며 자신의 열등감을 정당화하듯이 숀을 마구 비판하는 장면에서 시작됩니다. 확실히 명석한 윌의 방대한 지식에 탐복할 만하다고 생각할 수도 있지만 숀은 오히려 그에게 이렇게 반박합니다: "너는 어린 애송이에 불과해. 너는 내가 미켈란젤로에 대해 물으면 그와 관련된 모든 정보를 나열하겠지. 심지어 도서관 구석에 쳐박혀 있는 별볼일 없는 책 속의 지식까지도 줄줄 나열하며 네 지식을 자랑할거야. 하지만 너 그거 아니? 너는 실제 미켈란젤로의 천지창조 벽화가 있는 시스티나 성당에서 어떤 냄새가 나는지, 그 영혼을 압도하는 장엄함에 대해서는 한 마디도 하지 못할거야. 왜냐면 너는 그런 위대한 가치에 대해서는 상상도 할 수 없을 테니까."

하나님의 말씀을 대하는 우리의 태도도 이렇게 둘로 나눌 수 있습니다. 신앙을 수십년을 해왔고 성경을 수십 번을 읽었어도 하나님의 말씀은 우리에게 단지 감동을 주고 때때로 위로를 주는 지적이고 감성적인 글귀에 불과할 수 있습니다. 하지만 성경은 성령의 감동으로 기록된 하나님의 살아 역사하시는 말씀입니다. 성경은 우리 삶에 영향을 주는 책일 뿐만 아니라 우리 삶에 새로운 생명력을 불어넣고 삶을 변화시키는 성육신한 살아있는 말씀입니다. 성경은 우리가 유일하게 하나님을 알 수 있는 확신있는 책 중의 책이며 우리에게 영생의 길을 알려줄 뿐만 아니라 삶의 순간 순간을 하나님의 뜻으로 인도하는 위대한 가이드가 되어 줍니다. 우리는 과거 어느 세대 보다도 물질적인 풍요 뿐만 아니라 지적인 풍요를 누리고 있습니다. 손가락 클릭 하나만으로 우리는 과거 수 많은 신학자들이 평생을 공들여 이룩한 성경 지식을 몇 분만에 프린터로 출력해 낼 수도 있습니다. 하지만 정작 우리는 평생을 공 들일만큼 그 사람들을 사로잡은 열정을 경험하지 못하게 되었으며 그들이 하나님의 말씀과 씨름하며 누린 영혼의 축복은 쉽게 누릴 수 없게 되었습니다. 한 마디로 경건의 모양은 있을지 모르지만 그 능력은 쉽게 얻지를 못하게 되었습니다.

　　　구약은 소설책에, 신약은 수필집에 비교하는 분들도 있습니다. 시간이 지나면 더 좋은 소설과 수필을 발견할 수 있을지도 모릅니다. 하지만 우리가 성경을 우리 삶의 생명의 말씀으로 여긴다면 이 보다 더 큰 감동은 영원히 발견하지 못할 겁니다.

[오늘 내가 만난 하나님]

68 믿음을 믿지않는 믿음

세월을 이기는 믿음을 갖는 것은 쉽지 않습니다. 누구나 나이가 들어 기력이 쇠하면 평범한 일상도 불안해 보이고 지금까지 지켜온 강한 믿음이라도 냉엄한 현실 앞에서 흔들릴 수 있습니다. 처음엔 믿음으로 영생을 얻었지만 나중엔 그 믿음을 믿는 과신때문에 타락할 수도 있습니다. 그래서 오늘 함께 바라봐야 할 두 명의 노인이 있습니다. 그 두 노인은 우리 믿음의 조상인 아브라함과 한 때 그의 후사로 지명되었던 아브라함의 종 엘리에셀입니다. 특별히 창세기 24 장은 아브라함이 노년에 얻은 귀한 아들인 이삭의 아내를 찾기 위한 이 두 사람의 "믿음의 여정"을 다룬 장입니다.

아무리 하나님의 언약이 있다해도 이미 아브라함과 엘리에셀의 나이가 무척 많다는 현실을 고려할 때 (창 24:1) 굳이 먼 길을 가서 아내를 찾을 필요가 있을까요? 현재 살고있는 가나안의 여인 중에서 참한 여인을 며느리로 삼는 것이 현명한 판단 아닐까요? 하나님의 언약이 확실하다는 믿음만 있다면 어디에서 어떻게 이삭의 아내를 얻던지 무슨 상관이 있을까요? 이처럼 현실은 믿음에 대립하며 묻기만 할 뿐 아니라 우리가 소유한 믿음에 대해서도 묻습니다. 하지만 현실적인 최선을 선택하는 것이 믿음이 아니라 언제나 절대적인 한 분의 약속을 신뢰하는 것이 믿음이라는 것을 이 두 명의 노인은 기억하고 있었습니다.

아브라함의 장막에서부터 친척이 살고 있는 나홀성까지의 거리는 대략 600km 입니다. 건강한 성인이 도보로 한 달 반 정도가 소요되는 거리입니다. 그 먼 거리를 아브라함은 엘리에셀에게 가서 하나님이 예비하신 신부를 데려오라는 맹세를 하게 합니다(24:2-4). 더불어 실패를 할 경우에도 절대 현재 살고 있는 가나안 땅에서는 신부를 찾지 말라고 당부합니다. 하나님 언약의 성취와 지리는 이처럼 중요합니다.

아브라함처럼 굳센 믿음을 소유한 엘리에셀은 마치 신부를 맞이하러 가는 사람처럼 주인의 온갖 귀한 보물들을 혼수품으로 낙타 떼에 싣고 먼 여정을 떠납니다. "아무도 우리를 알지 못하고 게다가 한번도 본 적이 없는 나를 누가 이 먼 타지까지 따라서 나선다는 말인가!"하는 고민도 분명히 마음에 있었을 겁니다. 자신의 믿음대로라면 그 먼 곳까지 정말 가야만 하는가에 대한 의문도 있었겠지만 엘리에셀도 주인 아브라함처럼 현실에 눈을 감기로 선택합니다. 그리고 현실 이면의 하나님의 약속을 바라보고 기도하며 나아갔습니다.

우리는 이미 창세기 24장의 놀라운 결과를 잘 알고 있습니다. 하지만 역사 속에 그 일들이 일어날 당시에는 엄청난 긴장과 끊임없는 갈등이 있었을지도 모릅니다. 현실적으로는 말도 안되는 일이 실제 이뤄져 리브가라는 이름의 여인이 가족들로부터 "천만인의 어머니가 되리라"(24:60)는 축복을 받고 이삭의 신부가 되기위해 다시 낙타를 타고 가나안으로 돌아 오는 것을 우리는 잘 알고 있습니다. 반면 여기에 우리가 잘 알지 못하는 사실도 있습니다. 그것은 "천만인의 어머니"는 아브라함의 아내인 사라가 받았던 축복이라면 "리브가"는 "이어받다"라는 놀라운 의미를 가지고 있다는 사실입니다.

사랑하는 성도 여러분, 우리가 현실 앞에서 약해지는 건 현실의 벽이 나의 믿음보다 더 위대해 보이기 때문입니다. 하지만 여러분, 설령 우리의 믿음이 그 벽만큼 높지 않다 하더라도 그 벽의 어딘가 우리의 믿음이 뚫고 들어가 반드시 하나님의 약속을 이룰 결과가 있는 곳에 다다를 수 있다는 그 가능성을 기대하고 신뢰하며 전진하시기 바랍니다. 그러다보면 응답을 안고 돌아오는 낙타를 만나는 역사적인 경험을 하시게 될 수도 있습니다.

[오늘 내가 만난 하나님]

69 의도보다 의중

세상사가 내 맘 같지 않다고 느낄 때가 있으실 겁니다. 이전에 묵상했던 것처럼 블레셋과의 전쟁에서 연이은 패배를 하게 되었던 이스라엘은 장로들을 주축으로 급기야 사무엘의 허락도 받지않고 언약궤를 가져와 전쟁에 나가지만 결국 또다시 참패를 당하고 도리어 언약궤까지 블레셋에 빼앗기는 수치스러운 참사를 겪었습니다.

그로부터 무려 100 년이라는 긴 세월 동안 블레셋의 벧세메스, 기럇여아림을 전전하던 하나님의 언약궤를 반드시 되찾아 와야 겠다고 생각한 사람은 다윗 왕입니다. 과거의 장로들과 달리 그는 전쟁을 위해서도 아니고 심지어 자신을 위해서도 아니고 오직 하나님의 것이 하나님이 세우신 나라에 되돌아 올 수 있기를 바라는 간절한 소망 하나를 위해 언약궤를 되찾아 오려고 했습니다. 다윗에게는 그럴 힘도 있고 타이밍도 좋고 그의 마음가짐도 순수했습니다. 그렇다면 이제 모든 일들이 순탄하게 이뤄져야 합니다. 하지만 현실은 때때로 우리의 이러한 순수한 믿음을 배반할 때가 있습니다.

다윗은 이 위대한 일을 위해 자신의 군대 수장들과 의논하고 (역대상 13:1), 온 백성에게 기도할 것을 당부하고 (13:2), 심지어 그 일을 위하여 구별된 신하들과 한번도 사용하지 않은 새 수레 등을 만들어 모든 과정에 온 정성과 열심을 다 쏟으며 성대한 행사를 준비합니다. 그리고 이제 언덕을 넘어 다윗과 온 백성은 새 수레에 옮겨 이스라엘 진영으로 들어오는 언약궤를 환영합니다. 그들은 "하나님 앞에서 힘을 다하여 뛰놀며 노래하며 수금과 비파와 소고와 제금과 나팔로 연주를" 합니다 (13:8).

그런데 그렇게 신이 난 것은 다윗과 이스라엘 백성 만이 아니었던 것 같습니다. 언약궤를 실은 수레를 끌던 소들이 갑자기 흥분하면서 언약궤가 휘청거리게 되고 급기야 땅으로 떨어지려는 찰나 웃사라고 하는 청년이 자신의 몸을 날려 떨어지는 언약궤를 손으로 잡아 구하게 됩니다. 하지만 어찌된 일인지 하나님은 웃사를 칭찬하기를 커녕 그 즉시 웃사에게 진노하사 그의 몸을 찢어 죽이십니다 (13:9-11). 100 년전 과거와 달리 이번에는 장로들의 마음도 온전하고 모든 정성과 열심으로 온 백성이 하나님을 기쁘시게 해드리려고 벌인 일이었는데 이상한 결과가 나온 겁니다.

사랑하는 성도 여러분, 다윗도 혼란스러웠을 겁니다. 하지만 이 사건을 통해 다윗은 하나님의 일을 이루시는 것도 우리가 아닌 하나님이시며 하나님의 일을 성취하는 방법도 우리의 최선이 아닌 하나님의 뜻대로 행해야 한다는 놀라운 비밀을 깨닫게 됩니다 (역대상 15 장). 즉, 내 의도를 다 아신다해도 하나님의 의중을 깨닫는 것이 먼저라는 것을 배우게 됩니다.

세상 사람의 마음이 우리 신앙인의 마음과 같지 않은 것처럼 하나님의 마음이 우리와 항상 같을 수는 없습니다. 살다보면 억울하고 이해가 되지 않는 일들을 겪게 될 때도 있습니다. 하나님의 일을 하는데 하나님이 돕지 않는 것 같아 원망의 마음이 들 수도 있습니다. 하지만 여러분, 이어지는 역대상 15장에서 다윗이 깨닫게 된 것처럼 그때마다 우리가 다시 엎드리어 하나님의 뜻을 묻는다면 하나님은 분명 우리에게 좀 더 확실하고 종종 더 수월한 당신의 길로 우리를 성공적으로 인도하실 것입니다.

[오늘 내가 만난 하나님]

70 갈등보다 깊은감동

설교를 시작하면서 "하나님도 해결하지 못하시는 유일한 관계가 고부간의 갈등이 아닐까요?"라고 우스갯소리를 던졌는데 의외로 심각하게 공감하는 분들이 많아서 놀랐습니다. 때로는 고부간의 갈등이 심지어 신앙의 가장 큰 걸림돌이라는 고백도 가끔 듣고는 합니다. 하지만 더욱 귀한 하나님의 은혜가 종종 더 깊은 고난 속에 숨겨진 보석과 같이 발견될 때가 있다는 것도 기억해야 합니다.

구약에 등장하는 나오미는 남편 엘리멜렉과 함께 그들의 두 아들을 데리고 유대의 흉년을 피해 모압으로 이주를 하게 됩니다. 도착한지 얼마 못되어 갑자기 남편이 죽게 되고 두 아들 말론과 기룐은 모압의 여인들을 아내로 맞이하게 되지만 행복할 겨를도 없이 그들 또한 모압 땅에서 죽게 됩니다. 흉년을 피하려고 남편과 두 아들과 함께 모압에 왔는데 도리어 그들을 모두 잃고 나오미는 오르바와 룻이라는 며느리 둘과 남게 된 것입니다. 나오미는 다시 고향으로 돌아가기로 마음을 먹습니다. 며느리는 남편도 없이 시어머니에게 기댈 것이 없고 나오미도 며느리들이 편안하지만 않을 상황이니 며느리들에게 이제 헤어져 너희들은 모압 땅으로 돌아가고 자신은 유대 땅으로 가겠노라고 합니다 (룻기 1:8-9). 깊은 갈등이 있었겠지만 그래도 두 며느리는 어찌된 일인지 시어머니를 따라 그녀의 고향으로 함께 동행 길에 오릅니다.

하지만 시간이 지나면서 점점 더 고된 여정 길에서 나오미는 며느리들에게 다시 돌아갈 것을 권유하게 되고 결국 오르바는 눈물을 흘리며 모압으로 돌아갑니다. 모압의 조상이 아브라함을 따라 나섰다가 갈라 선 조카 롯이라는 역사를 생각하면 이들의 헤어짐은 상징적인 의미가 있는 것처럼 보입니다. 이제 며느리 룻과 둘만이 동행하게 된 귀국길에 나오미는 며느리에 대한 안타까운 마음이 더해가며 다시 한번 "모압의 신들과 모압 백성에게로" 돌아가라는 권유를 합니다 (1:15). 하지만 룻은 끝까지 어머니와 함께 하겠다며 "어머니의 백성이 나의 백성이 되고 어머니의 하나님이 나의 하나님이 되시리라"는 신앙의 다짐을 합니다 (1:16-17). 그녀의 독백같은 고백이었지만 그 고백을 나오미 뿐만 아니라 하나님도 듣고 기억하셨습니다.

사랑하는 성도 여러분, 저는 얼마전 룻기 1 장에 나오는 나오미와 그의 며느리 룻의 이야기를 통해 놀라운 교훈을 새롭게 얻었습니다. 큰 일을 계획하고 그것을 위해 노력하는 것만이 하나님의 큰 일을 이루는 방법은 아니라는 사실입니다. 어쩌면 우리는 인생의 시간과 노력을 뭔가 "큰 일"을 스스로 이루기 위해 기다리며 준비하며 훈련하며 허비하고 있는지도 모릅니다. 오늘 말씀에 비추어 보면 하나님이 원하시는 것은 극히 개인적이고 깊은 나만의 시련 속에서도 끝까지 은밀하게 나를 기억해주시는 하나님을 붙잡고 고백하며 묵묵히 작은 스텝들을 옮기는 순전한 노력인 것 같습니다. 훗날 룻과 보아스를 통해 주님의 혈통이 이뤄지는 역사가 있는 것처럼 진정 크고 놀라운 일은 우리가 이루는 것이 아니고 하나님이 이처럼 비밀스럽게 이루어 가시는 것 같습니다. 그런 하나님을 신뢰하고 기대하며 삶 속에서 작은 신념을 고집스럽게 고백하시는 성도가 되시기를 축원드립니다.

[오늘 내가 만난 하나님]

[내가 이전에 알지 못했던 하나님]

[새롭게 만난 나의 하나님을 향한 기도의 제목들]

[나의 하나님을 꼭 전하고 싶은 사람들]

[회개의 제목들: 새롭게 발견한 나의 종교적 선입견]

71 눈에는 눈

며칠전 지인의 집에 식사 초대를 받아 갔다가 바로 앞 집 아주머니가 자신의 가든에서 나무와 큰 물건들을 의지하며 더듬더듬 불편하게 걷고 있는 것을 봤습니다. 몇 그루 듬성듬성 심어진 나무들을 제외하곤 거의 이웃들과 담장없이 지내는 환경이라 뻔히 보이는 불편함을 보고 모른 채 할 수 없어 다가갔습니다. 혹시 도움이 필요하신건 아닌지 물어봤습니다. 아주머니는 괜찮다면서 사고로 한쪽 눈을 실명했고 다른 한쪽도 점점 보이지 않는다면서 놀랍도록 차분하게 설명을 해주셨습니다. 그런데 제 마음은 달랐습니다. 그 순간 제 마음에 뜨거운 감동이 생기면서 긍휼한 마음이 일어나기 시작했습니다. 나에게 은과 금은 없었지만 가진 것이 예수의 이름이니 기도를 해주고 싶은데 혹시 괜찮은지 여쭤봤습니다. 감동대로 하지 않고 후회한 일이 있는 터라 이럴 때 생각은 적게 하고 빨리 실행에 옮기는게 중요합니다. 그런데 그 분이 정중히 사양을 하셨습니다. 그리고는 다시 조심스레 더듬더듬 자신의 집안으로 되돌아 갔습니다.

  그 분의 더듬거리는 뒷모습을 안타깝게 바라보는데 순간 마음에 말씀이 하나 떠올랐습니다. 마가복음 8장 22절에서 26절에 나오는 "눈"과 관련된 특별한 일화가 생각났습니다. 주님이 어떤 한 맹인을 마을 밖으로 이끌어내어 그의 눈에 침을 뱉어 그가 다시 볼 수 있도록 치유해주는 기적을 다룬 사건입니다. 그런데 놀랍게도 이 일화는 주님의 수 많은 치유 사역 중에서 유일하게 한번 만에 아픈 곳이 낫지 않고 두 번에 걸쳐 차츰 멀었던 눈이 보이는 순차적인 치유 과정을 담고 있습니다. 헬라어 원어성경을 통해 바라 본 23절은 심지어 주님이 안수를 해준 그 맹인에게 "어때, 좀 보이는 것 같니?"하고 직접 물어보시면서 마치 제대로 치유가 이뤄졌는지 질문을 하시는 것 같은 매우 이례적인 주님의 확인내용까지 포함하고 있습니다.

  본문에 "눈"이라고 번역된 단어는 사실 전혀 다른 두 개의 헬라어 단어로 이뤄져 있습니다. 23절에 사용된 "눈"은 *오마* 라는 단어로서 신약성경에 단 두 번 밖에 사용되지 않은 특별한 것을 바라볼 수 있는 영적인 눈을 가리킵니다. 하지만 25절에 사용된 "눈"은 *오프살모스* 라고 하는 평범한 눈을 지칭합니다. 즉, 주님 앞에 나아온 맹인은 앞을 볼 수는 없었던 육체적인 맹인이었지만 주님이 지나가신다는 말을 듣고는 주님께 반드시 나아가고자 하는 간절한 믿음의 눈을 소유하고 있었습니다. 하지만 그 믿음의 대상이 희미했던 것 뿐 입니다. 하지만 그가 주님께 온전한 치유를 받았을 때 그의 눈은 이제 바로 앞에 계신 주님을 선명하게 바라볼 수 있게 되었고 그의 희미했던 믿음의 대상을 완벽하게 발견하게 된 것입니다.

즉, 그가 눈에 안수를 받고 사물을 정확히 식별할 수 있게 되었을 때, 그 "눈"이 우리에게 전달하고자 하는 메시지는 그가 단순히 앞을 보게 되었다는 의미가 아닙니다. 본 일화가 소개되기 바로 이전, 주님과 바리새인들과의 대화를 보면 18 절에 이 평범한 "눈"이 이미 사용된 것을 알 수 있습니다: "너희가 눈이 있어도 보지 못하며." 즉, 하나님의 나라에서 "눈"으로 사물을 바라보는 것보다 더 중요한 것이 있습니다. 그것은 그 "눈"이 믿음으로 먼저 주님을 식별하여 바라 볼 수 있는 것입니다.

여러분, 오늘 우리의 걸음걸이가 마치 우리 집 안에서 더듬거리며 무엇인가를 찾고 있는 것처럼 방황하고 있다면 한번쯤 손을 내밀어 친절한 주님 손길에 의지해 보실 수 있기를 주님의 이름으로 축원드립니다. 믿음의 눈으로 바라볼 때 우리의 상처받은 현실이 희망과 소망으로 넘치게 되는 것을 바라보시기 바랍니다.

[오늘 내가 만난 하나님]

72 세 가지 불가능

논리적으로 설명하거나 이해하기 어려운 대표적 세 가지 위대한 사건이 있습니다. 첫째는 창조주가 스스로 창조물이 되신 것입니다. 흔히 하나님이 우리를 너무나 사랑하셔서 우리를 위해 이 땅에 오셨다는 사실을 말할 때 우리는 그렇게 큰 경외감을 느끼지 못할 수도 있습니다. 상상할 수 없는 것은 처음부터 공감할 수 없기 때문입니다. 다른 말로 하면, 여러분이 소유한 무엇인가가 아무리 소중하고 아름답다해도 그것이 되어야겠다고 생각할 사람은 이 세상에 단 한 명도 없습니다. 하물며 천지만물을 창조하시고 통치하시는 유일한 창조주 하나님이 자신을 배반한 창조물인 인간을 너무나 사랑하셔서 그 인류를 구원하시기위해 직접 인간의 모습으로 이 땅에 오셨다는 것은 상상조차 불가능한 일 입니다. 하지만 하나님은 우리를 위해 그 불가능을 한번 가능케 하셨습니다. 여기서 멈추고 이것을 다시 한번 묵상하시기 바랍니다.

   둘째는 우리를 구원하러 오신 그 하나님의 아들, 즉 하나님과 본체이신 동일하신 한 분 하나님께서 우리의 죄를 위해 이 땅에 오셔서 십자가에 돌아가신 사건입니다. 그것이 두 번째 불가능한 일을 한 번 가능케하신 하나님의 놀라운 선택입니다. 정말 이 방법 말고 다른 방법은 없으셨을까요? 굳이 그렇게 처참하고 고통스럽게 십자가에 달려 죽으셔야 했을까요? 그 경이로운 사건이 인간의 깊고 어두운 죄악성을 증명합니다. 창조주가 창조물이 되는 것이 불가능한 것처럼 하나님을 향한 우리의 불신과 죄악들이 거룩하신 하나님의 용서를 기대한다는 것은 불가능한 일입니다. 하나님은 자비와 긍휼히 충만하신 사랑의 하나님이시지만 동시에 정의와 공의의 기준되시는 의로우신 하나님이시기 때문입니다. 이러한 의로운 분이 의롭지 못한 모든 인간을 영원히 용서할 수 있는 유일한 방법은 영원성의 주인이신 창조주, 의로우신 하나님의 아들이 그 인간의 모든 추악한 죄악들의 대가를 죽음으로 단번에 치루시는 것 외에는 없었던 것입니다. 어쩌면 우리는 이처럼 당연하게 여겼던 것을 다시 한번 멈추고 새롭게 묵상할 필요가 있습니다. 진정한 영성이 당연하다 착각한 것들을 뜨겁게 곱씹어 보는 데서 나오는 것을 기억해야 합니다.

셋째 불가능은 인간의 모습으로 죽으신 그 분이 죽음을 이기고 부활하시어 다시 영광스러운 모습을 얻으신 사건입니다. 이 부활 사건은 인간의 지적 능력으로는 설명하는 것도 이해하는 것도 어렵습니다. 이 세계의 현상들에 대한 확률을 다루는 과학도 이 단번 이뤄진 불가능을 상상해낼 수 없습니다. 인간에게는 죽은 사람이 되살아오는 것도 불가능하고 그 사람이 다시 하나님의 영광과 권위를 회복하는 것도 불가능합니다.

　　　우리는 주님이 인간의 몸으로 오신 것을 역사에 기록된 사건으로써 믿을 수 있을지 모릅니다. 그 주님이 왜 십자가에서 죽으셔야만 했는지도 우린 인간의 입장에 서서 본다면 이해할 수도 있습니다. 또한 그 주님이 사흘 만에 죽음을 이기고 부활하신 사건도 지금 우리 눈 앞에서 일어나는 일이 아니니 언젠가 과거 어디선가 한 번 일어난 일로서 믿을 수 있을지도 모릅니다.

　　　하지만 사랑하는 성도 여러분, 이처럼 우리의 심령을 움직이지 않는 "믿음"은 구원에 이를 수 있는 진정한 믿음이 아닙니다. 즉, 아는 것이 항상 믿는 것은 아닙니다. 우리의 구원은 우리가 머리로 아는 것으로 이뤄지지않고 그 진리에 참여할 때에만 믿음을 가진 것이고 그것만으로 이뤄집니다. 그냥 믿는 것도 아니고 그 세 가지 불가능한 사건이 우리 안에서 회개와 신앙고백 그리고 거듭남을 통하여 실제로 나에게 이뤄지고 있다는 사실을 믿고 간증할 수 있어야 그 불가능한 구원이 우리에게 가능해 지는 것입니다. 오늘 여러분의 삶에 이뤄진 놀라운 구원의 역사가 얼마나 하나님의 불가능하고 위대한 역사를 통해 이뤄진 것인지 꼭 기억하시기 바랍니다. 천국과 영생은 우리가 불신을 딛고 믿음과 신앙으로 주님께 나아갈 때 우리 안에서 오늘부터 이뤄지기 시작하는 것입니다.

[오늘 내가 만나야 할 정말 중요한 하나님]

73 설상가상 마태복음

공관복음의 저자는 마태, 마가, 누가입니다. 주로 이방인들에게 어필하고자 했던 마가와 누가의 경우를 생각할 때, 마가는 주요 대상을 로마인, 누가는 헬라인이라고 할 수 있습니다. 마가의 복음서에서 가장 부각해야 할 것은 기적과 이적, 그리고 주님의 행적과 같이 액션이 쉼 없이 펼쳐지게 하는 것인 반면 누가는 좀 더 철학적인 헬라인에게 어필하기 위해 누구보다 비유를 많이 사용합니다. 그래서 마가복음에는 "그리고"라는 접속사가 무려 천 번이나 사용되었지만 구약인용은 단 한번도 이뤄지지 않았고 누가복음에는 어느 책보다 더 많고 다양한 비유가 사용되었습니다. 누가의 경우 성경 속 유일한 이방인 저자로서 헬라인들이 가장 신뢰할 만한 방법으로 복음을 어필하는 것은 오히려 자연스러운 일이었습니다. 하지만 마가, 누가와는 달리 특별히 마태복음의 저자 사도 마태에게는 남다른 고민이 있었습니다.

　　먼저 마태의 입장은 그들과 많이 달랐습니다. 마태는 유대인들이 적대시하던 세리 출신이었습니다. 세리와 상종하는 것을 꺼려하던 유대인의 입장을 차치하고라도 그들로부터 세리 마태가 겪었을 냉대와 차별을 생각하면 그들을 위한 복음서를 쓴다는 것은 마태 본인에게도 분명 쉽지 않은 일이었을 것입니다. 과거의 세리 마태를 죽이고 새로운 사도 마태로서 거듭나지 않고서는 쉽지 않은 일이었습니다. 심지어 그가 과거에는 재물을 소유할 수 없는 레위인의 신분인데도 불구하고 돈을 다루고 세금을 거두어 로마 황제에게 바치는 그러한 세리의 자리에 있었던 것을 생각하면 이제 그가 마태복음을 통해 율법에 대해서 "일점 일획도 사라지지 않는" 거룩한 주님의 윤리를 가르친다는 것은 먼저 과거의 자신을 철저히 부인하지 않고는 불가능한 일이었을 것입니다. 그가 얼마나 자신을 의심하고 주님의 부르심에 심각하게 갈등했을지 우리는 상상만 해볼 수 있습니다.

　　이런 모든 과거에 대한 갈등과 현재 자신의 자격에 대한 의심을 이겨낸다고 해서 모든 어려움을 다 극복한 것은 아닙니다. 오히려 넘어야 할 더 높은 산이 있습니다. 유대인들에게 어필하기 위해서는 그들이 부인하지만 자신이 주님으로 섬기고 실제

만유의 주님이신 예수라는 인물이 그들이 바라보는 히브리 성경인 구약에서 예언된 대로 그들이 줄곧 기다려온 바로 그 메시아라는 것을 증명해야 했기 때문입니다. 그에게는 방대한 히브리 성경의 인용과 성취를 연구하고 확인하는 매우 복잡한 과정이 기다리고 있었습니다. 설상가상으로 지난 400년이라는 "침묵의 시간"을 깨뜨리고 다시 선지자가 이 땅에서 주님 오시는 길을 예견하고 있음을 세례 요한이라는 의외의 인물을 통해 성경적으로 자세히 증명할 수 있어야 했습니다. 세리였던 그가 이런 복잡한 일들을 해낼 수 있을까요? 분명 자신의 능력을 의심했을 것입니다.

사랑하는 성도 여러분, 지금 우리에게 드리워진 혼란과 아픔의 시대를 바라볼 때 주님이 우리를 위대한 사명으로 부르고 계신 것을 확신할 수 있습니다. 모든 성도가 세상의 빛과 소금과 같은 존재가 되어야 한다는 마태복음 5장 13-16절을 생각할 때, 우리가 해야할 일들이 너무나 많습니다. 하지만 사단이 주는 생각은 끊임없이 우리를 의심하도록 만드는 것입니다. 그것이 우리의 과거가 되었건 아니면 현재의 부족한 모습이 되었건 마태를 괴롭혔을 사단은 우리가 위대한 주님의 일을 시작하는 것을 막으려고 합니다. 하지만 마태의 고독한 갈등이 자신을 불러주신 주님에 대한 신뢰로 치유될 수 있었듯이 우리가 오늘 주님만 신뢰한다면 우리도 위대한 일들을 시작할 수 있습니다.

[오늘 내가 만난 하나님]

74 거지와 맹인

이렇게 사회복지제도가 잘 되어있고 부강한 나라 캐나다에 살면서 두드러지게 눈에 띄는 변화 중에 한 가지 마음 아픈 것이 있습니다. 거리마다 늘어가고 있는 집 없고 소외된 사람들입니다. 그들을 비판하거나 사회제도의 빈틈을 비난하기 전에 주님이 우리에게 바라시는 것은 그들을 향한 긍휼한 마음과 나눔의 노력이라고 전 믿습니다. 마가복음 10 장 46 절 이하에 등장하는 사건을 보면 알 수 있습니다. 부유한 도시인 여리고에 바디메오가 있었습니다. "디메오의 아들" 이라는 거창한 소개를 볼 때 그의 이름을 모두가 알 정도의 집안 배경의 출신일 수 있는 사람이었습니다. 어쩌면 유복한 가정에서 태어나고 자랐는지도 모릅니다. 하지만 지금 바디메오는 길에서 구걸하며 살아가는 처지에 앞을 볼 수 없어 소외된 사람이었습니다. 성경도 그를 가리켜 길 가의 "거지"요 "맹인"이라고 묘사하고 있습니다.

오늘 마가복음처럼 성경에서 "거지"라는 단어를 접할 때 우리가 인식해야 할 중요한 사실이 하나 있습니다. 그것은 맹인과 거지가 같은 취급을 받아서는 절대 안된다는 겁니다. "맹인"은 율법적으로 부정한 사람으로 정죄되어 사람들의 기피의 대상이 되었습니다. 하지만 동일한 그 율법을 기준으로 본다고 했을 때, 하나님의 백성 중에 "거지"가 생긴다는 것은 아무리 관대하게 해석하려 해도 있어서도 안되고 사실은 율법적으로는 불가능한 일이기도 합니다. 하나님이 먹이시고 입히시는 선택된 백성이 설령 맹인이 되어 사람들에게 기피의 대상이 되었다 하더라도 그가 먹을 것과 입을 것이 부족하여 길가의 거지가 된다는 것은 무엇으로 보나 하나님의 영광을 가리는 치욕스러운 일이었습니다. 사람들은 누가 되었건 가장 먼저 그 거인을 길가로부터 구제했어야 합니다. 하지만 현실은 어떠했나요? 사람들은 그를 "맹인"이라며 외면한 것 뿐만 아니라 그가 "거지"이기 때문에 그에게서 등을 돌렸습니다.

지금 이런 상황에 모두가 기피하는 그 부유한 성 여리고의 거지요 맹인인 바디메오가 주님이 지나가신다는 소리를 듣고 외칩니다: "나를 불쌍히 여기소서." 주님을 향해 외친 이 음성은 사실 그가 여리고의 모든 사람들에게 외치고 싶었던 음성이며 지금 우리 심령에 울려야 하는 소리입니다. 사랑하는 성도 여러분, 여러분의 주변에도 날이 갈 수록 거리의 집 없는 소외된 사람들이 늘어가는 것이 보이시나요? 거지 바디메오가 주님을 바라보며 그랬던 것처럼 여러분에게 자신을 불쌍히 여겨 달라고 눈으로 외치며 하소연 하지는 않나요?

그렇다면 드디어 놀라운 기회가 여러분에게 찾아왔습니다. 주님이 하신 일을 여러분도 하실 수 있는 기적같은 기회가 온 겁니다. 좀더 구체적으로 말하면 우리가 주님을 닮아갈 수 있고 주가 하신 일을 우리도 할 수 있는 복된 기회가 주어진 것입니다. 바로 그 순간 우리가 주님처럼 그 가난한 형제/자매를 치유해줄 수도 있고 그렇지 아니하다 해도 주님처럼 그를 향한 긍휼한 마음으로 특별히 기도해 줄 수 있습니다. 모두가 그를 외면 하는 상황속에서 말입니다. 심지어 우리가 가진 적은 물질이라도 그들과 나눌 수 있다면 그것이 율법을 지키는 하나님의 백성도 외면한 하나님의 뜻을 이루는 놀라운 일이 될 수 있습니다.

그리고 주님이 51절에 거지에게 무엇을 원하는지 묻습니다. 그가 대답하기를, 헬라어 원어에 *아나블레포* 라고 대답합니다. 번역으로는 "보기를" 원한다고 되어있습니다. 그가 보기를 원한 것이 무엇인지 번역본은 말해주지 않지만 원문은 그것을 명확히 하고 있습니다. "주님, 내가 위를 바라볼 수 있기를 원합니다." 평생 맹인이자 거지로 살아온 바디메오가 진정 원한 것은 주님의 구원과 하나님을 바라볼 수 있는 것이었습니다. 저는 이 말씀을 읽으면서 왜 내 주변의 소외된 자들이 나의 상급이고 주님의 영광이 될 수 있는지를 새롭게 깨달았습니다. 저와 함께 주님의 마음으로 이들을 돌보실 수 있는 은혜를 누리시는 성도들 되시기를 축복합니다.

[오늘 내가 만난 하나님]

75 포로에서 해방된 주일

저희 아이들은 주일 교회에 가는 것을 일주일 중에서 가장 행복하게 여깁니다. 주일은 아이들에게 무조건 즐겁고 행복하고 재미있는 날로 자연스럽게 인식이 되어버렸기 때문입니다. 주일 벌어지는 모든 일들 중에서 특별히 아이들을 일주일 동안 기다리고 기대하게 만드는 부분이 있는데 바로 주일학교 시간입니다. 전도사님 혹은 선생님이 재미있는 이야기도 해주고 함께 율동도 하고 무엇보다 성경의 위대한 인물들에 대한 드라마를 이야기로 들려주는 일이 아이들에게는 얼마나 한 주 내내 기다려지는 일인지 모릅니다. 그러다 보니 물어보지 않아도 주일 집에 돌아오는 차 속에서 아이들이 가장 시끌벅적하게 풀어놓는 이야기가 주일학교에 대한 것들입니다. 서로 먼저 말한다고 다퉈가며 그날 들었던 이야기를 전해주기도 하고 전도사님이 내준 성경퀴즈의 정답을 제가 알고 있는지 시험해 보기도 합니다. 이처럼 주일은 아이들에게 있어서 단순한 "일요일"이 아닙니다. 왜냐면 이 날은 주님 덕분에 모든 것이 즐겁고 행복한 날 이기 때문입니다.

　　아이들이 주일을 기뻐하는 모습 속에서 저는 바벨론에 포로로 잡혀갔던 이스라엘 민족의 일부가 예루살렘으로 돌아왔을 때의 모습이 떠올랐습니다. 예루살렘 성벽이 먼저 재건되고 이어서 학자 에스라를 통해 새벽부터 모인 백성에게 모세의 율법책이 읽혀졌습니다 (느헤미야 8 장 1-2 절). 모이라고 누가 명령을 한 것도 아닌데 제사장 겸 학사인 에스라가 수문 앞 광장에 율법책을 가져왔다는 소문만으로 모든 이스라엘 사람들이 일찍부터 사모하는 마음으로 모여들기 시작한 것입니다. 그리고 드디어 에스라가 강단에 올라가 율법책을 펼치자 모든 백성이 자신의 자리에서 일어나 겸손히 말씀에 귀를 기울였습니다 (느헤미야 8:4).

　　하지만 에스라가 읽은 것은 모세의 율법입니다. 율법이 그들의 마음을 찌르기 시작하자 많은 이들이 하염없는 눈물을 흘리기 시작했고 이곳 저곳에서 통곡하는 울음소리가 터져 나왔습니다. 하지만 에스라는 이들에게 단호히 말합니다: "오늘은 너희 하나님 여호와의 성일이니 슬퍼하지 말며 울지 말라"(느헤미야 8:9).

사랑하는 여러분, 바로 이것이 우리가 잃어버린 주일의 의미입니다. 세상의 압제로부터 눌려있던 우리의 영혼과 몸이 하나님의 말씀 안에서 자유와 위로를 얻는 날입니다. 그런데 아이들은 잘 알고 지키고 있는 주일의 기쁨을 우리는 너무 쉽게 잃어버린 것 같습니다. 어쩌면 거룩한 성일인 주일을 아이들처럼 기대하고 기뻐하는 마음이 먼저 회복되어야 합니다. 주일 말하지 않아도 모이기를 힘쓰고 무슨 말씀이든지 듣는 말씀을 통해 통회하고 아파하며 자신을 돌아보고 괴로워할 수도 있습니다. 하지만 우리가 여전히 기억해야 할 것은 이 날은 주님을 기뻐하고 주님의 성호를 찬양하며 주의 은혜 나누는 날입니다. 그래서 "너희는 살진 것을 먹고 단 것을 마시되 준비하지 못한 자에게는 나누어 주라"는 명령이 실제로 필요했던 것입니다. 우리도 다시 아이들처럼 주일을 마냥 기뻐할 수 있을까요?

[오늘 내가 만난 하나님]

76 시간을 견뎌내는 믿음

주의 종으로 부름을 받아 주님과 친밀한 동행의 삶을 살아가면서도 여전히 만나게 되는 몇 가지 어려운 시험들이 있습니다. 특별히 믿음과 인내의 시험처럼 하나님이 분명히 약속하셨다고 믿는 것들이 더디 이뤄질 때 그것을 계속해서 신뢰하고 그 믿음의 길에 머무르는 것은 쉽지 않습니다. 시간이 지나면 지날수록 내가 잘못 응답을 받은 것은 아닌가, 혹은 내 스스로의 감정과 바램을 하나님의 뜻과 혼동한 것은 아닌가 하는 의심의 싹들이 자라나기 시작하기 때문입니다. 시간을 견디는 믿음을 얻는 것은 쉽지 않은 일입니다. 그래서 반드시 의심의 싹이 마음에 자리잡기 전에 다음의 세 가지 가르침을 기억해야 할 것 같습니다.

첫째, 하나님은 우리의 눈에 보이지 않습니다. 그 분의 약속도 계약서처럼 어디에 기록되어 있거나 사람 간의 대화처럼 녹음을 해두어 다시 꺼내서 들어볼 수 있는 것이 아닙니다. 사실은 이러한 눈으로 보거나 귀로 들을 수 없는 속성때문에 하나님의 약속이 더 귀하고 그것을 기다리는 것을 하나님은 기뻐하십니다. 하지만 우리의 믿음이 눈에 보이고 귀로 들리는 것들에 집중하기 시작하면 그 믿음은 반드시 흔들릴 수 밖에 없습니다. 그래서 우리는 그럴 때마다 다시 우리의 눈을 하나님의 말씀인 성경으로 향하고 우리의 귀를 그 분을 향한 찬양과 기도의 음성에 귀 기울일 필요가 있습니다.

둘째, 주님의 일에 분주하여 시선을 주님에게서 떼어놓는 실수를 절대 해서는 안됩니다. 즉, 하나님의 일보다 하나님을 더 사랑하지 않으면 안됩니다. 주님의 일보다 주님을 훨씬 먼저 사랑하는 법을 배우지 않으면 안됩니다. 주님이 주신 응답이나 약속이 아무리 주님과 주님의 교회를 위한 것이라 해도 우리는 먼저 주님을 사랑하는 법을 배우고 그 사랑에 진심과 전심을 다 해야 합니다. 사무엘상 15 장 22 절의 말씀처럼 "순종이 제사보다 낫고 그의 말씀을 듣는 것이 숫양의 기름보다 나으니"라는 진리를 우리는 항상 기억해야 합니다. 사울과 같이 장로들을 두려워 할 것이 아니라 오직 하나님을 두려워하는 습관을 길러야 합니다.

셋째, 그런데도 불구하고 시험을 받게 된다면 그 시험은 성장을 위한 좋은 기회일 수 있습니다. 우리의 삶이 주님과 온전한 관계 속에 성장하고 있다면 하나님은 우리 신앙을 성장을 위해 시험을 받게 하실 수도 있고 시련을 겪게 하실 수도 있습니다. 즉, 하나님이 허락하신 시련 속에는 반드시 우리의 믿음을 성장시켜주는 귀한 은혜가 있다는 것을 기억해야 합니다. 우리가 하나님을 기다린다는 것은 우리가 다른 의지할 어떠한 곳보다 하나님을 더 신뢰한다는 믿음의 표현입니다. 비록 인내하는 것이 힘들다 하더라도 그것을 통해 우리의 믿음은 반드시, 무조건 성장하게 되어있습니다. 제가 간증하고 보장할 수 있습니다.

그리고 이 모든 교훈을 마음에 새기기위해 사무엘상 13 장의 사울의 모습을 꼭 기억하시기 바랍니다. 그의 실수를 통해 배우시기 바랍니다. 사울이 블레셋의 미움을 받아 그의 백성과 함께 은밀한 곳에 숨어있을 때의 상황이 담겨있는 이 장면에서 사람들은 떨기 시작했습니다. 그리고 아무리 기다려도 오지않는 사무엘을 생각할 때 사울 왕이 할 수 있는 "용기"있는 행동은 자신이 제사를 직접 올리고 이스라엘의 두려워하는 마음을 추스려 블레셋과 전투를 시작하는 일처럼 보였습니다. 그때 다급한 마음의 사울은 위의 세 가지 교훈을 간과했습니다. 그 결과로 그 "믿음과 인내"의 시험이 사울을 잡아 먹었습니다. 그 한 순간에 사울 왕과 그의 집안은 메시아의 계보를 이룰 영원한 왕위를 박탈당하게 됩니다. 기다리는 것은 어렵습니다. 하지만 어렵기 때문에 약속이 성취되었을 때 그 가치가 더욱 소중하다는 것을 우리는 꼭 기억해야 합니다.

[오늘 내가 만난 하나님]

77 성공으로 실패하기

"믿음과 인내의 시험"보다 훨씬 더 통과하기가 어려운 시험이 있습니다. 바로 성공을 통해 우리의 마음을 달아보시는 시험입니다. 기도와 말씀안에서 살아가는 성도들도 순간 넘어지고 실패할 수 있는 시험이 바로 이 "성공의 시험"입니다. 무엇인가 원하던 것을 얻었을 때, 뭔가 커다란 성취를 이루었을 때, 누군가에게 크게 인정받거나 후한 상을 받게 되었을 때 등등 세상의 빛이 화려하게 나에게 비춰지는 그 순간, 진심으로 주 앞에 엎드려 오직 모든 감사와 찬양, 영광을 간절하게 주님의 것이라 고집하며 겸손한 마음을 나아간다는 것은 마음으로는 항상 생각하지만 실제로 성공의 감격 속에서 기억하는 것은 어렵습니다. 그 성공이 마치 그동안 내가 해온 고생과 시련, 인내에 대한 하나님의 보상처럼 쉽게 착각 되어지기 때문입니다.

하지만 우리는 사무엘하 7 장의 다윗의 모습을 보면서 다시 한번 하나님이 다윗을 그토록 사랑하신 이유를 되새겨야 합니다. 다윗의 흔들림없는 신앙을 사모하는 마음을 가져야 합니다. 다윗의 고난과 피난의 길을 다 묘사하지 않아도 우리는 다윗이 얼마나 그동안 우여곡절 어려운 고난의 시간을 보내왔는지 알고 있습니다. 그런데 이제 처음으로 그에게도 평안이라는 것이 찾아온 것입니다. 1 절에 보면, 여호와께서 다윗의 모든 원수들을 무찔러 주셔서 이제 다윗이 궁에 평안히 살고 있었다고 합니다. 그런데 2 절에 보면, 이러한 평안 속에서 다윗이 사무치는 근심에 빠지게 됩니다. 자신의 그러한 성취와 평안이 도리어 그에게 커다란 괴로움에 빠지는 계기가 된 것을 우리는 볼 수 있습니다. 그런데 그가 이토록 괴로운 이유가 자신의 안위에 대한 걱정 같은 것이 아닙니다. 그가 괴로워한 이유는 하나님의 언약궤가 놓여진 곳보다 자신이 현재 살고있는 궁이 너무나 좋다고 느꼈기 때문입니다. 어떻게 다윗은 자신이 가장 평안하고 가장 큰 성공을 거둔 그 순간에 이런 고귀하고 거룩한 주를 향한 괴로움을 스스로 발견할 수 있었을까요?

사랑하는 여러분, 만약 여러분이 저처럼 성공의 시험에 대한 두려움이 있다면 오늘 다윗을 통해 배워야 할 것이 적어도 두 가지가 있습니다. 먼저 하나님이 주시는 시련을 "고생"이 아닌 하나님의 우리에 대한 투자라는 믿음을 가졌으면 좋겠습니다. 수 많은 대적 앞에서 한 다윗의 고백을 우리는 기억할 필요가 있습니다: "사람이 무엇이기에 주께서 그를 생각하시며 인자가 무엇이기에 주께서 그를 돌보시나이까" (시편 8:4). 이 시편의 말씀을 심령에 새기시기 바랍니다. 이 말씀이 새겨진다면 실제로 성공을 두려워할 줄 아는 고귀한 마음을 습관화 할 수 있을지도 모릅니다. 성공을 나의 성취나 시련에 대한 보상으로 절대 봐서는 안됩니다. 과거는 과거일 뿐입니다. 우리는 앞에 있고 미래에 있는 푯대를 향해 달려가는 것 뿐입니다. 시련을 하나님의 "투자"라 여긴 것과 마찬가지로 성공을 더 큰 것을 주시기 위한 하나님의 "시험"으로 인식해야 안전합니다.

　　　　비록 다윗이 이후에 실제로 큰 죄악을 저지르게 되지만 하나님은 오늘 이 성공의 시험을 이긴 다윗을 기억하시고 그를 사울처럼 버리시지 않습니다. 아무리 큰 죄악이라도 가장 어려운 성공의 시험을 통과한 다윗을 버리실 수는 없으셨는지도 모릅니다. 여러분, 성공 앞에서 조금이라도 그것을 맛보고 누리고 싶은 마음이 생기는 것을 탓할 수는 없습니다. 하지만 모든 우리의 마음을 그것에 한 순간 이상 빼앗겨서는 안됩니다. 우리 마음의 중심에 오직 하나님만 계시도록 노력하고 또 노력한다면 우리가 비록 흔들리더라도 결코 빠지거나 넘어지지는 않을 겁니다.

[오늘 내가 만난 하나님]

78 판도라의 상자

마틴 루터의 개혁은 기독교의 역사가 태동할 수 있었던 가장 중요하고 역사적으로 가장 위대한 업적입니다. 하지만 알리스터 맥그래스 교수가 자신의 책, "기독교, 그 위험한 사상의 역사"에서 피력하듯 그의 개혁은 동시에 "판도라의 상자"를 여는 것과 같이 돌이킬 수 없는 엄청난 혼돈의 서막을 알리는 것이었습니다. 과거, 한 가지 해석만이 존재하던 성경이 이제는 누구의 손에 들려지느냐에 따라 마음대로 해석할 수 있게 되었습니다. 개혁이전까지는 기독교와 타 종교간의 전쟁과 다툼이 세계 분쟁의 주류를 이루었다면 개혁 후 지난 500년간 기독교는 끊임없는 내부의 나눠지는 세력들간의 전쟁과 다툼이 이어졌습니다. 결국 각기 다른 성경의 해석을 가진 기독교 종파들 간에 끊임없는 분쟁을 하게 되었습니다. 주님이 세상을 떠나시면서 제자들에게 주신 "참 제자"의 증표인 "너희가 서로 사랑하면 이로써 모든 사람이 너희가 내 제자인줄 알리라" 라는 계명을 지키는 것이 이전보다 훨씬 힘들어지게 되어버린 것입니다 (요한복음 13:35).

역사상 이러한 나눔의 역사를 되돌릴 여러번 반전의 기회들이 있어왔고 지금 이 세대에 우리에게는 팬데믹이 바로 하나님이 우리에게 주신 반전의 기회입니다. 동일한 믿음을 가진 믿음의 공동체 속에서 우리는 새롭게 서로가 서로를 사랑하고 실천하는 용기를 얻을 수 있습니다. 이 시기에 성도들이 밖으로 나아가 선교하거나 새로운 사람에게 전도하지 않는 것을 탓할 사람은 없습니다. 불안한 마음때문에 이웃에게 다가가지 못하고 길가의 헐벗은 사람에게 손을 뻗치지않는 것에 대해서도 비난할 수 없습니다. 대신 새롭게 할 수 있고 해야하는 것은 자신의 가정과 교회, 그리고 함께 일하는 동료들의 공동체 내의 다툼과 분열을 멈추고 화합으로 나아갈 수 있습니다. 용서와 화해가 필요한 부분들은 이제 언제든지 마음만 먹는다면 행할 수 있으며 그 밖에도 무엇이든 자신의 공동체 속에서 그동안 소홀했던 부분들을 이제는 돌아볼 수 있는 시기가 왔습니다. 우리의 믿음의 형제와 자매를 진정 내 몸처럼 사랑할 수 있는 새 희망이 그 판도라의 상자 안에 남아있음을 발견할 수 있게 되었습니다.

개인적으로도 저는 팬데믹 이전에는 볼 수 없고 할 수 없었던 것들 속에서 큰 보람과 행복을 찾고 있습니다. 먼저 항상 바쁜 일정 중에 "아이들이 어떻게 이렇게 빨리 자랄까"라는 불만이 있었는데 지금은 아이들의 성장이 마치 멈춘 것처럼 제 하루의 일분 일초 속에서 아이들이 천천히 저와 함께 하나가 됨을 감사합니다. 예전에는 새로운 성도를 챙겨야하고 떠나간 성도에 대한 아픔을 치유하는데 시간이 들었지만 지금은 함께 하는 성도의 하루 하루 속에 제 기도와 대화와 참여의 사랑을 담을 수 있게 되었습니다. 힘들다고 하면 곧바로 기도해줄 수 있고, 아프다고 하면 곧바로 찾아가 볼 수 있고, 무엇인가 필요하다고 하면 그것을 만들어 줄 수 있게 되었습니다. 상자 속에 여전히 남아있는 그 희망처럼 생각과 믿음이 다른 사람들과 다투고 아파하는 시간은 0 이 되고 아끼고 사랑해야 할 사람들과 보낼 수 있는 소망의 시간은 100 이 된 것입니다.

[오늘 내가 만난 하나님]

79 가장 높은 낮아짐

겸손이란, "상대를 존중하고 자신을 내세우지 않는 태도"입니다. 우리에게 익숙한 야고보서 4장 10절, "주 앞에서 너희를 낮추라 그리하면 주께서 높이시리라"는 말씀은 이러한 겸손을 강조하는 대표적인 성경 말씀입니다. 하지만 저는 이 구문을 대할 때마다 우리의 인식과 겸손에 대한 정의가 신학적으로 너무나 부족하여 심지어 하나님께 죄송하다는 마음이 드는 것을 부인할 수 없습니다.

먼저 겸손에 대한 우리의 인식을 생각할 때, 겸손은 마치 승자가 약자에게 보여주는 미덕, 혹은 더 가진 자가 자신의 능력과 소유에도 불구하고 그것을 드러내어 말하지 않는 겸양과 같은 인식을 흔히 갖고 있습니다. 그런데 우리의 가치가 정말 주님 앞에서 그렇게 높은 것일까요? 땅의 흙으로 빚어져서 하나님의 호흡이 없이는 한 순간도 살아갈 수 없는 한 줌의 먼지와 같은 존재, 게다가 그러한 존재로서 하나님을 배반하여 그 분과의 교제에서 멀어졌던 죄악된 존재가 과연 정말 무엇을 자랑할 것이 있어서 자신을 하나님 앞에서 낮춘다는 것인가요? 생명과 호흡과 영생을 하나님께 빚진 한 줌의 흙이 정말 하나님을 위해 무엇인가 "자신"이 이룩한 것이 있는 것 마냥 그것을 내려놓는다고 할 때 그것이 정말 그렇게 대단한 일일까요?

신학적을 볼 때, 사실 우리가 주 앞에서 낮추어야 한다는 표현은 높은 우리 자신의 가치를 숨기고 스스로 낮아지는 "척" 하는 것이 아닙니다. 실질적으로 현실적이고 가장 성경적인 겸손은 다음과 같다고 제 자신을 바라보면서 전 생각합니다. 원래 더 이상 내려갈 곳이 없는 낮은 존재이기 때문에 그 자리를 온전히 인식하고 인정하는 것 뿐입니다. 흙이 흙의 주제파악을 하는 것 뿐이고 송충이가 솔잎을 당연히 찾아가는 것이며 먼저 우리의 참을 수 없는 존재의 가벼움을 그대로 인정하는 것 뿐입니다. 적어도 개척교회 목회를 하면서 수 없이 어려운 난관들을 부딪힐 때마다 주님의 교회가 살 수 있는 길을 찾는 것은 제가 겸손히 엎드렸기 때문이 아니라 엎드려 있던 자리에서 더 불편한 곳으로 나아가 주님께 계속 더 높은 자리를 드려야 한다는 믿음 때문입니다.

이러한 좀더 사실적이고 성경적인 겸손에 대한 온전한 인식을 주님이 감동으로 주신다면 그제서야 "주께서 너희를 높이시리라"는 그 약속의 말씀도 조금은 더 이해가 될 수 있습니다. 왜냐면 이 말씀은 이 세상에서 오직 주의 은혜로 살아가는 성도가 유일하게 높아질 수 있다는 소망이 오직 영화를 통한 천국에서의 상급과 영화 외에는 바랄 것이 없기 때문입니다. 내가 내 스스로 무엇인가를 주님의 도움이 없이도 할 수 있다고 생각하는 순간이 있다면 그 순간이 바로 나의 신앙을 밑바닥으로 떨어뜨리는 교만과 불신의 순간입니다. 그리고 그러한 과정을 통해서는 결코 성경이 말하는 가장 높은 낮아짐, 영화로운 겸손은 깨닫지 못합니다.

　　사랑하는 여러분, "고난이 유익"이라는 말씀은 단지 우리를 위로하기위해 주신 달콤한 말씀이 아닙니다. 고난이 없다면 우리는 스스로 주님 앞에 엎드릴 수 없는 존재이기 때문입니다. 우리에게 고난을 주신 주님을 더욱 인정하고 사랑하는 방법을 배우려 노력해야 합니다. 우리를 너무나 사랑하시기에 고난을 주시어 우리로 하여금 항상 낮은 자리에서 주님만을 의지하게 하시는 주님은 좋으신 분 입니다. 이 세상의 것보다 천국의 상급을 더 소망하게 하시는 그 주님이 바로 우리를 복 주시기 위해 기도하시는 보혜사 성령입니다. 여러분이 원하신다면 이 말씀을 통해 여러분에게 그러한 영화로운 겸손이 충만히 임하시기를 축복드립니다. 신앙은 애초부터 나에게 불가능한 것을 주님의 능력으로 가능케 하는 것 입니다. 나를 바라보는 것은 신앙이 아닙니다.

[오늘 내가 만난 하나님]

80 우리 안의 일그러진 영웅

2 주간 터키를 거쳐 유럽의 조지아로 단기선교를 다녀왔습니다. 크게 얻고 돌아온 은혜가 있어서 그 감동을 나누고 싶습니다. 먼저 마태복음 3장 9절에 보면 세례 요한 시대, 당대 의로움의 표상으로 인식되던 바리새인과 사두개인 등 영적 지도자들을 향해 요한이 따끔한 말을 던집니다: "속으로 아브라함이 우리 조상이라고 생각하지 말라 내가 너희에게 이르노니 하나님이 능히 이 돌들로도 아브라함의 자손이 되게 하시리라." 그동안 머리로는 이해했지만 가슴으로 우리의 삶을 움직일 만큼 와닿지 않았다면 짧은 기간이라도 선교지를 다녀오는 것을 권유하고 싶습니다. 이 말씀이 선교지에서 사역하고 계신 선교사님들의 삶을 뵙고 나니 저를 새롭게 채찍질하는 회개를 촉구하는 말씀으로 새롭게 거듭났습니다.

교회와 신학교를 오가며 바쁘게 목회와 제자 양육에 최선을 다해 왔습니다. 하지만 그 모든 바쁜 사역의 목표는 성도와 학생들을 준비시키고 훈련시켜 앞으로 다가올 주님의 부르심에 이들이 쓰임 받을 수 있도록 돕기 위한 것이었습니다. 다시 말해 지금 당장 하나님의 일을 행하는 도구로서가 아닌 미래를 위한 준비에 모든 노력을 기울이고 있었던 것입니다. 우리는 이곳에서 이렇게 열심히 대비하고 있는데 막상 선교지에 가보니 하나님께서는 당신의 놀라운 일들을 이미 이루고 계셨습니다. 그것도 겉으로 보기에는 우리보다 훨씬 열악한 환경의 훨씬 연약한 지체들을 통하여 월등히 뛰어나고 엄청난 일들을 이미 이루시고 계셨습니다.

우리가 코비드 앞에서 숨죽이며 서로를 멀리하는 동안 선교사님들은 의료가 닿지않는 곳곳의 형제, 자매들을 돌보며 그들에게 성경을 읽어주고 있었습니다. 젊고 패기있는 청년들이 고국 선교단체와 파송교회의 후원이 중단되어서 고국으로 하나 둘씩 발길을 돌린 지난 2년간 이미 정년이 되어 후원이 끊어진 선교사님들은 그곳에 계속 남아서 낮에는 재정을 마련하고 밤에는 양들을 돌보는 하나님의 선교사역을 계속 하고 계셨습니다. 우리에겐 재정이 부족하여 선교지에 나갈 수 없고 헌신자가 없어서 선교를 할 수 없다고 생각하고 있을 때에도 그곳에서는 오병이어와 같은 하나님의 부족함없이 넘치는 기적을 체험하고 있었고 양들 중에서 새롭게 예비된 일꾼들을 세워가시는 하나님의 상상 못한 일하심을 보았습니다. 그곳의 위대한 하나님의 사람들을 만나고 나니 그동안 우리 스스로의 열심과 열정을 바라보며 주님 오시는 길을 잘 예비하고 있다고 믿었던 것이 착각이었음을 부끄럽지만 인정하지 않을 수 없었습니다. 오랫동안 등을 두드리며 칭찬해주던 우리 스스로의 모습이 갑자기 부끄러워 졌습니다.

하나님은 거의 2년이라는 누구에게나 공평한 시간을 주셨는데 누구는 자신의 목숨을 내어놓고 하나님의 나라를 확장하기위해 일하는 동안 누구는 평온한 중에 기다리며 준비만 하며 그래도 여전히 "하나님이 우릴 사랑하신다"라는 자아도취에 빠져있는 것은 아닌지 선교지의 진정한 하나님의 영웅들을 바라보며 느껴지는 바가 많았습니다. 하나님의 나라를 세우기 위해 우리에게 부족한 것은 어쩌면 재정도 능력도 열정도 젊음도 아닙니다. 오직 나를 철저히 부인하고 주의 십자가를 지려고 하는 순종하는 마음이면 충분 할 지도 모르겠습니다. 하나님의 나라를 위해 앞서가는 그 분들의 모습을 보면서 영적인 질투가 생겼습니다. 나보다 주님을 더 사랑하는 사람들을 만날 수 있다는 것은 참으로 큰 축복임을 느끼며 분발하고자 합니다. 지금 당신의 신앙은 어떠신가요?

[오늘 내가 만난 하나님]

[내가 이전에 알지 못했던 하나님]

[새롭게 만난 나의 하나님을 향한 기도의 제목들]

[나의 부족함을 채워줄 하나님의 모습은 어떠한 모습인가요]

[이제 스무 개의 묵상이 남았는데 처음 자신의 모습과 얼마나 달라졌나요]

81 마라나타 어린 양

주님이 처음 오시는 길을 예비하는 자의 사명과 주님이 다시 돌아오실 길을 예비하는 자의 사명은 전혀 다른 차원의 마음가짐이 필요합니다. 주님이 오시는 길을 예비했던 침례자 세례 요한은 건너편 길을 걸어가시는 주님을 바라보며 묘사하기를 "세상 죄를 지고 가는 하나님의 어린 양" (요한복음 1:29) 이라 했습니다. 하지만 그 당시 세례 요한은 "어린 양"이 다시 오실 때의 전혀 다른 모습은 상상조차 할 수 없었습니다. 다시 오시는 주님은 더 이상 세상의 죄를 지고 가는 하나님의 화목제물이 아니기 때문입니다. 요한계시록 6 장에 등장하는 "어린 양"은 두렵고 무서운 심판자로서 엄위하신 권위자의 모습을 하고 있기 때문입니다.

누구든 주님 안에서 처음 신앙을 시작할 때, 온 세상의 죄를 지고 가신 희생양의 모습을 바라보며 주님께 오직 감사와 감격으로 나아갈 수 있었습니다. 하지만 다시 오실 주님 앞에서는 스스로의 신앙을 진실되고 냉정하게 돌아볼 수 있는 마음이 기쁨과 감격보다 우선적으로 필요합니다. 그것은 다시 돌아오실 주님이 처음 오셨을 때와는 다르게 세상 모두에게 기쁜 소식으로 인식되지 못할 것이기 때문입니다. 구원자 예수께서 심판자 예수로 오시는 일이 모두에게 행복한 결말을 약속하지는 않기 때문입니다.

주님이 다시 오시는 길을 예비하는 분들의 삶을 바라보면 성령으로 꽉 차있는 삶을 살아가고 계신 분들이었습니다. 그 분들의 헌신 속에서 주님의 다급한 마음을 느낄 수 있었습니다. 반면 지금 이 시대 이 땅을 살아가고 있는 대부분 성도의 마음에 어떠한 열망이 자리를 잡고 있을까요? 주님의 꿈과 지상대명령의 소망은 우리 마음의 어느 정도를 차지하고 있을까요? 설령 우리 안에 다급한 마음이 있고 간절한 마음이 있는 것을 발견할 수도 있다해도 그 다급한 마음이 오직 나와 내 가족에 관한 것일까요 아니면 주님의 명령대로 내 이웃을 포함하는 것일까요? 심지어 내가 아직 한번도 만나 본 적이 없는 영혼들을 향해서도 동일하게 안타까운 마음으로 복음을 들고 전진해 나아갈 수 있을까요? 그렇지 않다면 이제 그 분들도 성령의 권능을 꼭 받아야 합니다.

역사적으로 과거 구약시대에 성령은 매우 특별하게 부름을 받은 자, 기름부음 받은 왕이나 선지자에게 주어졌습니다. 성령의 임재는 하나님의 백성 사이에서도 가장 높은 권위를 의미하며 성령을 받은 그를 마치 하나님을 두려워하듯이 두려워했으며 인도자로서 따르며 그의 행위와 말을 가장 높이 존중했습니다. 하지만 그런 그를 따른다고 그들이 걸어온 길이 쉽고 평안한 꽃 길을 걷는 것과 같았던 것은 전혀 아닙니다. 오히려 성경 역사를 돌아볼 때, 그들은 종살이에서 시작해서, 광야에서의 생활, 수도 다 셀 수 없는 침략과 핍박을 견뎌왔으며, 다른 민족과의 전쟁, 포로생활 및 온갖 수모와 아픔을 다 겪어야 했습니다. 하지만 그럼에도 불구하고 여전히 가지고 있던 그들만의 자존심은 그들이 하나님의 백성으로서 누구도 주시지 않은 하나님의 영을 부어주신 리더에 의해서 이끌어 오셨다는 사실입니다. 그런데 그런 성령이 이제 믿음을 가진 모든 사람에게 부어진 질 수 있다는 것을 어떻게 생각하시나요?

　　　성령의 은혜가 충만한 성도와 그렇지 못한 교인 사이에는 눈에 띄게 다른 삶에 대한 반응이 있는 것 같습니다. 삶 속의 문제들을 해결받기위해 급급한 때가 많은 대부분 교인들의 모습과 대조적으로 오직 주님의 꿈을 성취하기위해 달려가는 성령으로 충만한 성도들의 모습 속에는 에너지가 넘치는 긴장감이 항상 있습니다. 전자는 해결 받지 못하는 끝없는 문제를 안고 살아가지만 후자는 모든 것을 이미 주님께 맡기고 자유로운 천국의 시간을 이 세상에서 누리고 있는 것입니다. 저는 다시 오실 어린 양을 고대하고 소망합니다. 주님 돌아오시는 길에 기쁜 마음으로 뛰어나가 주님을 영접할 수 있기를 바랍니다. 오늘 여러분의 영혼은 어떠신가요?

[오늘 내가 만난 하나님]

82 FATHER'S HEART

요즈음 어떠한 세상인데 막대 사탕과 성경책을 들고 가냐는 말을 이번 단기선교를 준비하면서 많이 들었습니다. 세상이 좋아져서 터키나 조지아 같은 나라에도 이미 성경책이 얼마든지 있고 아이들에게 막대 사탕이나 손가락 원숭이 장난감 같은 것은 시시할거라는 말이었습니다. 하지만 아이들을 사랑하신 주님의 마음으로 무엇이든 나눠줄 것이라면 많이 준비해서 나쁠 것이 없을 거라는 신념으로 저희 아이들이 좋아하는 막대 사탕 500 개와 손가락에서 말도 하고 웃기도 하고 눈을 껌벅거리며 장난치는 원숭이 장난감 몇 개와 작고 예쁜 성경책 스무권 등을 들고 들어갔습니다. 그렇게 가서 제가 후회한 것이 한 가지 있다면 더 많이 가져오지 않은 것이었습니다.

우리가 풍족한 곳에 살다 보니 시시할 것이라 생각한 막대 사탕이 조지아와 터키 같은 곳에서는 아이들에게 즐거움을 주고 행복감으로 복음에 마음 문을 열게 하는 값진 복음의 도구였습니다. 원숭이 장난감은 유치원 선생님이 아이들에게 오늘 주일학교를 잘 마치면 하나씩 나눠주겠다고 말하는 아주 큰 상품이 되었습니다. 책장에 여러 권의 성경책이 끼워져 있어도 잘 보지않는 이곳과 달리 그곳에서는 영어로 된 예쁜 성경책 한 권이 서로 가지고 싶어서 다툴 만큼의 "신비한" 선물이 되었습니다.

가는 곳마다 보따리를 풀고 나누는 제 모습을 보시고 한 선교사님 목사님은 가는 곳마다 뭘 그렇게 줄 것이 많냐는 말씀을 하셨습니다. 그런데 저는 "너무 부족합니다. 더 주고 싶은데 정말 제가 가진 게 너무나 부족합니다"라고 대답을 하는데 저도 모르게 눈물이 흘렀습니다. 주고 주고 주어도 부족한 것 같고 더 주고 싶은데 줄 것이 없는 그 마음이 그들에게 너무 큰 빚을 진 것처럼 무겁게 여겨지고 미안하게 생각되었기 때문입니다. 그런 제 눈물을 보시고 그 어른 선교사님이 제게 "아버지의 눈물이네요!"라고 하셨습니다: "목사님은 Father's heart 를 가지셨네요!"

아, 아버지의 마음이 정말 이러한 마음이겠구나 싶었습니다. 우리에게 주어도 주어도 부족한 마음과 아픈 마음, 심지어 자신의 하나 뿐인 독생자를 주셨는데도 부족한 것 같아서 우리에게 성령을 주시고 영원히 동행하시기로 마음 먹으신 그 영원한 사랑이 바로 아버지의 마음이구나! 그것을 새삼 깨닫고 나니 그러한 사랑을 받으며 살아가고 있는 제 자신이 아버지에게 얼마나 사랑을 자주 고백하고 감사하며 살아가고 있는지 다시 새롭게 생각해 보게 되었습니다.

　　사실 선교지의 열악한 환경에서 사역하고 계시는 분들과 아픈 몸과 고쳐야할 몸을 억지로 추스려 오지의 선교지로 재헌신하고 들어가시는 선교사님들을 만나면서 느낀 점이 많았습니다. 그 분들에게 그러한 아버지의 마음이 있었던 것 같습니다. 한번은 그 분들에게 그러한 특별한 힘이 어디서 나오는지 여쭤봤습니다. 대부분 선교사님들이 비슷한 대답을 해주셨지만 그 중에서 대표적으로 인상깊은 말씀이 있었습니다: "깨어진 바가지도 목을 축일 만큼의 물을 한번은 더 뜰 수 있듯이 아무런 힘도 능력도 없지만 마지막 남은 힘까지 주를 위해 사용하고 싶은 열망을 끄고 싶어도 끌 수가 없습니다." 그 말씀을 해주신 분은 마치 하나님께 하는 헌신 조차도 자기의 힘으로 하는 것이 아니고 단지 자기 안의 성령님이 기뻐하시는 일을 그냥 하는 것 뿐이라는 듯한 겸손한 말로 표현하셨습니다. 그것 또한 아버지의 마음입니다.

　　사랑하는 형제, 자매님, 우리 삶 속에서 아버지의 사랑을 발견하는 것은 어렵지 않습니다. 하지만 아버지를 향한 우리의 사랑은 우리가 어디에서 찾을 수 있을까요? 작은 것에서 기뻐하시는 우리 육의 아버지처럼 하나님 아버지도 우리의 작은 것에 기뻐하실 것을 믿는다면 우리가 할 수 있는 것이 결코 적지는 않을 것 같습니다.

[오늘 내가 만난 하나님]

83 바다와 믹돌 사이

많은 분들이 여전히 기억하는 영화 십계의 명장면이 있습니다. 모세와 이스라엘 백성이 앞에는 홍해로 가로막힌 언덕 위에 서있고 뒤에는 바로가 애굽의 모든 군대를 이끌고 먼지 바람을 일으키며 그들을 추격해오는 장면입니다. 출애굽기 14 장에 기록된 이 장면은 대략 300만명으로 추정되는 엄청난 숫자의 백성을 이끌고 출애굽한 모세가 진퇴양난의 위기에 처해있는 다급한 심정을 잘 묘사하고 있습니다. 애굽을 떠나온지 얼마 되지도 않았는데 이러한 상황이 닥치자 이스라엘의 자손은 모세를 다그치기 시작합니다. 심지어 일부는 차라리 애굽에서 죽는 것이 광야에서 죽는 것 보다 낫다는 불평을 쏟아내며 모세를 비난하기까지 했습니다.

어쩌다가 이러한 상황에 처하게 되었을까요? 누구에게 진정 책임이 있을까요? 출애굽기 14 장 2 절에 의하면 이 모든 것을 연출하신 분이 사실은 하나님이라고 합니다: "돌이켜 바다와 믹돌사이... 바닷가에 장막을 치게하라." 즉, 하나님이 모세로 하여금 하나님의 백성을 그곳으로 인도하게 하신 것입니다. 우리 삶을 돌아봐도 도저히 빠져나갈 구멍이 없을 것 같이 앞과 뒤가 꽉 꽉 막혀있고 우리가 머무르고 있는 자리 조차도 위태롭게 여겨질 때가 있습니다. 그러한 때에 우리가 기억해야 할 첫번째 교훈이 바로 오늘 출애굽기 14 장에 드러나는 여호와 하나님의 선하신 의도입니다.

비록 모세와 백성의 눈에는 지금의 상황이 마치 하나님이 자신들을 죽이기로 작정하신 것처럼 보일 수도 있습니다. 하지만 도리어 우리의 힘으로는 아무것도 할 수 없을 때에 진정으로 드러나고 자라날 수 있는 것이 순전한 믿음입니다. 이제 앞으로도 갈 수 없고 뒤로 돌아갈 수도 없으며 제 자리를 지킬 수도 없는 모세의 상황은 그에게 하나님 밖에 믿고 의지할 분이 없는 은혜로운 상황으로 몰아져 가고 있는 것입니다.

그런데 현실적으로 이러한 절대절명의 상황에 처해있을 때 정말 없던 믿음이 갑자기 어디에서 나오겠냐며 의심을 품을 수도 있습니다. 하나님을 의지하고 부르짖어 기도할 수 있을지는 몰라도 하나님이 진정 그 긴박한 순간에 자신을 구원해 주실 거라는 믿음을 갖는 것은 쉽지 않은 일이기 때문입니다. 모세도 할 수 있는 최선이

기도 밖에 없다고 여긴 것 같습니다. 그 순간 모세가 하나님께 부르짖어 기도하기 시작합니다. 그런데 15절을 보면 예상치 못한 하나님의 반응을 주의 깊게 보시기 바랍니다. 그렇게 간절히 부르짖는 모세를 오히려 나무라시면서 그에게 언제까지 기도만 하겠냐고 하시는 하나님을 우리는 특별히 만날 수 있습니다. 하나님은 모세에게 기도를 그만두고 이제 "이스라엘 자손에게 명하여 바다로 들어가게 하라"고 하십니다.

여러분, 모세는 바다가 갈라질 수 있다는 것을 상상조차 할 수 없었을 겁니다. 그러한 일이 일어날 수 있는 것을 전혀 알지 못하는 모세에게 하나님이 백성을 바다로 들어가도록 모세에게 명하신 것은 어떤 의도가 있으셨을까요? 그것은 모세가 하나님보다 두려워한 것이 한 가지 있음을 아셨기 때문입니다. 그 두려움을 없애기 전에는 순전한 믿음을 가질 수 없다는 진실을 이미 알고 계셨기 때문입니다. 모세가 가장 두려워하는 자신의 동족 이스라엘 백성을 바다로 보내라는 것 만큼 어려운 일은 없습니다. 하지만 너무나 긴박한 그 순간 모세는 백성보다, 애굽의 군대보다, 심지어 바다보다 더 두려운 여호와 하나님의 말씀을 의지합니다. 더 두려운 것을 발견한 모세는 이제 하나님의 명령대로 행하게 되고 더 이상 다른 것은 두려워하지 않습니다. 바로 그 순간 모세는 가장 순전한 믿음, 역사하는 기적의 믿음을 얻게 됩니다.

여러분의 삶이 지금 막다른 길에 부딪혀 있다면 어쩌면 그 순간은 하나님이 여러분에게 믿음을 은혜로 주시고 홍해가 갈라지는 것과 같은 기적을 보여주시기 위해 연출 해내신 상황인지도 모릅니다. 단지 그 순간, 누구를 가장 두려워할 것인지 마음속에 확신을 갖기만 한다면 정말 놀라운 기적은 반드시 일어날 것입니다.

[오늘 내가 만난 하나님]

84 바울이 가장 바울 다울 때

갈라디아서는 데살로니가전서와 함께 바울 최소의 서신 일뿐 아니라 신약전체에서 가장 먼저 쓰여진 특별한 편지 중 하나입니다. 바울의 모든 저작 중에서 그가 저자로서 단 한번도 의심받지 않은 유일한 서신인 갈라디아서를 두고 유진 보링같은 학자는 "만약 갈라디아서를 바울이 집필하지 않았다면 바울은 다른 어떤 책도 쓰지않았다"고 할 만큼 갈라디아서에는 바울의 문체가 짙고 확연하게 묻어 납니다. 데살로니가서신을 제외한 바울의 모든 서신들이 그의 특유의 열정적인 "이신칭의"교리를 잘 드러내는데 그 중에서도 갈라디아서는 로마서와 함께 "오직 믿음으로만 구원을 받는다"는 기독교 구원의 핵심적인 교리를 가장 강조하고 잘 드러내는 책 입니다.

하지만 갈라디아서가 더욱 특별한 이유가 또 한가지 있습니다. 갈라디아서는 바울의 모든 서신들 중에서 그가 가장 화가 많이 나있는 서신입니다. 복음을 향한 바울의 열정이 남다르다는 것은 이미 잘 알려져 있습니다. 그러다보니 그의 열정이 많은 사람들의 눈에는 화가 나있는 사람처럼 보여지곤 합니다. 갈라디아서의 경우, 심지어 갈라디아 교인들을 "멍청한 놈들"이라고 3 장에서는 두 번씩이나 윽박을 지르고 있습니다. 그 뿐 아니라 1 장에서는 시작부터 인삿말도 없이 비난과 걱정을 토로하기 시작하는 바울은 그들에게 자신이 직접 그들에게 가르친 복음의 정통성과 중요성을 설파하며 그 외에 다른 것을 따르는 사람들에게는 저주를 퍼붓는 것도 볼 수 있습니다. 이런 바울이 갈라디아서에서는 다른 편지들처럼 성도들에게 중보기도를 요청하지도 않고 교인들의 이름을 언급하면서 안부를 전하지도 않고 서신을 그냥 끝맺음 합니다.

이처럼 그의 다른 서신에서는 유례를 찾아볼 수 없는 특별한 책이 갈라디아서 입니다. 너무나 특이해서 바울의 저작이 아니라고 의심이라도 해볼 수 있으면 편하겠지만 위에 언급한대로 이 책은 바울의 가장 대표적인 저작이 확실합니다. 심지어 그의 서신에서 처음으로 자신이 거짓말을 하는게 아니라고 언급까지 하는 것을 생각하면 분명 갈라디아서에 담긴 그의 메시지의 진정성을 확신할 수 있습니다.

그렇다면 바울은 왜 이토록 강한 어조로 자신의 교인들을 책망하고 다급하게 그들에게 호소하고 있는 것일까요? 그 해답은 사실 의외의 곳에서 발견됩니다. 왜냐면 바울이 그들을 너무나 사랑하기 때문입니다. 갈라디아 교회는 바울이 세운 교회지만 바울이 의도한 교회는 아니었습니다. 그가 선교 여행 중 갈라디아를 지나가는데 갑자기 몸이 아파 잠시 멈추게 되됩니다. 그때 그를 마치 천사를 대접하듯 영접하여 헌신적으로 치료해 주었던 사람들이 바로 갈라디아의 시민들이었습니다. 바울은 그들에게 주님의 복음을 전했고 놀랍게도 그곳에 교회가 세워지게 되었습니다. 하지만 바울은 떠나고 시간이 지나면서 그들의 열정은 도리어 성령을 무시한 채 자신들의 열심만 남는 변질된 율법주의 신앙의 길로 나아간 것입니다. 그 모습이 너무 안타까웠던 바울은 누구보다 사랑하는 그들을 생각하면서 가장 강한 어조로 이 편지를 써 내려간 것 입니다.

　　사랑하는 자매, 형제님, 우리가 성경을 읽거나 설교를 들을 때 하나님의 말씀이 우리의 귀를 따갑도록 울릴 때가 있습니다. 가슴에 그렇게 크게, 심지어 듣기 싫고 마음에 거슬리게 들릴 때가 있습니다. 하지만 그런 음성이 들릴 때마다 하나님의 마음이 우리를 이토록 간절하고 다급하게 사랑하신다는 것을 꼭 한번 되새기시고 그 마음과 의도를 헤아리실 수 있는 여유를 갖기를 부탁드립니다.

[오늘 내가 만난 하나님]

85 세상에서 가장 이기적인 나의 신앙

처음 주님을 만나 구원의 기쁨으로 충만했던 시절, 매일 밤마다 졸리는 눈을 억지로 떠가면서 성경을 읽었던 그 행복한 마음이 첫사랑의 추억처럼 오래도록 기억에 남습니다. 한편으론 처음 만나는 창조주에 대한 떨리는 마음이었고 다른 한편은 그 분도 나를 사랑하신다는 놀라운 사실에 더욱 더 설레고 기대하는 마음으로 성경을 읽었습니다. 하나님은 정말 어떠한 분이신지 그리고 그 분이 기뻐하시는 것이라면 무엇이든지 성경의 한 페이지 한 페이지를 넘겨 가면서 아무리 작은 것이라도 발견하기 위한 열심으로 매일 밤마다 성경 속에 빠져들었던 천국 같던 그 때를 오늘도 추억합니다.

신학을 하고 가정을 이루고 사역을 시작하면서 그때처럼 모든 것을 뒤로하고 앉아서 성경만 읽을 수 있는 시간을 만드는 것이 쉽지 않습니다. 하지만 매일 짧은 시간, 길지 않은 말씀이라도 동일한 은혜와 능력으로 살아있는 감동에 취해 살아갈 수 있게 하신 것은 처음 읽었을 때부터 성경 속 하나님의 놀라운 약속들을 모두 신뢰했기 때문입니다. 오늘 우리가 만날 하나님은 그 약속 중에 한 가지 놀라운 약속을 주신 하나님입니다. 그 모든 약속 중에서 우리 모두에게 위로는 주시는 놀라운 은혜가 오늘 여기에 있습니다. 디모데전서 2 장 4 절에서 하신 이 약속의 말씀은 모두를 향한 하나님의 놀라운 사랑을 가르쳐 줍니다: "하나님은 모든 사람이 구원을 받으며 진리를 아는 데에 이르기를 원하시느니라."

첫째, "하나님은 모든 사람이 구원을 받기를 원하신다"는 말씀은 정말 가늠할 수 없이 넓은 하나님의 사랑을 표현합니다. 주변에 믿지 않는 사람들, 다른 종교나 자신들이 만든 하나님을 믿는 수 많은 사람들, 믿는다고 하면서 실제로는 하나님의 이름을 영광되게 하지 못하는 사람들, 심지어 하나님을 대적하는 사람들도 있습니다. 한 마디로 성도의 눈으로 보기에도 민망하고 어쩌면 구원을 받아서는 안될 것 같은 악한 사람들도 있습니다. 하지만 하나님은 누구나 할 것 없이 모두가 구원을 받기를 원하신다고 하십니다. 그 분이 바라시는 일이라면 또한 이루실 수 있는 약속입니다.

둘째, "하나님은 모두가 진리를 아는 데에 이르기를 원하신다"는 말씀은 하나님의 깊은 사랑을 표현합니다. 세상이 갈 수록 더욱 복잡해지고 혼란스러워 지는 것은 책 속에 담긴 글자보다 크고 화려하고 자극적인 매체들이 하나같이 자신들의 가치를 따르라고 우리를 유혹하기 때문입니다. 하지만 그 어떠한 것도 성경에 담긴 하나님의 진리에 견줄만한 가치는 한 가지도 없습니다. 그런데도 불구하고 G. K. 체스터튼의 명언, "모든 길은 로마로 통한다. 그렇기 때문에 아무도 그 길을 가려고 하지 않는다"라는 말처럼 사람들에게 성경의 진리는 갈수록 마치 시대에 뒤떨어진 지혜의 말씀처럼 인식되어지고 있습니다. 하지만 오늘 디모데전서의 이 말씀은 우리가 하나님의 진리를 알고자 하기만 한다면 그 분은 절대 숨거나 진리를 감추실 분이 아니라는 것을 약속하고 있습니다.

　　본문을 살펴보면 진정 하나님이 우리 모두에게 원하시는 것이 사실은 우리 모두를 위한 것임을 알 수 있습니다. 이것을 직접 주시기 위해 그의 하나 뿐인 아들까지 십자가에 희생하시고 당신의 성령을 우리에게 보내어 우리로 하여금 당신의 이런 자비로운 사랑을 깨닫기를 원하신 것이 얼마나 놀라운지 모릅니다.

[오늘 내가 만난 하나님]

86 아는 만큼 사용하시는 주님

스물 일곱 권의 책들이 모여 신약전서를 이룹니다. 각각 다양한 장르와 내용, 목적을 가지고 쓰여진 개별적인 특징이 있는 책들입니다. 하지만 이 책들이 단지 여덟 명의 저자들에 의해 모두 집필된 것을 감안한다면 각각의 저자를 따라 신약을 여덟 개의 게이트로 접근하는 것이 효율적인 성경 학습법이 될 수 있습니다. 특별히 열 네 권이나 되는 막대한 분량이 사도 바울 단 한 사람에 의해 집필된 것을 바라볼 때, 바울과 그의 환경을 제대로 이해하기만 한다면 신약의 막대한 분량의 책들에 대한 자신감을 조금 더 가질 수 있게 됩니다.

하지만 그렇다고 열 네 권의 바울 서신을 그 서신들 간에 구분하는 것이 일반 성도에게 단순한 지식 작업은 아닙니다. 비슷한 내용을 담고 있는 서신들도 있고 한 사람의 문체로 되어있는 편지라는 장르가 충분히 혼란스럽게 할 수 있습니다. 그런 혼란을 피하기 위해 바울 서신을 구분하는 다양한 방법이 고안되었지만 오늘은 제가 이 바울 서신들을 구분하는데 사용한 방법을 소개하려고 합니다. 바울이 편지를 쓴 목적, 시기, 그리고 편지의 기본적인 성격을 중심으로 분명하게 기억할 수 있도록 고안된 방법이니 부디 바울의 서신 각각에 담긴 놀라운 하나님을 만나기를 바랍니다.

환경변화에 따른 사도바울의 저작 14권

Reactive
- **A. 곧 주님이 오신다고 들었는데...: 재림서신 (5)**
  - (1) 교회에 찾아온 성도들의 죽음: 살전, 살후
  - (2) 이방인들도 율법을 따라야할까: 갈라디아서
  - (3) 내재되었던 문제들의 재폭발: 고전, 고후
- **B. 열심히 하면 할 수록 더해가는 핍박: 옥중서신 (4)**
  - (1) 이방인들의 거짓된 가르침에 대한 대항: 골, 엡
  - (2) 골로새의 지도자 빌레몬에게 보내는 해방서신: 빌레몬서
  - (3) 진정한 믿음은 기뻐할 수 없는 상황에서 기뻐하는 것: 빌

Proactive
자신의 때가 이제 다 되었음을 깨달은 바울 (5)
- **A. 유언서신 (2)**
  - (1) 이방교회에 남기는 사도 바울의 신학 총정리: 로마서
  - (2) 사랑하는 동족 유대인에게 보내는 마지막 편지: 히브리서
- **B. 목회서신 (3)**
  사랑하는 제자들에게 보내는 마지막 편지: 딛, 딤전, 딤후

바울의 서신에는 베드로 서신이나 요한의 서신과 같은 "일반서신"이 한 권도 없습니다. 모두 정확하게 지정된 교회에 보내는 서신들 뿐입니다. 그렇기 때문에 일반서신과 달리 각 편지들이 담고 있는 해당 지역, 해당 성도들의 영적인 상태, 그리고 그것들을 향한 성령의 인도하심을 반드시 구분하며 이해할 수 있어야 합니다.

그래서 가장 먼저 크게, 바울 서신은 이미 발생한 사건이나 개별 지역교회 안의 사안에 대해서 바울이 대응하는 응대서신(Reactive)과 아직은 발생하지 않은 일어날 일들에 대해 교회를 준비시키는 예비서신(Proactive)으로 나누어 집니다. 다시 응대서신은 주님이 다시 오시는 시기가 성도들이 기대했던 것과 달리 길어지면서 생기는 문제들에 대응하는 재림서신(5)과 교회에 들어온 잘못된 가르침에 대해 옥중에서 교회들에게 질책하는 내용을 담은 옥중서신(4)으로 나눠집니다. 예비서신도 둘로 크게 나눌 수 있는데 자신의 모든 신학을 집대성해서 이방인 교회인 로마인을 대상으로 남긴 로마서, 그리고 로마서와 같은 목적 하지만 다른 대상인 유대인을 상대로 기록한 히브리서가 있습니다. 마지막으로 위에서 부터 대략적인 시간의 순서대로 했을 때 가장 나중에 오는 목회서신이 세 편이 있습니다. 자신의 영적인 아들인 디모데와 디도에게 남긴 이 편지들을 끝으로 바울서신은 마무리가 됩니다.

위와 같이 간단히 구분한다면 바울의 열 네 편의 서신이 시간의 순서, 수신자, 서신의 목적과 상황, 그리고 바울의 상황까지 개별적인 접근과 이해가 가능해집니다. 이런 구분이 없다면 각각의 편지에 담긴 특별한 감동을 바라볼 수 없습니다. 저는 우리 하나님은 하나님을 아는 만큼 사용하시는 분이라고 확신합니다. 위의 내용이 지적인 구분에 머무르지 않고 반드시 특별한 상황에 특별한 하나님을 만나 바울과 같이 모든 하나님의 섭리와 선교의 역사를 자신의 삶으로 간증할 수 있는 건강한 간증신학을 세울 수 있기를 축원을 드립니다.

[오늘 내가 만난 하나님]

87 미래 현재 과거

성경을 읽고 가르칠수록 새롭고 더 확신있게 깨닫게 되는 진리가 한 가지 있습니다. 하나님의 축복은 우리가 때를 기다려야 얻을 수 있는 멀고 알 수 없는 미스테리가 아니라는 것 입니다. 그 축복은 은혜로 이미 우리에게 주어져 있기에 단지 우리가 원하고 바라고 선택하기만 한다면 하나님이 반드시 주시는 너무나 분명한 약속이라는 점입니다. 하나님의 가장 큰 세 가지 선물인 주를 아는 영생 (미래), 성령의 임재 (현재), 그리고 그리스도의 평안 (과거) 이 모두 하나님의 부르심에 화답하는 우리의 선택에 달려 있는 것입니다. 이미 내가 소유한 것이나 마찬가지인 것을 얻기 위해 특별한 수고를 할 필요는 없습니다. 일생에서 가장 중요하고 확실한 선택을 주저할 필요도 거부할 이유도 없는 것입니다.

신명기 30장 15절에서 모세는 이렇게 천명합니다: "보라 내가 오늘 생명과 복과 사망과 화를 네 앞에 두었노라." 이스라엘 백성에게 주어진 하나님의 축복과 영생은 단지 그들이 하나님을 계속 신뢰하고 따르기만 한다면 영원히 누릴 수 있는 것이었습니다. 그들은 그것을 얻기 위해 서로 다투거나 다른 민족과 전쟁을 할 필요도 없었으며 멀리 있는 것을 잡으려고 노력할 필요도 없었고 없는 것을 있게 해달라고 하나님을 조를 필요도 없었습니다. 단지 모든 복과 생명의 근원이자 주인이신 여호와 하나님과 계속 함께 하기만 한다면 모두 다 누릴 수 있었습니다.

그렇다면 이러한 축복이 설마 과거 구약 시대의 이스라엘 민족에게만 국한된 것이었을까요? 다행히도 그렇지 않습니다. 오히려 신약시대에 들어와 예수 그리스도, 우리의 구원자의 현현으로 말미암아 우리 모든 성도들은 더욱 명확해진 구원과 영생에 대한 약속을 확신있게 바라보며 살아가고 있습니다. 이제 우리가 눈으로 보고 손으로 만질 수 있었던 인간으로 오시고 우리의 죄악을 위하여 대신 십자가에 돌아가신 그 주님을 우리가 믿기만 한다면 우리는 영생과 하나님의 축복을 모두 누릴 수 있습니다.

그런데도 불구하고 여전히 너무나 많은 사람들이 그 단순하고 확실한 미래, 현재, 과거를 위한 선택을 거부하고 있습니다. 갈 수록 더 많은 영혼들이 하나님을 알지 못하고 죽어가고 있는데 이 사태를 어떻게 하면 좋겠습니까? 마음만 아파하며 바라보기에는 너무나 안타까운 현실입니다. 이토록 놀라운 하나님의 은혜와 사랑을 깨닫지 못하고 다른 곳에서 평안과 안정을 찾기 위해 방황하고 있는 사람들을 무엇으로 어떻게 돌아서게 할 수 있을까요? 에베소서 2장 8절은, "너희는 그 은혜에 의하여 믿음으로 말미암아 구원을 받았으니 이것은 너희에게서 난 것이 아니요 하나님의 선물이라"고 말합니다. 이렇게 귀한 선물도 선택이 없이는 받을 수 없습니다.

이처럼 이미 우리에게 주신 아무리 귀한 선물이라도 우리가 그 포장을 뜯고 선물을 꺼내기 전에는 단지 상자 속에 버려진 미스테리 선물에 불과합니다. 여러분이 그토록 바라고 원하는 모든 값진 선물들이 혹시 마음 속에 뜯지 않은 포장처럼 여러분을 기다리고 있지는 않나요? 눈 앞의 "상자 속에 버려진 선물"..., 생각만 해도 안타깝습니다. 사랑하는 나의 형제, 자매 여러분, 우리가 할 수 없는 불가능한 것이나 너무 힘들고 어려워 수고로운 것이라면 혹 하나님께 모두 맡겨야 하겠지만 영생과 축복은 우리가 바라기만 한다면 지금 선택하고 누릴 수 있는, 이미 우리에게 주어진 선물 임을 꼭 기억하셨으면 좋겠습니다.

[오늘 내가 만난 하나님]

[선택이 망설여진다면 연락하세요]
언제든지 저자와 상담하시기 바랍니다.
메이플한인교회: www.MapleChurch.ca
YoungOnYonge: www.YoungOnYonge.com

88 즐겁지않은 기쁜 소식

마태복음 11 장에서는 지금 옥에 갇혀있는 세례 요한을 만날 수 있습니다. 이사야서 40 장의 예언을 쫓아 "외치는 자의 소리"로써 광야에서 지금까지 평생을 오직 주님 오시는 길을 예비해 온 요한의 입장에서 본다면 심각한 갈등과 고민이 생기지 않을 수 없습니다. 자신은 광야에서 먼지바람을 맞으며 메뚜기와 석청으로 겨우 매 끼니를 때우고 연명해 가며 오직 그 "오실 분"을 위해 헌신해 왔는데 그 분이 오시고 났을 때의 자신의 운명이 너무나 기가막힐 수 있습니다. 자신의 생을 어쩌면 허무하게 감옥에서 마무리하게 생겼기 때문입니다.

세례 요한이 기대했던 메시아의 모습은 사뭇 예수님과 다를 수 있습니다. 지금 옥에 갇혀있는 그의 입장에서 보자면 진정한 메시아라면 "옥에 갇힌 자를 해방"(사 42:7) 하는 일이 메시아의 일입니다. 더불어 악한 자들을 심판하시어 자신을 억울하게 옥에 가둔 헤롯 왕 같은 인간을 당장에 처단하는 것도 메시아가 성취하실 약속의 말씀임을 요한은 잘 알고 있었습니다. 요한은 자신이 겪고있는 갈등을 제자들을 통해 예수님께 솔직하게 물어봅니다: "오실 그이가 당신이오니까 아니면 우리가 다른 이를 기다리오리라"

갈등하는 요한에게 주님이 그의 제자들을 통해 5 절에 이렇게 대답을 하십니다: "맹인이 보며 못 걷는 사람이 걸으며 나병환자가 깨끗함을 받으며 못 듣는 자가 들으며 죽은 자가 살아나며 가난한 자에게 복음이 전파된다." 메시아가 아니라면 할 수 없는 이러한 일들을 자신들이 행하고 있음을 요한에게 확증 시켜 주시기 위해 하신 말씀입니다. 다른 말로 하면, "나를 통해 이러한 기쁜 소식, 복음이 이 세상에 전해지고 있으니 너는 안심하라"라는 것과 같습니다.

하지만 요한의 입장에서 본다면 여전히 그에게는 하고 싶은 말들이 훨씬 더 많이 남아있을지도 모릅니다. 왜냐면 지금 자신의 처지는 맹인도 아니고 못 걷는 것도 아니고 나병환자의 상태도 아니며 못듣거나 가난한 것도 딱히 아니기 때문입니다. 즉, 세상의 복음이 자신에게는 전혀 기쁘지 않은 것처럼 느껴졌을 수도 있습니다. 여기 어디에도 속하지 않은 자신의 처지에서는 그런 복음이 어떻게 기쁜 소식일 수 있을까 하는 갈등이 남아있었을 수 있습니다. 요한은 메시아가 세상에 오시는 길을 예비하는 소명을 받았습니다. 하지만 그 메시아가 오시고 난 뒤, 요한은 길을 잃어버린 것 같았을 수도 있습니다. 그는 지금 누구보다 메시아의 위로를 절실히 필요로 하고 있습니다.

사랑하는 형제, 자매 여러분, 당신의 고단한 삶을 돌아볼 때, 지금 요한의 갈등이 십분 이해도 되고 공감할 수도 있을 겁니다. 자신은 정말 힘든 중에도 강직한 신앙의 소신대로 오직 주님 보시기에 합당한 삶을 살기 위해 노력해 왔는데 . . . . 지금 당신의 삶의 무게는 감당하기 어려울 정도로 무겁게 여겨질 수 있습니다. 믿음때문에 세상으로부터 차별과 핍박을 받는 것은 어쩔 수 없다고 해도 같은 신앙인들 사이에서 억울한 일을 당하는 일은 없어야 하는데 현실은 그렇지 않을 때도 많습니다.

하지만 오늘 11장 6절은 그때 요한에게 그랬던 것처럼 우리에게도 깨달아야 할 주님의 중요한 당부의 말씀입니다: "누구든지 나로 말미암아 실족하지 아니하면 복이 있도다." 예수님의 모습이 다윗과 같은 용사의 모습이 아니어서 실망을 할 수도 있었습니다. 우리가 받기를 바라는 복과 우리가 세상에서 듣기를 원하는 칭찬을 어쩌면 받지 못하고 듣지 못할 지도 모릅니다. 하지만 우리의 불신과 갈등이 예수가 구원자 메시아이며 우리를 인도하시는 주님 된다는 진리를 바꾸어 놓치는 않습니다. 그 진리를 붙잡는다면 고난은 잠시 영광과 기쁨은 영원할 것 입니다.

[오늘 내가 만난 하나님]

89 아무나 받을 수 없는 초대

마태복음 11 장에는 아무나 받을 수 없는 주님의 특별한 초대장이 있습니다. 그리고 그 초대장에는 "수고하고 무거운 짐을 진 자들"이라고 수신자를 명시하고 있습니다. 즉, 모든 것이 평안하고 어려움이 없으며 삶의 행복을 여유롭게 누리고 있는 자들은 주님의 이 특별한 초대에 응할 수 없습니다. 하지만 그 초대를 받아 앞으로 나아간 사람들에게는 주님이 "쉼"이라고 하는 것을 주신다고 약속하십니다. 별 것 아니라 생각할지 모르지만 사실 여기 "쉼"이라는 단어는 *아나파우오* 라는 단어로서 "위로부터"를 뜻하는 *아나* 라는 전치사와 "멈춤"이라고 하는 *파우오* 의 합성어로써 주님이 사용하시는 신학적 의미는 위의 하나님으로부터 내려오는 특별한 안식을 뜻합니다.

즉, 이렇게 특별한 초대에 특별히 응한 수고로운 자들에게 특별한 안식을 주신다는 약속이 오늘 마태복음 11 장 28-30 절에 담겨 있습니다. 하지만 이러한 특별함과 특혜에도 불구하고 여전히 우리가 그 초대에 응하지 않으면 아무런 일도 일어나지 않습니다. 그런 이유로 자비로우신 주님께서는 가장 먼저 28 절에 "내게로 오라"고 하는 분명하고 확실한 초대를 명령하십니다. 세상의 종교들은 모두들 "어디로 가라" 그리고 "무엇을 해라"라고 말합니다. 하지만 주님은 모든 수고로운 자들에게 자신에게 와서 먼저 쉼을 얻으라고 말씀하고 계신 것입니다. 쉼을 주는 것 보다 더 절실하게 필요한 것이 지치고 수고한 자들에게 없다는 사실을 주님이 누구보다 잘 아시기 때문입니다.

만약 우리가 그 초대에 응해 주님께로 나아가 쉼을 얻게 된다면 이제 다음 29 절에서 주님이 새롭게 주시는 명령에 귀를 기울여야 할 지도 모릅니다. 우선 "나의 멍에를 메라"는 명령입니다. 그런데 이 부분이 뭔가 빠져있는 것처럼 어색하고 마음이 편안하지 않습니다. 왜냐면 어디에도 우리의 멍에를 내려 놓으라는 말씀이 없기 때문입니다. 분명 우리가 수고롭게 무거운 짐을 지고 왔다면 우리의 짐을 내려 놓은 다음 주님의 멍에를 져야하는 것이 순서처럼 느껴지기 때문입니다. 하지만 성경은 우리가 생각하는 것보다 훨씬 더 현실적이고 사실적입니다. 왜냐면 우리가 아무리 우리의 짐을 내려 놓으려고 노력한다고 해서 그 짐을 내려놓을 수 없다는 것을 주님은 이미 너무나도 잘 알고 계시기 때문입니다. 이러한 현실적인 상황 속에 대신 우리가 주님의 멍에를 매고 세상에 여전히 남겨진 주님의 뜻을 이루려 노력하다 보면 어느새 우리의 모든 짐이 그 안에서 사라지고 대신 그 짐을 지고 가시는 주님을 발견하게 될 지도 모릅니다.

그리고 나서야 마지막으로 주님은 우리에게 "자신을 배우라"고 말씀 하십니다. 기억하시면 좋겠습니다. 경험은 우리 미래의 거름이 되기도 하지만 신앙의 무덤을 만들기도 합니다. 우리의 경험은 때때로 우리를 더 편안하고 더 행복하고 더 순간적인 희락을 얻곤 했던 길로 인도하는 경향이 있습니다. 하지만 우리가 진정 주님이 주신 그 고귀한 쉼을 우리의 것으로 영원히 소유하려 한다면 우리는 더 이상 우리의 경험이 아닌 주님의 삶을 따라가야 합니다. 하나님이 주신 위로부터 내려오는 그 평안을 소유하기 위해서 우리는 끊임없이 하나님의 것만을 사모하며 주님이 가르쳐주신 삶의 방법으로 우리의 신앙을 수고롭게 개척해 나아가야 합니다. 그래도 힘들다고 느껴지는 순간들이 있을 겁니다. 그럴 때마다 다시 주님께 나아가 힘을 얻으시면 됩니다. 우리는 할 수 있습니다.

[오늘 내가 만난 하나님]

90 왜 화목제물인가

요한일서 2장 2절과 로마서 3장 25절은 동일한 맥락에서 주님을 "화목 제물"로 비유합니다. 이 구절들을 읽으면서 율법에 명시된 다양한 제사 중에서 주님의 십자가 희생을 왜 화목제에 비유했는지 궁금한 것은 당연합니다. 먼저 화목제가 다른 제사와 다른 네 가지 정도의 특징을 알아보고 오늘 요한일서 (혹은 로마서)에서 주님을 화목 제물로 소개한 그 이유를 살펴보도록 하겠습니다.

첫째, 화목제는 감사한 마음에 자원하여 드리는 제사이기 때문에 의무로 드려지는 것이 아닌 선택으로 드려지는 제사입니다. 누구든지 하나님께 감사의 마음을 표현하거나 서원한 것을 갚기 위해 언제든지 드릴 수 있는 제사가 바로 화목제입니다. 둘째, 화목제는 드리는 제물에 있어서도 다른 제사와 구별되는 점이 있는데 암컷이나 수컷의 구분이 없이 흠이 없는 것이면 소, 양, 염소, 심지어 비둘기조차 드릴 수 있게 되어 있습니다. 즉, 드려지는 것 자체보다 드리는 사람의 마음이 훨씬 더 중요한 제사가 화목제입니다.

셋째, 화목제는 식물성 예물을 함께 드리는 것으로도 구별이 되는데 이때 드려지는 소제도 무교병이나 유교병의 구분없이 드릴 수가 있습니다. 제사를 잘못 드려 오히려 하나님께 저주를 받는 일이 절대 없는 제사가 바로 화목제입니다. 그리고 마지막으로 넷째, 어쩌면 화목제의 가장 큰 특징은 헌제자가 제사를 드린 제물을 직접 먹는 일에 참여할 수 있는 일종의 축제 형식의 제사가 바로 화목제입니다. 의무감이 아닌 감사의 마음으로 선택적으로 무엇이든 원하는 대로 자원해서 드리는 이 특별한 제사의 놀라운 기쁨에 제물을 드린 사람이 참여까지 할 수 있는 제사가 화목제입니다.

요한일서 2장에선 이렇게 말합니다: "그는 우리 죄를 위한 화목 제물이니 우리만 위할 뿐 아니요 온 세상의 죄를 위하심이라." 로마서 3장에서도 동일하게 하나님이 예수를 화목제물로 세우셨다고 합니다. 예수는 처음부터 아무런 죄가 없는 분이셨지만 이렇게 우리를 위해 제물이 되신 것입니다. 의무감에 어쩔 수 없이 드려지는 그런 제물이 아니었고 기쁘게 감사로 드려진 제물입니다. 우리와 하나님의 관계를 화목하게 하기위해 올려진 가장 귀한 제물이셨습니다. 그리고 우리가 회개하고 구원을 받아 하나님의 자녀가 되는 것을 바라보며 주님도 부활과 함께 직접 그 즐거움에 참여하신 제사였던 것입니다.

    사랑하는 성도 여러분, 드릴만한 마음만 있다가 화목제물과 같이 무엇이든 기쁘게 받으시는 주님을 생각하시고 여러분의 것을 주님께 드리시기 바랍니다. 내 처지나 환경, 나의 능력이 빈약하여 주님 앞에 나아가기를 주저하고 계시는 분이 있다면 오늘 오직 우리의 마음을 보시고 무조건 화목하시고 축복하시는 그 살아계신 하나님을 만나시기를 간절히 축원을 드립니다.

[오늘 내가 만난 하나님]

[내가 이전에 알지 못했던 하나님]

[새롭게 만난 나의 하나님을 향한 기도의 제목들]

[나의 하나님을 꼭 전하고 싶은 사랑하는 사람들]

[이제 남은 열 번의 묵상에 대한 나의 기대]

91 아홉 명은 상상도 못한 반전

누가복음 17 장, 나병환자들이 기적적으로 치유를 받은 일화는 여러가지 면에서 매우 독특합니다. 나병환자 이야기가 익숙하게 들릴 수 있지만 실제 누가복음 17 장 이외에 나오는 나병환자의 치유는 오직 단 한 사람의 이야기 뿐 입니다. 단지 공관복음 (마태복음 8 장, 마가복음 1 장, 그리고 누가복음 5 장)에 그 한 사람이 공통적으로 소개되다 보니 많은 이들에게 다른 나병환자의 이야기가 곳곳에 등장하는 것으로 잘못 인식되는 경향이 있습니다. 나병 혹은 한센병이라 부르는 이 병은 누구보다 병자 자신에게 가장 고통스러운 불치병이었습니다. 하지만 육신의 고통보다 더 괴로운 것은 사회로부터 격리와 심지어 가족으로부터 버려지는 상상할 수 없는 소외감을 감내해야 하는 현실이었습니다. 아무런 잘못도 없이 죄인이며 악인 취급을 받아야 했던, 소위 신의 저주로 알려진 병이 바로 나병이었습니다.

오늘 누가복음 17 장에는 이런 나병환자가 처음으로 열 명이나 등장을 합니다. 당대 유대 환경에서는 유대인과 사마리아인이 함께 무엇인가를 하는 것을 상상도 할 수 없었지만 그들에게 공통적인 나병은 그러한 경계조차도 허물어 버리고 그들은 모두 동일한 한 마을에서 함께 살고 있었습니다. 그런데 어느날 주님이 걸어오시는 것을 누군가 멀리서 보게 되었고 그 중 열명이나 되는 병자들은 유대인, 사마리아인 할 것 없이 한 목소리로 "선생님이여 우리를 불쌍히 여기소서"하며 주님이 가시는 길을 따라가며 외치기 시작했습니다. 14 절 주님은 사뭇 냉소적인 태도로 "제사장에게 너희 몸을 가서 보이라"고 말씀하시고는 예루살렘으로 가시던 길을 재촉 하십니다.

"제사장에게 가라고?" 그들은 어쩌면 나아만 장군이 엘리사에게 대꾸했던 대로 주님의 "성의없는" 해법이 전혀 마음에 들지 않았을 수도 있습니다. 하지만 놀랍게도 그 순간 그들은 그런 자존심 따위는 버려 버리고 주님이 말씀하신대로 제사장이 있는 마을로 발걸음을 옮기기 시작합니다. 그리고 그들의 마음을 이미 아신 하나님께서 그들이 미쳐 제사장에게 도착하기도 전에 모두에게 공평하게 병에서 놓임을 받아 깨끗하게 되는 치유의 은혜를 부어 주십니다.

그 순간 나병을 앓던 환자들에게 깨끗하게 하는 치유가 임했습니다. 얼마나 간절하게 치유받기를 원했던 것인지 모릅니다. 세상을 다 주고 서라도 병에서 놓여서 다시 한번 부모님을 만나고, 사랑하는 아들과 딸을 안아 볼 수 있다면... 대부분의 사람들이 평범한 일상이라고 생각했을 것들도 그들에게는 기적이 필요했는데 바로 그 순간 기적이 그들에게 일어난 것입니다. 이들이 만약 믿음을 가지고 있었다면 자신이 나병에서 놓이면 진정으로 하나님을 잘 섬기겠노라고 다짐하고 서원하며 숱한 날을 기도했을 수도 있고 심지어 더이상 그 믿음을 지키지 못하고 포기했을 수도 있습니다. 하지만 그들이 치유를 받은 그 순간, 더이상 과거는 그들에게 중요하지 않았습니다. 이제 오직 상상으로만 했던 "깨끗한" 미래가 그들에게 펼쳐졌기 때문입니다.

　　그런데 본 이야기의 핵심은 여기서 시작됩니다. 그들 열 명 중에서 오직 한 사람 만이 주님께 돌아와 엎드리어 감사를 표합니다. 그리고 누가는 그 한 사람이 놀랍게도 다름아닌 유일한 사마리아인이라 합니다. 주님이 당연히 그에게 묻습니다: "나머지 아홉은 어디있느냐?" 그리고는 그 한 사람에게 그가 알거나 전혀 기대하지 않았던 더 큰 치유의 선물을 주십니다. 죽음을 이기는 영생과 천국을 선물하신 겁니다. 나머지 아홉은 나병에서 지금 나았을지 모르지만 언젠가는 죽습니다. 혹은 더 악한 것이 그들에게 올지도 모릅니다. 하지만 이 사마리아인은 이제 나병에서도 온전히 놓이고 더불어 죽음도 이기는 구원도 받게 됩니다.

　　현대 기독교인들을 두고 복 만을 바라는 신앙을 한다고 해서 그들을 기복신앙이 심하다고 합니다. 하지만 동시에 그런 신앙을 하는 사람들은 말 그대로 신앙의 기복도 심한 편이라는 것이 현대의 신앙적 태도 입니다. 대부분의 성도들은 본 이야기를 결말을 이미 알고 있습니다. 하지만 만약 그런 결말을 모른다면 그리고 그들이 바로 그 나병 환자들이었다면 어떻게 했을까요? 이야기를 읽으면서 아홉을 쉽게 비판할지 몰라도 만약 나병과 구원 중에서 무엇을 선택하겠느냐고 물어본다면 자신있게 구원을 택할 성도가 몇 이나 될까요? 본 이야기를 통해 우리는 기억해야 합니다. 하나님의 나라는 하나님의 것을 택하면 우리의 것도 함께 얻게 되지만 우리의 것을 먼저 택하면 둘 다 잃어버리는 세상이란 것을 꼭 기억하시기를 축원드리고 싶습니다.

[오늘 내가 만난 하나님]

92 아간의 최종 선택

여호수아 7 장의 결말을 보면서 많은 분들이 의아에 하실지도 모릅니다. 아간이라는 한 사람이 물건을 탐하여 훔친 그 죄가 정말 그의 아들들과 딸들과 심지어 소들, 나귀들, 양들은 물론이고 그들이 소유한 모든 물건들까지 모두 돌로 쳐 죽이고 불사르고 심지어 돌무더기를 쌓을 만큼 잘못한 일인가 하는 의문을 가질 수 있기 때문입니다. 물건을 훔친 것에 대한 대가 치고는 너무 가혹하게 여겨지고 무엇보다 그의 자식들은 아무런 잘못없이 왜 함께 심판을 받아야 했는가 하는 질문을 하나님께 조심스럽게 하게 됩니다.

그런데 성경을 자세히 읽다보면 이 아간의 범죄가 단순히 물건을 훔친 것이 아니란 것을 알게 됩니다. 표면적으로 보이는 것과 달리 네 가지 중요한 의미에서 아간의 범죄는 하나님께 대한 대항이었으며 무엇보다 자신의 동족에 대한 큰 배반 행위 였습니다. 첫째, 아간이 죄를 저지른 시점은 이스라엘이 오랜 종살이를 마치고 이제 처음으로 이스라엘이라는 민족을 이루고 40 년이라는 혹독한 광야의 훈련을 통해 거듭난 "하나님의 백성"으로서 드디어 하나님이 약속하신 젖과 꿀이 흐르는 땅으로 들어가려고 하는 시점이었습니다. 40 년 전, 열 두명의 정탐꾼 대다수가 하나님을 불신하여 정탐한 땅에 대한 부정적인 견해를 전했던 것에 반해 이번에는 모두가 한 마음으로 하나님을 신뢰했습니다. 이제야 이스라엘 전체가 한 마음으로 여호와를 신뢰하고 여호와의 말씀을 상황을 초월하는 현실로 믿고 따르기 시작한 것입니다. 그런데 그 시점에 아간이 하나님의 명령보다 은과 금을 탐하는 일이 발생한 것입니다.

둘째, 아간이 탐하여 훔쳐 숨겨둔 은과 금은 사실 하나님께 돌려지도록 명령한 제물이었습니다. 즉, 아간은 단순히 아이 성 사람들의 물건을 탐하여 훔친 것이 아니라 하나님의 것을 가로채 도적질 한 것이었습니다. 그리고 이것에 대해 아간이 직접 여호수아와 이스라엘 앞에서 자백한 내용을 들어봐야 합니다: "내가 노략한 물건 중에 . . . 금덩이 하나를 보고 탐내어 가졌나이다." 이것은 마치 모든 역사가 완벽했던 에덴동산에 처음 죄악이 들어왔을 때를 연상시킵니다: "여자가 그 나무를 본즉 . . .

탐스럽기도 한 나무인지라 . . . ”(창세기 3:6). 이제 막 하나님이 인도하신 젖과 꿀이 흐르는 가나안으로 들어가는 시점에 아간이 저지른 이 죄악은 에덴동산에서 아담이 쫓겨나듯 가나안에서 쫓겨날 수 있는 매우 민감한 범죄였습니다.

　　셋째, 아간의 죄로 말미암아 아무런 죄도 없고 전혀 희생하지 않아도 되는 무고한 영혼이 서른 여섯 명이나 죽게 되었습니다. 철옹성인 여리고를 무너뜨린 이스라엘에게 조그마한 아이 성과의 전투는 어렵지 않은 승리가 예정된 일이었지만 아간이 하나님의 명령을 거부하고 하나님의 백성을 속임으로써 결국 하나님이 그 전투에서 싸워 주시지 않으셨고 그 작은 전투에서 서른 여섯 명이나 죽는 사고가 발생하게 된 것입니다.

　　하지만 그럼에도 불구하고 위의 죄악들이 아간과 아간의 가족과 가축들을 몰살하게 만들었다고 생각하지는 않습니다. 요나가 그토록 미워할 정도로 패역한 니느웨도 용서하신 하나님을 기억합니다. 주님을 버리고 도망친 베드로와 제자들도 용서하신 주님을 생각합니다. 하나님의 놀라운 자비하심을 기억하면 아간과 가족을 무자비한 죽음으로 심판할 수 밖에 없었던 이유가 따로 있는 것을 깨닫게 됩니다. 그것은 그들에게 주어진 24 시간이라는 회개의 기회를 아간과 그의 가족이 거부했기 때문입니다. 그리고 그 사실을 기억한다면 아간을 돌로서 심판한 여호수아의 처분은 어쩔 도리 없는 아간의 선택이었습니다.

[오늘 내가 만난 하나님]

93 마르고 비틀어진 소망

에스겔서에서 가장 유명한 장면은 단연 37장에 나오는 광활한 광야의 기적입니다. 광야의 오래되고 수북히 쌓인 마른 뼈들이 서로 엉겨 붙으며 일어나고 심지어 생기를 얻어 살아나는 기적의 기록입니다. 하지만 이 말씀을 기록한 목적은 우리로 하여금 단순히 하나님의 능력을 감탄하며 바라보라는 데에 있지 않습니다. 그 보다 우리 삶 속에서 이 불가능한 역사를 이루시는 하나님을 만나고 그 기적의 주인공이 되는 것을 바라시기 때문입니다.

지금 이스라엘 사람들은 에스겔 선지자가 대언한 하나님 말씀을 통해 마음은 따갑고 아프지만 겨우겨우 자신들이 왜 이렇게 포로로 잡혀올 수 밖에 없었는지, 왜 하나님의 축복된 땅에서 쫓겨나 타지에서 이런 고난과 핍박을 받아야 하는지, 그리고 그것이 어떻게 하나님이 자신을 사랑하시는 증거인지를 힘겹게 받아들였습니다. 하지만 이제서야 겨우 그 사실을 받아들인 이들에게 에스겔 선지자는 이제 그 몰락보다 더 믿기 어려운 놀라운 회복을 선포해야 합니다. 마른 뼈와 같이 비틀어진 그들이 다시 온전하게 "회복"될 수 있다는 믿기 어려운 그 사실을 말입니다.

우리도 일상에서 생각할 때, 회복이라는 것도 가능성이 있고 상상할 수 있을 때나 일어나는 일로 취급합니다. 많은 성도들이 스스로 생각하기에 이뤄지는 것이 불가능하다고 판단된 것에는 기도를 하지 않는 경향과 비슷한 말입니다. 하지만 지금 아골골짝같고 골고다같은 희망이 없어 보이는 이 골짜기에 마치 하나님의 저주를 받아 장사도 제대로 치루지 못한채 마구마구 버려진 엄청난 숫자의 마른 뼈들이 다시 살아나고 이스라엘의 군대로 회복될 수 있다고 하는 것을 도대체 어떻게 믿을 수 있을까요? 이런 일이 어떻게 무슨 능력과 누구의 도움으로 가능할까 하는 생각을 하지 않을 수 없습니다.

이스라엘이 바벨론의 포로가 된 것은 그들의 죄악 때문이었습니다. 바벨론을 통해 이스라엘을 포로로 잡아오고 때가 되어 그들이 자신들의 죄를 뉘우치고 간절히 하나님께 되돌아 오게 된 것도 에스겔의 설명을 듣고나니 하나님 일하심이었습니다.

하나님은 이스라엘이 자신에게 돌아오도록 하시기 위해 바벨론을 사용하셨습니다. 하지만 이제 완전히 죽은 것과 같고 아무런 희망도 소망도 없어 보이는 이스라엘이 다시 회복받기위해 필요한 것은 오직 여호와의 호흡입니다. 마른 흙이 생령이 되었던 것과 같이 이제 선지자의 입술을 통해 대언되는 여호와의 말씀만으로 그들이 다시 이전의 군대와 같이 회복되는 기적이 일어날 수 있다는 겁니다. 심지어 에스겔에게도 이것은 믿기 힘든 일이었습니다. 하지만 우리가 아무리 깊고 어두운 아픔과 어려움에 처해 마치 모든 것이 무너지고 다시는 회복이 될 수 없을 것이라 여길 때에도 사실 우리에게 필요한 회복의 능력은 여호와의 말씀 뿐이라고 오늘 본문은 강조합니다.

그리고 여호와의 말씀을 통한 회복이 두 단계의 순서를 따라서 행해지는 것을 기억해야 합니다. 4 절, 에스겔이 여호와의 말씀을 대언하기를, "마른 뼈들아 여호와의 말씀을 들을지어다." 즉, 먼저 마른 뼈와 같은 우리의 상황과 현실에 변화가 일어나야 합니다. 하나님의 말씀을 의지하고 그것에 순종하고 우리 자신의 상황을 맡기다 보면 분명히 회복의 기미가 일어나기 시작합니다. 하지만 그렇다고 온전히 회복이 이루어진 것은 아닙니다. 대부분 성도들도 여기에서 멈추곤 합니다. 하지만 여기서 멈춰서는 안됩니다.

온전한 회복이 이뤄지려면 9 절과 같이 "너는 생기를 향하여 대언하라"라고 하신 것처럼 두 번째 말씀의 선포가 필요합니다. 처음 여호와의 말씀을 신뢰하고 마른 뼈라고 하는 희망을 잃어버린 상황에 대해 말씀이 선포가 되었다면 이제는 마른 뼈들이 실제로 온전히 살아나기 위해 필요한 "호흡"을 위해 선포해야 합니다. 즉, 먼저 운동력있는 하나님의 말씀에 의지하여 회복이 시작되었다면 이제는 없는 것을 마치 있는 것처럼 부르시는 창조적은 능력의 하나님 말씀이 필요합니다. 바로 이 두 단계는 또한 우리 믿음의 성장 단계와 동일하다는 것을 기억해야 합니다. 비록 현재 여러분의 상황이 마른 뼈와 같이 아무런 희망이 없어 보인다면 역사하시고 일으키시는 여호와 하나님의 말씀에 희망을 걸어 보시기 바랍니다. 기적이 일어날 겁니다.

[오늘 내가 만난 하나님]

94 발락의 발람 나귀의 반란

교회에서 어린이 예배를 준비하면서 몇 번을 시도하다가 포기하곤 한 말씀이 있습니다. 민수기에 등장하는 발람과 그의 말하는 나귀의 이야기입니다. 표면적으론 어린이에게 들려주고 싶은 너무나 흥미로운 성경일화인데 가까이 들여다보면 보통 난해한 말씀이 아닙니다. 실제로 민수기에 이 이야기가 담긴 이유를 찾기위해 학자들이 고심해왔지만 여전히 만족할만한 해답이 없습니다. 일단 한 가지 확실히 이 일화가 두드러지는 이유부터 살펴보자면 발람과 그의 나귀 이야기가 민수기에서 유일하게 화자가 모세와 이스라엘 아닌 모압의 발락 왕과 선지자 발람의 관점으로 바뀐다는 특이한 점입니다.

신앙을 하면서 어쩌면 가장 중요한 것 중에 하나가 하나님을 무엇으로 어떻게 발견하는가 하는 것입니다. 특별히 영적으로 너무나 많은 혼란과 잡음이 너무나도 화려하고 다양한 매체들을 통해 교묘하게 성도들의 마음을 침투하여 잠식해 나아가는 이때에 참 하나님의 뜻을 아는 것은 너무나도 중요합니다. 지금과 같은 마지막 때에 여기 저기에서 가짜 복음을 가르치고 또한 사람들이 자기 소욕에 좋은 말씀들을 선택적으로 따르게 된다는 성경의 예언이 이렇게 갑작스럽게 이뤄지는 세상을 보면서 얼마나 두렵고 다급한 마음이 생기는지 모릅니다. 이러한 때에 우리는 발람과 그의 나귀를 주목할 필요가 있습니다.

먼저 충분히 독립적으로 존재했을 가능성이 있는 본 일화가 민수기 22장부터 시작해서 길게 삽입된 배경을 추정해보면 아마도 40년 간의 광야생활을 하고 있는 이스라엘이 얼마나 정치적으로 그리고 영적으로 주변 나라와 민족에게 두려운 존재로 성장해 가고 있는가를 확연하게 보여주는 동시에 하나님을 온전히 알지 못하는 것이 얼마나 위험한 일인가 하는 것을 보여주기 위한 것으로 추정할 수 있습니다.

모압의 왕 발락은 자신들보다 우위한 전투력을 가진 이스라엘과의 평화로운 대화를 거부하고 전면적인 전쟁을 선택한 어리석은 왕 입니다. 그러나 그가 어리석은 것은 거기에서 끝나지 않습니다. 그는 그런 대책없는 결정을 하고 나서 전쟁에서 이길 수 있는 방법을 모색하다가 미신과 같은 주술에 나라 전체의 운명을 걸게 됩니다. 즉,

군대를 준비하고 지략을 세우고 나가서 열심히 싸워 이기려 하는 것이 아니라 적에게 저주를 걸어 적이 스스로 패망하도록 하겠다는 허황된 전략을 택한 어리석은 왕입니다.

그런 발락 왕은 발람에게 자신의 장로들을 보냅니다. 저주를 해주는 대가를 약속하며 이스라엘을 향해 악한 말씀을 준비해 달라고 요구를 합니다. 유유상종이라는 말이 가장 잘 어울린다고 해야할까요, 발람은 여호와 하나님의 뜻을 이미 알면서도 그 장로들을 돌려보내지 않고 하룻밤을 자신의 처소에 머무르게 합니다. 진정한 선지자는 이런 쓸데없는 친절을 버려야 하는데 발람은 그러지 못합니다. 물론 발람이 다음날 다부진 마음으로 그들을 모압으로 돌려보냈지만 그들이 더 큰 대가를 조건으로 내걸고 돌아왔을 때에 그는 다시 갈등합니다. 하나님은 그에게 "너를 부르거든 가라"고 했지만 (20 절) 그는 아침이 밝자마자 자신을 부르러 오기도 전에 신이 나서 모압으로 향할 채비를 하고 나귀에게 안장을 얹습니다 (21 절).

정말 두려운 것은 그가 이토록 하나님의 뜻을 거부할 수 있는 이상한 용기를 가진 것이 아닙니다. 하나님과 물질을 겸하여 섬길 수 없다는 진리를 그가 상실해 버리는 순간, 그의 영안은 완전히 어두워져 버렸으며 심지어 자신의 나귀의 눈에도 선명하게 보이는 하나님의 천사를 그는 볼 수 없게 되어버린 것입니다. 심지어 그 천사가 칼을 들고 기다리며 앞으로 조금만 더 진행하면 그를 죽이려고 벼르는 것도 모르고 그는 나귀를 재촉합니다. 심지어 길을 벗어나면서까지 채찍을 맞아가면서까지 자신의 주인을 죽음에서 구하려는 충성된 나귀를 연거푸 때리며 재촉합니다. 보다못한 하나님의 천사가 발람의 눈을 밝혀주고 나서야 그는 처음으로 그 천사의 손에 들려진 시퍼런 칼에 깜짝 놀라게 됩니다.

우리는 이 일화가 얼마나 안타까운 결말을 이루게 되는지 잘 알고 있습니다. 발람은 결국 자신의 소망대로 모압으로 대가를 받고 향하게 되고 여러번 여호와 하나님의 만류에도 불구하고 끝끝내 자신의 몸 값을 불려놓고 이스라엘이 스스로 미혹에 빠지는 죄를 생각해 냅니다. 즉, 이스라엘을 저주하는데 성공하게 됩니다. 모압의 발락 왕의 입장에서는 자신의 전략이 성공하게 된 것입니다. 정말 발람은 나귀보다 못한 인생을 살게 된 것입니다. 그것도 금방 없어질 물질에 눈이 어두워서 말입니다. 먼저 우리 앞의 성경을 통해 하나님의 음성을 들을 수 있는 삶에 감사해야 합니다. 하지만 이 나귀보다 진정 나으려면 하나님의 음성을 들을 수 있는 것보다 더 중요한 것이 있는 것 같습니다. 그것은 하나님을 누구보다 두려워하고 그 분의 임재를 무엇과도 바꾸지 않는 하나님에 대한 절대적인 신뢰입니다.

[이제 정말 내가 반드시 만나야하는 하나님]

[남은 과정은 빈 공간마다 공감하면서 천천히 묵상을 진행해 나아가기를 바랍니다]

95 둘 중 누가 더 맹인인가

시대마다 그 세대에 가장 유혹적인 모습으로 성도들의 마음을 빼앗아온 것들이 항상 존재해 왔습니다. 그러한 유혹은 우리의 마음을 분주하게도 하고, 마음을 공허하게도 하고, 때로는 심각하게 우울하게도 만듭니다. 하나님이 우리에게 분명한 목적과 목표를 가지고 주신 이 한번 뿐인 소중한 인생의 목적과 목표가 확실하지 않을 때에는 아무리 빠른 속도로 무엇인가를 성취하며 나아간다고 해도 결국 종착점에 이르러서는 허망하기 마련입니다.

그럴 때 마다 "깨어나라," "일어나라," "회개하라"는 이 시대 선지자의 음성은 하나님의 영적으로 잠자는 자신의 성도들을 흔들어 깨우는 사랑의 신호였습니다. 지금 우리가 살아가는 이 시대에 그러한 음성이 없는 것은 아닙니다. 하지만 더 시끄럽고 자극적이고 감성적이고 세련되게 들리며 심지어 화려한 세상의 소리가 성도의 눈과 귀를 완전히 사로잡고 있어서 그 사이에서 하나님의 음성을 구분하여 발견한다는 것은 결코 쉽지 않은 일입니다. 심지어 우리의 손을 한 시도 떠나지 않는 최첨단 통신기기가 매순간 우리가 무엇을 들어야할지 무엇을 봐야할지를 가르쳐주고 그것을 단순히 쫓아가기에 급급한 하루하루를 보내고 있는지도 모릅니다. 겨우겨우 "회개하라"는 음성을 발견한다고 해도 이미 대부분의 성도들은 그러한 따가운 선지자의 음서보다 따뜻하고 편안하며 자신의 영혼이 아닌 감성에 위로를 주는 소리를 더 선호하게 되어버렸습니다 (디모데후서 4:3-4).

요한복음 9장에는 날 때부터 맹인 되었던 자를 고쳐주시는 예수님의 일화가 등장합니다. 평생을 맹인으로 살아온 그를 불쌍히 여길 만도 합니다. 아무도 고칠 수 없는 병을 고쳐주신 주님을 대단한 분으로 인정할 만도 합니다. 하지만 유대의 종교지도자들, 특별히 바리새인들은 그 맹인을 붙잡아 신문하고 그를 치유해준 주님을 조롱합니다. 이런 기적이 지금 우리 주변에서 일어난다면 우리는 어떻게 반응할지 한번 생각해보시기 바랍니다. 치유를 받은 사람 뿐 아니라 목격한 사람에게도 간증이 되어 주님을 믿을 수 있는 중요한 근거가 되었을거라 생각할 수도 있습니다. 하지만 우리 인간은 같은 사물을 보고도 그것을 어떻게 해석하느냐에 따라서 전혀 다르게 해석하는 경향이 있습니다. 요한복음 9장에서도 오직 치유를 받은 그 한 사람만이 주님께 믿음을 고백하는 모습을 볼 수 있습니다. 이런 안타까운 상황을 두고 주님은 말씀하십니다: "내가 심판하러 이 세상에 왔으니 보지 못하는 자들은 보게 하고 보는 자들은 맹인이 되게 하려 함이라"(9:39). 물론 이런 주님의 말씀이 달갑지 않은 바리새인들은 그 말씀까지 조롱하며 도리어 주님께 반문합니다: "그러면 당신이 보기에 우리도 맹인인가"(9:40). 안타까운 일이지만 두껍게 자신들을 둘러 싸고 있는 강력한 종교 문화 속에서 한번도 벗어나본 적이 없는 바리새인에게는 어쩔 도리 없는 반응인지도 모릅니다. 그런 사실을 아시는 주님은 놀랍게도 이런 바리새인들이 영적으로 회복될 수 있는 방향을 제시해 주십니다: "너희가 맹인이 되었더라면 죄가 없으려니와 본다고 하니 너희 죄가 그대로 있느니라"(9:41).

    가난한 신학생시절, 친한 친구가 제게 차가 없는 것을 아시고 자신의 집에 사용하지 않는 아주 오래된 운전자와 옆에 한 사람만이 탈 수 있는 작은 픽업트럭을 무기한 빌려준 적이 있습니다. 다양한 문제들이 있는 트럭이었지만 가장 저를 애먹인 한 가지 있는데 그건 주유를 언제 해야하는지 보여주는 가스 게이지가 고장이 나있는 겁니다. 그것도 바늘이 항상 가득 차 있다는 것을 표시하는 F에 있었는데 그게 보통 혼란스러운게 아니었습니다. 언제 기름이 다 떨어질지 모르니 처음에는 가다가 주유소만 보이면 주유를 하곤 했습니다. 그런데 시간이 지나서 익숙해지면서 문제가 생기기 시작했습니다. 몇 번을 고속도로에서 서서 고생을 했는지 상상이 되실 겁니다.

    이처럼 자신에게 무엇이 언제 어떻게 부족한지를 알지 못하면 그것을 채울 노력도 제대로 할 수가 없는 것입니다. 영성도 이와 똑같습니다. 바리새인들은 거룩한 땅, 거룩한 성전, 거룩한 직분을 가지고 있었습니다. 심지어 지금 영생에 한번 뿐인 영광의 주님을 바로 앞에 두고 있었지만 그를 인식하지 못했습니다.

제가 홈리스 사역을 해오면서 깨달은 것들이 많지만 그 중에 저에게 가장 큰 충격을 준 교훈이 한 가지 있습니다. 그것은 홈리스 쉘터를 찾는 많은 분들이 복음을 듣고도 주님을 영접하지 못하는 큰 이유 중에 하나가 이들의 프라이드와 거만함이라는 것입니다. 놀랍게도 잠자리, 샤워, 식사, 따뜻한 옷과 생필품, 심지어 절기를 맞추어 선물도 공짜로 주는데도 많은 분들이 자주 새롭고 다양한 불평과 불만을 터뜨립니다. 마치 그 모든 혜택이 당연하기라도 한 듯 더 나은 것, 더 많은 것을 요구하는 분들을 여러번 접하면서 그들의 모습속에서 저는 소스라치게 놀라며 바로 우리 자신의 모습을 발견했습니다. 그들의 모습이 바로 저와 우리 성도들의 모습이었습니다.

　　　하나님이 우리에게 은혜로 영생을 공짜로 주셨습니다. 그래서 우린 그 가치를 마치 정말 공짜인것처럼 착각하는 지도 모릅니다. 우리가 받은 은혜가 너무나 빛나고 영광스러워서 우리는 그 빛에 완전히 눈이 멀어 버렸는지도 모릅니다. 주님이 자신의 죽음으로 우리의 죄값을 단번에 치루셨습니다. 그런데 우리는 주님이 핏값으로 사신 구원을 위해 노력한 것이라곤 앉아서 믿은 것 뿐입니다. 그 차가운 고통의 십자가에서 수 시간을 피와 고통의 진액을 쏟으시면서 돌아가신 주님의 아픔을 공감하지 못합니다. 심지어 성령님이 영원까지 동행을 하시겠다고 "자청"까지 해주시니 이제는 마치 우리의 영혼이 너무 귀해서 당연히 그런 대우를 받아야 하는 줄 대단한 착각 속에 살고 있는 것은 아닌지 모릅니다. 사랑하는 성도 여러분, 이제 우리가 성경적인 회개를 진정으로하고 우리의 어두워진 눈과 멀어버린 귀를 다시 주님의 빛과 하나님의 말씀으로 향할 때가 다가온 것 같습니다. 오늘 그렇게 한다면 저와 여러분의 가정, 교회, 사회는 다시 살 수 있습니다.

[오늘 내가 만난 하나님]

96 너무 감동받아 죽어버린 신앙

이 세상의 어떤 종교도 하나님이 세상 천지만물을 아무것도 없는 무에서 창조하셨다고 선포하지 못합니다. 어떤 종교도 구원자 또는 메시아가 세상에 올 것을 미리 예고할 수 없었습니다. 심지어 세상의 어떠한 종교도 몇 천년에 걸쳐서 다양한 지역에서 서로 알지 못하는 선지자들을 통해 그 한 사람 메시아에 대한 것을 명확히 일치하게 예고, 예견, 예언한 경우는 단 한번도 없습니다. 세상 모든 종교가 "자, 이제 내가 여기 왔으니 날 믿으라"라고 할 수 있을지는 몰라도 기독교처럼 그 메시아가 하나님의 선지자들을 통해 말씀하신대로 그대로 그가 올 터이니 그를 그대로 믿고 따르라고 앞서서 진리와 복음을 증거한 종교는 단 하나도 존재하지 않습니다.

　　히브리서의 첫 문장은 이렇게 놀라운 하나님을 "옛적에 선지자들을 통하여 여러 부분과 여러 모양으로 우리 조상들에게 말씀하신 하나님"이라고 표현 합니다. 그리고 그 하나님이 예수 그리스도를 가리키며 "이 모든 날 마지막에 아들을 통하여 우리에게 말씀하셨다"라고 합니다 (1:2). 이처럼 히브리서는 예수 그리스도를 통해 구약과 신약이 이어지는 진리를 살아있는 말씀을 통해 증거합니다. 하지만 여러분은 히브리서의 주요 수신 대상이었던 유대인들처럼 믿음에 갈등하지 않아도 됩니다. 또한 구약 시대 이스라엘처럼 자신에게 성령이 없어서 하나님과 우상 사이에서 고민하지 않아도 됩니다. 역사상 그 어느 때보다 더욱 확실하고 더 선명하고 신뢰할 만한 약속과 증거들을 성경 전서를 통해 이미 소유하고 있기 때문입니다.

하지만 환경의 어려움이 닥치고 주변에 많은 사람들이 교회를 떠나는 모습을 보면서 갈수록 더 많은 성도들이 자신의 신앙에 대해 갈등합니다. 그런데 이런 분들과 최근 상담을 하면서 깨닫게 되는 예상 못한 것이 한 가지 있었습니다. 그것은 대부분의 이들의 지금까지의 신앙이 감동과 감사에서 멈추고 있다는 사실입니다. 감동과 감사가 마음에 충만하기에 마치 자신의 신앙이 뜨거운 것처럼 생각했던 때가 있었는데 그 감동과 감사가 식으니까 그들의 신앙도 함께 식어버리는 겁니다. 감동과 감사는 신앙을 시작하기위한 원동력입니다. 실제 신앙이란 "믿음의 행위"에서 드러나는 것인데 그들을 더이상 감동과 감사로 무엇을 해야할지 알지 못하기도하고 심지어 그 감동과 감사를 잃어버리고 나서는 마치 신앙의 타겟을 잃어버린 것처럼 신앙이 표류하는 안타까운 삶을 살게 된 것입니다.

하나님이 우리에게 그리스도를 통하여 이루신 역사는 모든 성도들에게 본을 보이심으로 그의 능력의 십자가에 참여할 수 있도록 초대하는 것 입니다. 그리고 성도는 그 초대에 참여하기로 선택한 뒤, 주의 마음에 합한 회개와 성령과의 연합, 그리고 능력으로 주와 함께 부활하는 구원을 평생의 신앙을 통해 이루어 갈 수 있게 되는 것입니다. 지난 2천년전 주님이 행하신 역사에 감동하고 감사하는 것에서 신앙이 멈추는 것이 아니라 그 역사의 초대에 참여하는 것이 주님이 원하시는 신앙입니다. 그래서 히브리서의 저자는 참여 없는 우리의 신앙을 비판하면서 "너희가 이같이 큰 구원을 등한히 여기면 어찌 그 보응을 피하리요"라고 말합니다 (2:3). 예수 그리스도를 통해 하나님을 믿은 우리에게 기독교는 경이로움과 신비함이 끝이 없는 놀라운 가치입니다. 하지만 우리는 그 가치에 감동과 감사로 대응하고 마치는 것이 아니라 우리 삶 속에서 그 놀라운 하나님의 말씀이 성취될 수 있도록 주님의 향기를 만 천하에 드러내는 삶을 살아내야 하는 것입니다.

[오늘 내가 만난 하나님]

97 예배가 힘이요 부르심이 능력이라

팬데믹과 유튜브가 함께 만들어낸 풍조 중에 하나가 이제는 우리가 말씀을 자신의 기호에 맞게 선택할 수 있는 자유와 권위(?)를 얻게 되었다는 사실입니다. 지금까지 예배를 드리는 성도들에게 하나님의 말씀은 기본적으로 함께 영적으로 한 몸을 이룬 지역교회, 말씀을 선포하는 단에서 주의 종으로 부름받은 목회자의 입을 통해 나오는 성경의 말씀을 의미했습니다. 이때 말씀은 내가 원하던 원하지않던 선택할 수 없는 권위있는 하나님의 선택이었습니다. 하지만 팬데믹 기간을 통과하는 동안 모든 것이 달라졌습니다. 이제 하나님의 말씀은 내가 원하는 곳에서 내가 원하는 사람에 의해 내가 원하는 톤으로 내가 원하는 내용을 오직 나를 위해 전해주는 것을 바라고 원하고 선택할 수 있게 되었습니다. 심지어 최근에 이런 표현을 자주 듣게 됩니다: "요즈음은 성도들이 어디 예배로 모인다." 심지어 나아가서, "지난주에는 어느 교회 예배로 성도들이 더 많이 모였다." 이것이 아무렇지 않은 매우 이례적인 시대를 우리는 살고 있습니다. 그렇다고 이것이 성도의 탓은 아닙니다. 오히려 목회자의 탓 일지도 모릅니다. 예배는 거룩한 부르심인데 . . . . 여러분은 예배에 부름을 받고 계신가요 아니면 여러분이 선택을 하고 계신가요?

출애굽을 하고 대략 2 년 뒤, 여호수아가 갈렙 등 다른 11 명과 함께 가나안의 정탐꾼으로 발탁되었을 때, 그의 나이가 대략 55세 였습니다. 그로부터 40년간 광야를 떠도는 생활을 하고 모세를 잇는 지도자로 발탁되어 이스라엘 백성과 요단강을 마른 땅처럼 건너 가나안으로 입성하게 되었을 때 이미 그의 나이는 93 세 였습니다. 노령의 나이에도 불구하고 그의 용맹함과 열정은 전쟁을 하지 않을 수 없는 상황 속에서 가나안을 계속해서 정복해 나아갈 수 있는 원동력이 되었습니다. 그는 하나님의 약속을 믿기만 한 것이 아니라 직접 나아가 성취한 진정한 이스라엘의 영웅이었습니다. 하지만 아쉽게도 그의 뒤를 이을만한 강력한 후계자를 양성하지 못했습니다. 이스라엘에 영적 리더쉽이 이제 110 세의 여호수아와 함께 꺼져가고 있었던 것입니다.

살아있는 하나님의 말씀이 사람의 눈치를 보지않고 성경에 나와있는 그대로 선포되어지는 시대에는 성도들이 지금처럼 흔들리지 않습니다. 모세나 여호수아와 같이 오직 하나님만을 두려워하는 리더가 시퍼렇게 살아있는 시대에는 하나님의 말씀이 죽은 영혼을 살리는 능력을 가지고 선포됩니다. 하지만 사사기의 고백처럼 여호수아가 죽고나서 이스라엘에 더 이상 리더가 없던 시대가 되면 누구나 "각기 모두 자기의 소견에 옳은 대로 행하게" 되어있습니다. 이러한 시기가 길어진다면 언젠가는 하나님의 말씀이 하늘로부터 천사들을 통해 확성기를 든 것처럼 쩌렁쩌렁 들려 올 두려운 때가 도래할 겁니다. 하지만 그 날이 오기까지 그 확성기의 역할을 해야하는 존재가 바로 주님의 부르심을 받은 주의 종들입니다. 눈에 보이고 손으로 만질 수 있고 귀로 들을 수 있는 그러한 영적인 리더를 우리가 지금이라도 사모하여 소중히 하고 서둘러 육성하지 못한다면 정말 모든 하나님의 성도들이 각기 자기의 소견에 옳은 대로 행할 암울한 날이 온 세상을 덮게 될지도 모릅니다.

사랑하는 성도 여러분, 모세와 여호수아 없는 지금과 같은 시대에는 사사들과 같이 평범한 사람들이 위대한 하나님의 사명을 위해 자원하는 마음으로 일어나야 하는 때 입니다. 하나님의 말씀을 더 이상 귓가에 울리지 않고 예배당에서 선포되지 않으며 우리 주변의 선교지에서 능력을 발휘하지 않고 있다면 이제 저와 여러분이 일어나 하나님의 마음을 진정 생명력있는 말씀을 통해 보여줘야 할 때입니다. 저와 여러분의 부르심이 무엇인지 전혀 고민할 필요가 없습니다. 지금 이 시대의 패역함과 하나님의 말씀이 성도들의 삶을 이끌어가는 능력이 메말라가고 있다면 이미 우리의 선교적 부르심은 너무나 명박하게 주어진 것입니다. 그리고 그 부르심에 확신을 갖는다면 저와 여러분에게 필요한 모든 능력은 성령의 권능 안에서 이미 주어졌음을 믿고 오직 전진하시기 바랍니다.

[오늘 내가 만난 하나님]

98 이젠 울지 말라

여기 오늘 유대와 사마리아의 북쪽 갈릴리에 나인성이란 곳이 있습니다. 그 성에는 한 과부가 살았습니다. 그런데 그 과부가 하나뿐인 사랑하는 아들을 오늘 잃었습니다. 누가복음 7 장에 등장하는 이 여인에겐 그 아들이 자신의 유일한 기쁨이고 희망이며 살아가는 이유였습니다. 그렇지 않았다면 이토록 수 많은 인파가 한 이름없는 과부를 위로하기위해 끝없는 행렬에 참여하지는 않았을 겁니다. 하지만 정작 아무리 많은 사람들이 그녀를 위로하기 위해 모인다 해도 누구도 이 여인이 진정으로 원하는 단 한 가지를 줄 수 있는 능력을 가진 사람은 없었습니다. 그래서 여인은 슬펐습니다. 너무나 슬퍼서 하염없이 눈물만 흘리며 말없이 자신의 죽은 아들이 누워있는 관의 행렬을 따라가고 있었습니다. 그런데 그녀가 상상도 하지 못한 한 가지 사건이 동시에 진행이 되고 있었는데 그것은 그녀의 소리 없는 눈물이 주님의 마음에 닿은 것입니다.

목회자와 신학교수 사역의 절반이상은 성도와 학생들을 위로하는 일입니다. 그 위로는 다름아닌 모든 위로를 소유하신 주님께로 눈을 돌리도록 하는 것입니다. 그런데 계속해서 그 위로를 하다가 잠시 잠깐 부지중에 한 눈을 팔아 위로자인 제가 눈을 주님에게서 놓치는 때가 있는 것 같습니다. 그 순간에는 정신이 없을 정도로 무엇으로도 설명할 수 있는 우울함이 쓰나미와 같이 심령을 덥치곤 합니다. 회복하기 위해 노력하지만 쉽지가 않습니다. 주님이 직접 찾아오셔서 다시 일으켜 주시기 만을 기대하며 주 앞에 나아가는 것 외에는 다른 방법이 없습니다.

가버나움에 계시던 주님은 그녀를 만나 위로하시기 위해 갈릴리로 오십니다. 돌아오는 길에 주님께서는 나인성 밖으로 걸어 나오는 애도의 행렬을 발견하십니다. 그리고는 그 과부에게 가까이 다가갑니다. 과부는 그가 누구인지 몰랐을 겁니다. 하지만 과부의 눈에 흐르는 눈물을 보신 주님은 그녀에게 "울지 말라"고 말씀을 하십니다. 그리고 나서 주님은 그 죽은 아들이 누워있는 관에 손을 올려 놓습니다. 죽은 사람의 관에 손을 대는 것을 엄격히 금하는 율법을 이방인이 아니라면 모두가 알기에 사람들은 무척이나 놀랬습니다.

하지만 주님께 뭐라고 말할 틈도 없이 주님은 그 죽은 청년이 마치 생명이 있어 잠결에라도 들을 수 있는 것처럼 "청년아 내가 네게 말하노니 일어나라"라고 그 시체에게 명령을 하십니다. 그 순간 모든 과정을 지켜본 수 많은 사람들의 눈앞에서 놀라운 일이 벌어집니다. 그 죽었던 시체에 호흡이 돌아오고 혈색이 돌아오더니 그 청년이 급기야 스스로 앉기도 하고 어머니를 부르며 말을 하기도 하는 겁니다. 주님이 그 과부가 마음속으로 간절히 바란 그 불가능한 간청을 들어주셨습니다. 주님은 그 어머니에게 다른 아무런 말씀도 하지 않으시고 그저 그녀에게 청년을 건네 주셨습니다.

오늘 이 말씀은 다른 주님이 행하신 기적들과 다른 매우 특별한 점이 몇 가지 있습니다. 첫째, 어디에도 누군가의 믿음을 보시거나 누구에게 이러한 일을 부탁을 받거나 하신 것이 전혀 없으신데 죽은 청년을 살리는 기적을 위해 분주히 발걸음을 돌리셨습니다. 둘째, 죽었다가 살아난 것은 사실 청년입니다. 하지만 주님이 처음부터 온통 관심을 쏟으신 곳은 그 죽은 청년의 어머니이며 그녀 마음 속의 깊은 슬픔을 위로하고자 하신 것입니다. 셋째, 슬퍼하는 과부나 그 청년에 대한 구체적인 소개나 이름이 끝까지 나오질 않습니다. 심지어 기적 이후에 어떻게 되었는지에 대한 간증도 전혀 설명이 없습니다. 단지 기적 이후에 그곳에 모인 사람들의 입에서 그들 중에 선지자가 있다는 말로 하나님을 간접적으로 찬양하는 내용만이 실렸습니다. 과거 선지자 엘리야/엘리사가 사르밧/수넴 여인의 아들을 살린 기적을 연상케 하는 이 기적은 예수님의 기적 중에서도 매우 특별한 일화로 남습니다.

때로는 살아가면서 우리의 무명함과 우리의 평범함이 우리를 고독과 슬픔 속에 고립된 존재로 여기게 할 때가 있습니다. 머리로는 우리를 지으신 하나님이 우리의 마음을 보시고 또 우리의 처지를 모두 다 아신다고 생각하면서도 막상 깊은 우울함에 잠기다 보면 어디에서도 위로를 찾을 수 없는 고독하 우리 자신을 발견하게 됩니다. 하지만 오늘 말씀은 우리의 처지나 신앙, 우리 자녀의 믿음, 심지어 우리의 앞으로의 신앙 여부를 떠나서 우리가 아플 때 그것을 아시는 분이 하나님이시고 도우실 수 있는 능력을 가지신 분도 하나님이심을 우리에게 상기시켜 줍니다. 안타깝게도 무엇으로도 우리의 능력으로 주님을 우리에게 오시게 할 수 있는 것을 본문에서 발견할 수 없었습니다. 하지만 설령 그렇다 해도 주님이 모든 것을 이미 알고 계시지 않은 것은 아닙니다.

[오늘 내가 만난 위로의 하나님]

99 결국은 호세아의 사랑

분량면에서 대선지서로 구분되어야 할 것 같은 호세아서이지만 읽어 나아가다보면 여전히 너무 짧아 아쉬운 마음을 갖지 않을 수 없는 책입니다. 성경으로 읽고 관련된 주석들을 읽어보고 묵상집으로도 읽고 나중에는 심지어 관련된 소설까지 읽어보게 되는 호세아서의 매력은 정말로 특별합니다. 무엇보다 그 이유는 호세아서만큼 주님의 사랑을 한 편의 드라마와 같이 묘사해낸 책이 성경에 또 있을까 하는, 둘 도 없을 것 같다는, 확신 때문입니다.

그럼에도 불구하고 이 책에는 위대한 선지자 호세아가 처음 어떻게 하나님의 선지자로 부름을 받았는지가 전혀 드러나있지 않습니다. 어떻게 이런 인물이 주의 종으로 쓰임을 받을 수 있게 되었는지 그 배경이 궁금하지만 알 수 있는 방법이 전혀 없습니다. 단지 배경을 아주 조금이라고 유추할 수 있는 대목이 있다면 1장 2-3절을 들 수 있지만 그 내용도 사실 이해가 쉽지는 않습니다. 즉, 신비로운 선지자의 신비로운 책인 호세아서는 이렇게 시작을 합니다: "여호와께서 처음 호세아에게 말씀하실 때, 여호와께서 호세아에게 이르시되 너는 가서 음란한 여자를 맞이하여 음란한 자식들을 낳으라." 선지자에게 주신 하나님의 명령 중에서 가장 이해하기 어렵고 가장 납득하기 힘든 장면을 꼽으라면 이사야 20장에서 여호와께서 이사야 선지자로 하여금 3년간 벌거벗은 몸으로 살라고 하셨던 명령과 오늘 호세아에게 주신 음란한 여자와 결혼을 하라는 이 명령이 아닐까 싶습니다.

정말 어떻게 이런 명령에 순종할 수 있을까! 나름 우리 자신을 투영하여 그 명령에 화답해보려 하지만 쉽지 않습니다. 그런데 이사야가 그랬던것처럼 호세아도 아무런 반문없이 하나님의 명령을 쫓아 음란한 어머니 디블라임의 딸인 음란한 여인인 고멜을 아내로 맞이합니다. 여기서 한 가지 주목해야 할 것은 호세아가 고멜을 아내로 맞이한 것은 그녀가 당대 유일하게 음란한 여인이어서가 아니라는 중요한 사실입니다. 성경대로 당시는 나라 전체가 "여호와를 떠나 크게 음란한 세대"(1:2 였고 고멜은 단지 그들 중에서 좀 더 알려진 "음란한" 여인이었다는 것 입니다. 이스라엘 사람들은 "사랑"이라는 이름으로 자신의 몸을 세상의 물질과 맞바꾸고 있었으며 "믿음"이라는 이름으로 좀더 자신의 마음을 위로하는 우상을 숭배하는데 빠져있었습니다. 호세아의 눈에 비친 이들의 모습에서 호세아는 스스로 "부끄러움"을 느꼈습니다 (2:5). 즉, 선지자의 눈에는 하나님을 사랑해야 할 하나님의 백성이 물질을 사랑하고, 하나님을 믿어야 할 그들의 시선이 온통 우상을 향하고 있는 현실에 하나님을 뵐 면목이 없어 너무나 부끄러웠던 것입니다.

그런데 이런 호세아가 놀랄 수 밖에 없는 명령을 하나님께 받게 된 겁니다. 그렇게 모두가 음란한 세대의 풍조를 한탄하고 있을 호세아에게 그 중에서도 가장 음란한 여인을 아내로 맞이하여 한 몸을 이루고 음란한 자식을 낳되 그들을 끝까지 사랑하라고 하신 것입니다. 한 순간이라도 멈추어 이것을 자신의 이야기로 받아들이면 이 책이 저에게 왜 그토록 충격적인지 이해하실 수 있습니다. 이것을 다른 말로 하면 용서할 수 없는 죄인을 아무것도 묻지않고 도리어 엄청난 사랑으로 감싸 허다한 죄를 완전히 덮어버리시겠다는 놀라운 다짐을 자신의 선지자의 헌신을 통해 세상에 널리 보여주시겠다는 것이었습니다. 그리고 여호와 하나님은 호세아를 통해 보여주신 그 사랑의 의미를 2장 19절에서 설명해 주십니다: "내가 네게 장가 들어 영원히 살되 공의와 정의와 은총과 긍휼이 여김으로 네게 장가 들며 진실함으로 네게 장가 들리니 네가 여호와를 알리라"고 말입니다. 이제 호세아의 눈으로 자신에게 그렇게 말씀하신 여호와 하나님을 바라보시기 바랍니다. 호세아의 눈에 비친 여호와 하나님의 사랑을 과연 그가 다 표현할 수 있을까요?

하지만 충격적인 것은 하나님의 열심만큼은 못해도 세상의 미혹과 육신의 죄악된 근성도 막강한 영향력이 있습니다. 그렇게 호세아에게 깊은 사랑을 받아온 고멜이라도 결국 호세아를 떠나 다시 음란한 세계로 돌아가게 만들었습니다. 이쯤되면 호세아의 입장에서 할만큼 했다고 할 수 있습니다. 너무나 쉽게 이 보다도 훨씬 더 작은 이유로도 부부 사이에 이혼을 하는 요즘 세상에 고멜과 같이 외도와 음란을 반복하는 아내를 어느 누가 참고 용서할 수 있겠습니까? 그런데 이런 고멜을 향해 하나님은 호세아에게 명령하십니다: "너는 또 가서 타인의 사랑을 받아 음녀가 된 그 여자를 다시 사랑하라"(3:1).

우리의 상황과 여건이 어떠하건 우리의 과거와 현재가 어떠하든 이런 여호와 하나님을 만날 수만 있다면 아무것도 세상에 용서받고 화해하지 못할 것이 없습니다. 오늘 이 위대한 선지자 호세아의 눈과 귀를 통해 하나님의 크신 사랑을 보고 들을 수만 있다면 그 하나님은 은혜와 자비가 한량이 없는 분이시니 우리의 미래를 오직 사랑으로 채워주실 분입니다. 그 하나님이 이제 지금과 같이 음란한 세대를 살아 가고 있는 저와 여러분에게 이렇게 말씀하고 계십니다: "너는 많은 날 동안 나와 함께 지내고 음행하지 말라 나도 네게 그리하리라"((3:3).

[오늘 내가 만난 놀라운 하나님]

100 성탄과 성삼위일체

성탄절로 시작한 [오늘 내가 만난 하나님]을 3년 뒤 다시 성탄의 의미와 함께 마치게 된 것이 감회가 매우 특별합니다. 12월 25일은 예수 그리스도의 거룩한 성탄일입니다. 현재 세계적으로 가장 널리 통용되는 서양력을 기준으로 세계인은 이 날을 성탄일로 지정하여 정치, 문화, 사상, 역사, 전통, 그리고 때론 심지어 종교를 넘어 한 해를 함께 마무리 할 수 있는 구별된 날로 생각합니다. 서로간에 사랑한다는 고백과 함께 연인, 친구, 가족, 그리고 한 해 동안 소원했던 친척들도 이날은 함께 모여 식사를 하고 웃음꽃을 피우며 보내는 것이 전통처럼 자리를 잡게 되었습니다. 어쩌면 이런 화합과 사랑의 의미가 특별히 담겨 있기 때문에 성탄절이 년중 가장 중요한 날로 여겨지는 이유인지도 모릅니다. 하지만 크리스마스라고 부르는 이 그리스도의 성탄에는 사실 기독교인들도 잘 알지 못하고 그리스도를 믿지 않는 사람이라도 한번쯤 생각해 볼 만한 더욱 신비한 신학적 배경이 있습니다. 이러한 신비한 신학적 성탄의 의미를 성탄신학이라는 이름 하에 성삼위일체 하나님의 경륜속에서 세 가지로 그 의의를 살펴 보겠습니다.

첫째, 성탄일은 하나님의 아들이 처녀였던 마리아의 몸을 통해 인간으로 이 세상에 태어나신 것을 기념하는 날입니다. 하나님의 아들이 한 여인의 몸 안에 잉태가 되어 우리와 동일한 10개월 간의 태아기를 거쳐 세상에 태어난 것 입니다. 물론 우리가 살고 있는 지구상에 암수가 함께 있는 생물도 있지만 인간의 경우 반드시 남자와 여자가 만나고 여자의 몸에 아이가 잉태된다는 불변의 진리를 고려할 때 남자에 속하는 인간 아버지가 없는 아이가 어떻게 여자의 몸 안에 수정되고 태아로 자라서 세상에 태어날 수 있게 된 것일까요? 성경은 이것이 성령의 역사라고 간증하지만 그 의미가 무엇인지 이해하기 위해서는 신학적인 학습이 더 필요합니다 (마태복음 1:18).

위와 같이 과학으로 설명되지 않는 그리스도의 탄생에 관한 궁금증을 가지기 시작하면 추가적인 의문점들도 생기기 마련입니다. 예를 들면, 하나님과 처음부터 한 몸으로 함께하신 주님이 인간의 모습으로 이 세상에 반드시 오셔야 할 이유는 무엇이었을까요? 인간의 몸으로 오실 필요가 있으셨다면 천국에서 성인으로 계시다가 계획하신 때가 되었을 때 세상에 내려오셨다면 더욱 드라마틱하고 신비로운 출현이 아니었을까요? 왜 그렇게 하지 않으시고 몸 안에 잉태하시어 태아로 태어나신 것일까요? 그리고 성령으로 잉태 되었다고 하지만 그렇다면 하나님 아버지의 역할은 무엇이고 뱃속의 아기 예수는 어떠한 의미에서 하나님의 아들이라고 말할 수 있을까요? 한번도 깊이 생각해 보지 않은 질문들이라면 사색해볼 필요가 있습니다.

위의 수 많은 질문들에 답변하기 위해서는 일단 우리 인간의 언어가 하나님의 속성을 표현하는데 매우 제한적이며 명백한 한계가 있음을 알아야 합니다. 설령 그 한계 내에서 최대한 표현을 할 수 있다해도 인간의 상식과 이해의 수준 안에서 하나님이 온전히 해석되는 것은 여전히 불가능합니다. 이러한 중요한 전제를 가지고 볼 때, 그리스도가 성령으로 여인의 몸에 잉태된 놀라운 신비를 이해하려면 먼저 우리가 하나님을 명확하게 알 수 있는 확실한 방법은 오직 성경이며 그 성경이 우리에게 드러내신 하나님이 어떠한 분인지를 알아야 합니다. 우리에게 드러내신 하나님을 이해하려면 무엇보다 가장 먼저 하나님의 말씀이 곧 하나님이라는 사실을 인정해야 합니다. 즉, 하나님을 알기 위한 방법으로 가장 먼저 우리가 해야할 것은 하나님의 말씀을 공부하여 깨닫고 이해할 수 있어야 합니다. 하나님은 인간에게 주신 그 성경의 말씀을 매우 신중하고 매우 중요하게 여기십니다. 그 말씀 속에서 하나님이 인간과 더 깊은 관계를 맺으시기 위해 하나님은 약속, 또한 언약이라는 것을 지정해 주셨습니다. 놀랍게도 인간과 하나님의 가장 긴밀한 관계가 이뤄지는 방법이 하나님과 인간이 하나가 될 수 있다는 언약이며 그 불가능해 보이는 언약의 성취를 위해 하나님은 약속대로 처녀의 몸을 택하여 당신의 하나 뿐인 아들을 그리스도로 이 땅에 보내셨습니다 (이사야 7:14).

그리스도가 이 땅에 오신 목적은 인간의 죄를 모두 대신 지시고 그 죄값인 사망을 몸소 화목제물로서 십자가를 통해 드리시기 위함이었습니다. 하나님이 정하신 거룩한 율법에 의하면 인간이 갚지 못하는 빚을 대신 갚아줄 수 있도록 허락된 사람은 오직 그의 형제(혹은 친척) 뿐입니다 (레위기 25:25). 하지만 만약 그 형제(주님)가 성인의 몸으로 하늘에서 내려 오셨다면 그를 완전한 인간(형제)이라고 받아들이지 못했을 것이며 그가 죄악된 인간이라는 것도 의심을 받았을 것입니다. 그 보다 더 큰 문제는 무엇보다 하나님께서 그를 모든 인간의 죄를 짊어진 "어린 양"으로 인정하지 않으셨을 겁니다. 그런데 성경은 태초부터 모든 인간이 아담 안에서 원죄를 가지고 있다고 합니다. 그 원죄의 고리를 끊을 수 있는 유일한 방법은 인간이 아닌 동일한 태초의 하나님 형상의 주죄이시고 주인이신 하나님 본인이 성령의 이름으로 탄생에 직접 참여하시는 방법 뿐 이었습니다.

둘째, 성탄일의 위대한 신학적 신비는 사실 이 성탄을 더욱 기뻐하고 고대하고 기다린 사람들이 유대인이 아니라 이방인이었다는 사실에서도 찾을 수 있습니다. 유대인들에게는 적어도 이전 400년 동안 하나님의 말씀이 없었던 침묵의 시기를 보내면서 경건의 모양은 있었을지 몰라도 그 능력은 거의 사라져버린 세대를 보내고 있었습니다. 말씀을 가르치는 선생은 여전히 있었지만 그 말씀을 살아내는 스승을 찾기는 어려운 혼란한 시대였습니다. 유대인은 그리스도에 대한 소망과 희망을 어디에서 발견해야 할지 망설이고 갈등하는 시간이었습니다. 심지어 그리스도를 처녀의 몸으로 잉태하게 된 마리아나 정혼을 했던 요셉의 경우에도 그리스도의 탄생은 쉽게 믿기 어려웠던 일이었던 것 같습니다. 심지어 마음에 새기고 다짐하고 천사의 개입을 통해 가르쳐줘야 하는 일이었으니까요. 예루살렘에 나이든 선지자 시므온이라는 사람이 그리스도의 탄생을 기대하고 기다리고 있었다고는 하지만 그는 성령이 아직 강림하시지 않은 시기에 이미 성령을 받은 특별히 예비된 증인이었음을 잊지 말아야 합니다 (누가복음 2:25). 하지만 반면 이방인들에게 그리스도의 탄생은 차별 없는 구원의 시작을 알리는 것이었습니다.

그리스도의 성탄일 한참 이전에 이미 동방의 박사라 불리우는 이방 세계의 선지자들은 태어날 때부터 "유대인의 왕"으로 나시는 그리스도를 경배하기 위해 먼 길을 예물을 가지고 오는 것을 볼 수 있습니다 (마태복음 2:1-12). 구약성경의 말씀을 보고 온 것이 아니라 별을 보고 왔다면 적어도 이 사람들이 여호와 하나님을 섬기는 사람들이 아니며 이방에서 주님을 섬겨온 성도들도 아니라는 것을 알 수 있습니다. 지난 3천년 동안 이방인이 하나님을 경배할 수 있는 기회가 한번도 주어지지 않은 현실을 감안한다면 마리아의 몸에서 예수가 태어나고 이방의 박사들을 그를 경배하기 위해 왔다는 역사적 사실은 이방인도 이제 하나님을 찬양하고 그의 아들을 경배할 수 있는 기회가 주어짐을 알게 되는 것입니다.

성탄과 함께 온 세상에 하나님의 복음의 희망이 전해지는 새 창조의 역사가 시작되었습니다. 마치 미디안 광야에서 이방신을 섬기던 이드로의 사위 모세가 불타는 떨기나무에서 하나님의 음성을 듣게 된 놀라운 하나님의 초청처럼 전혀 예상하지 못한 곳에서 박사들이 성탄의 찬송을 듣고 하늘의 별을 쫓아 경배하기위해 달려온 것입니다. 이처럼 예수 그리스도의 성탄이 민족과 종교 등 모든 것을 넘어서 화해와 사랑의 의미를 가질 수 있게 된 것은 바로 그 잉태 때부터 하나님이 놀랍게 예비하신 이방과 유대인의 화합이 시작되었기 때문입니다.

셋째, 예수의 성탄은 성삼위일체 하나님의 가장 위대한 합작품입니다. 우리는 일반적으로 "하나님"이라는 성호를 하나님 아버지에 국한된 것으로 인식하는 경향이 있습니다. 하지만 성경에는 그리스도 혹은 오실 구세주를 하나님으로 칭하는 곳도 있습니다. 구약에서는 이사야 선지자에 의해 이사야서 9 장 6 절에 보면, "이는 한 아기가 우리에게 났고 한 아들을 우리에게 주신 바 되었는데 그의 어깨에는 정사를 메었고 그의 이름은 기묘자라, 모사라, 전능하신 하나님이라, 영존하시는 아버지라, 평강의 왕이라 할 것임이라"고 합니다. 즉, 장차 태어날 그 아이가 또한 "전능하신 하나님"이며 "영존하시는 아버지"라 불리운다는 말이며 그 둘이 동등되는 한 분이란 신학적 의미도 내포하고 있습니다. 신약에서는 대표적으로 요한복음 8 장의 12 절 이하에 보면 주님과 하나님 아버지의 동등 됨을 너무나 잘 나타내고 있습니다. 요한복음 14 장 9 절에서 12 절까지는 다시 한번 주님과 하나님의 하나됨을 강조하고 있으며 26 절애는 보혜사 성령과 자신의 하나됨도 함께 보여주고 있습니다. 또한 성삼위일체 하나님은 마태복음 3 장 16-17 절과 같이 주님이 침례를 받으시는 장면에서는 세 분이 똑같이 동시에 역사하시는 모습도 볼 수 있습니다.

하지만 여러분, 성탄이 성삼위일체 하나님의 가장 위대한 합작품인데는 다른 이유가 추가적으로 있습니다. 그것은 하나님의 아들이 우리를 구원하시기 위해 인간의 몸으로 처녀의 몸에 잉태되는 순간 하나님만이 가지고 계신 편재하심, 만연하심이라는 omnipresence 의 속성을 영원히 포기하시고 그 후로는 오직 한번에 한곳에만 계시기로 상상조차 어려운 선택을 내리셨기 때문입니다. 다윗의 고백처럼 "사람이 무엇이기에 주께서 그를 생각하시며 인자가 무엇이기에 주께서 그를 돌보시나이까"라는 말로 밖에는 주님의 깊은 사랑을 표현할 길이 없습니다.

그리고 그런 주님의 선택이 십자가에 돌아가시고 부활하신 뒤, 승천하시면서 자신의 이름으로 대신 보혜사 성령을 우리에게 보내시어 우리 모두와 동시에 함께 하시며 세상 끝날까지 어디에서나 항상 동행하신다는 약속을 이루셨습니다. 또한 주님의 그 희생적인 십자가의 사랑이 있었기에 우리를 "높음이나 깊음이나 다른 어떤 피조물이라도 우리를 우리 주 그리스도 예수 안에 있는 하나님의 사랑에서 끊을 수 없으리라"라는 구원의 확신을 우리는 얻게 된 것입니다.

사랑하는 주의 성도와 나의 동역자 여러분, 지금까지 성탄이 여러분에게 화해와 사랑, 화합을 위한 복된 날이었다면 이제는 우리가 누린 그 모든 것이 경이로운 하나님의 희생적인 사랑 안에서 수고롭게 만들어진 역사였음을 기억하시기 바랍니다. 그리고 오늘은 가족이 함께 모인 저녁 식탁 위에서 그 사랑을 나눠 보시기 바랍니다. 이 책을 마무리하면서 이 책의 각 장마다 담긴 놀라운 하나님의 사랑이 여러분 모두에게 임하시기를 주님 예수 그리스도의 이름으로 축원을 드립니다. 감사합니다.

[이제 내가 영원히 함께할 주님]

[내가 이전에 알지 못했던 하나님]

[새롭게 만난 나의 하나님을 향한 기도의 제목들]

[나의 하나님을 꼭 전하고 싶은 사랑하는 사람들]

신앙/ 목회/ 설교/ 강의/ 선교

신학박사 정재천 목사
905-730-3727
jasonpeniel@gmail.com

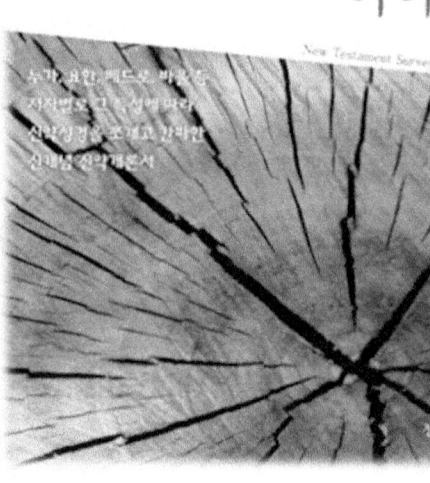

www.ingramcontent.com/pod-product-compliance
Lightning Source LLC
Chambersburg PA
CBHW081506080526
44589CB00017B/2661